老子道德經

LAO TSEU TAO TE KING

LE LIVRE
DE LA VOIE ET DE LA VERTU

COMPOSÉ

DANS LE VIe SIÈCLE AVANT L'ÈRE CHRÉTIENNE

PAR LE PHILOSOPHE LAO-TSEU

TRADUIT EN FRANÇAIS ET PUBLIÉ AVEC LE TEXTE CHINOIS ET UN COMMENTAIRE PERPÉTUEL

PAR STANISLAS JULIEN

MEMBRE DE L'INSTITUT ET PROFESSEUR AU COLLÉGE DE FRANCE

PARIS

IMPRIMÉ PAR AUTORISATION DU ROI

A L'IMPRIMERIE ROYALE

—

M DCCC XLII

LE LIVRE

DE LA VOIE ET DE LA VERTU

CET OUVRAGE SE VEND :

A PARIS, chez Benjamin Duprat, libraire de la Bibliothèque royale, rue du cloître Saint-Benoît, n° 7;

LONDRES, James Madden and Co. 8, Leadenhall-Street;

LEIPSICK et PARIS, Brockhaus et Avenarius;

BERLIN, Ferdinand Dümmler;

MANHEIM, Artaria et Fontaine;

FLORENCE, Giuseppe Molini;

LEYDE, Luchtmans.

老子道德經
LAO TSEU TAO TE KING

LE LIVRE
DE LA VOIE ET DE LA VERTU

COMPOSÉ DANS LE VIe SIÈCLE AVANT L'ÈRE CHRÉTIENNE

PAR LE PHILOSOPHE LAO-TSEU

TRADUIT EN FRANÇAIS, ET PUBLIÉ AVEC LE TEXTE CHINOIS ET UN COMMENTAIRE PERPÉTUEL

PAR STANISLAS JULIEN

MEMBRE DE L'INSTITUT ET PROFESSEUR AU COLLÉGE DE FRANCE

PARIS

IMPRIMÉ PAR AUTORISATION DU ROI

A L'IMPRIMERIE ROYALE

M DCCC XLII

A

L'ACADÉMIE IMPÉRIALE DES SCIENCES

DE SAINT-PÉTERSBOURG

HOMMAGE

DE RESPECT ET DE RECONNAISSANCE

STANISLAS JULIEN

INTRODUCTION.

Lao-tseu ouvre la série de dix philosophes célèbres qui ont fleuri en Chine avant l'ère chrétienne, et dont les œuvres, presque aussi inconnues en Europe que leurs noms, forment une collection de trente-quatre volumes petit in-folio [1].

[1] II. *Tchoang-tseu*, le plus brillant écrivain de l'école de *Lao-tseu*. (Voy. p. xxviii, not. 1.) Il florissait sous l'empereur *Hien-ti*, qui commença à régner l'an 368 av. J. C. Je prépare une traduction française de son ouvrage en 4 vol. intitulé *Nan-hoa-king*.
III. *Sun-tseu*, philosophe *lettré*, postérieur à *Meng-tseu*. Il florissait dans la période des guerres appelée *Tchen-koue*, entre 375 et 230 avant J. C. On le regarde en Chine comme le plus célèbre écrivain de l'école de Confucius, et on place son ouvrage, qui forme 5 vol. immédiatement après les *Sse-chou* ou les Quatre livres classiques. Il traite de la politique et de la morale. On l'estime autant pour la justesse de ses connaissances que pour la clarté de son style.
IV. *Lie-tseu*, philosophe *Tao-sse*, antérieur à *Tchoang-tseu* qui le cite assez souvent. Suivant quelques auteurs chinois, il publia son ouvrage, qui forme 2 vol. la 4ᵉ année de *Ngan-wang*, des *Tchou*, l'an 398 av. J. C.
V. *Kouan-tseu*, le plus célèbre philosophe de l'école appelée *Fa-kia*, c'est-à-dire de la classe des écrivains qui traitent des lois pénales. Il florissait dans le royaume de *Thsi*, vers l'an 480 avant J. C. On a de lui trois cent quatre-vingt-neuf essais (sur l'économie politique, la guerre et les lois) que *Licou-hiang*, qui vivait sous les *Han*, réunit en quatre-vingt-six chapitres. L'ouvrage entier forme 8 vol. ou 24 livres.
VI. *Hanfeï*, philosophe *Tao-sse*. Il florissait sous *Ngan-wang*, empereur des *Tchou*, qui l'envoya en ambassade dans le royaume de *Thsin*, la 5ᵉ année de son règne

INTRODUCTION.

Je ne puis me défendre d'un sentiment de crainte en publiant, pour la première fois, la traduction complète de cet ouvrage mémorable qu'on regarde avec raison comme le plus profond, le plus abstrait et le plus difficile de toute la littérature chinoise. Une autre considération vient accroître encore ma juste inquiétude : c'est de me voir en désaccord, sur la portée de ce livre, avec quelques savants missionnaires, les PP. Prémare, Bouvet et Fouquet, et avec l'un des plus habiles sinologues de notre temps, M. Abel-Rémusat. Cet ingénieux écrivain a publié, sur *Lao-tseu* et sa doctrine, un mémoire [1] qui a produit une vive sensation en Europe, mais dont l'examen approfondi du *Tao-te-king* et de ses commentaires ne me permet pas d'admettre les curieuses conséquences.

M. Rémusat ne s'était pas dissimulé les obstacles que pré-

(397 avant J. C.) Son ouvrage, qui a 4 vol. traite principalement des peines et des lois.

VII. *Hoaï-nan-tseu*, philosophe chinois qui incline vers la doctrine des *Tao-sse*. C'est le plus ancien des écrivains de l'école appelée *Thsa-kia*, c'est-à-dire de l'école des polygraphes. Il était petit-fils de l'empereur *Kao-ti*, fondateur de la dynastie des *Han*. Il florissait sous l'empereur *Hiao-wen-ti*, qui régna entre l'an 179 et 156 avant J. C. Il avait été nommé roi de *Haï-nan* (dans la province actuelle de *Ngan-hoeï*). Ses ouvrages forment 6 vol.

VIII. *Yang-tseu*, philosophe de la secte des lettrés. Il vivait sous l'empereur *Tching-ti*, qui régna depuis l'an 32 jusqu'à l'an 7 av. J. C. Son ouvrage, intitulé *Fa-yen*, forme 2 vol.

IX. *Wen-tchong-tseu*, philosophe de la secte des lettrés. Quelques auteurs chinois le regardent comme un disciple de *Meng-tseu*. Son ouvrage forme 1 vol.

X. *Ho-kouan-tseu*, philosophe *Tao-sse*. Il était originaire du pays de *Thsou*. Il était, dit-on, contemporain des philosophes *Yang-tchou* et *Me-ti*, que *Meng-tseu* combat dans plusieurs endroits de son livre, et dont la doctrine était regardée par l'école de Confucius comme hétérodoxe et dangereuse. Son ouvrage forme 1 vol. Les éditeurs y signalent de graves lacunes et de nombreuses incorrections qui tiennent à l'état de mutilation dans lequel il est parvenu jusqu'à nous.

[1] *Mémoire sur la vie et les ouvrages de Lao-tseu*, inséré dans le tom. VII des Mémoires de l'Académie des inscriptions et belles-lettres. — On peut voir aussi les Mélanges asiatiques de M. Rémusat, Ire série, tom. I, pag. 88-99.

sente la publication complète de ce texte révéré, recommandable à la fois par son antiquité, sa profondeur et son élévation. « Le livre de *Lao-tseu*, dit-il [1], n'est pas facile à entendre, « parce que l'obscurité des matières s'y joint à une sorte de « concision antique, à un vague qui va quelquefois jusqu'à ren- « dre son style énigmatique..... Ce serait *une difficulté très-* « *grande* s'il s'agissait de le *traduire en entier* et de l'éclaircir « sous le rapport de la doctrine qu'il renferme. Mais, cela ne « doit pas nous empêcher d'en extraire les passages les plus mar- « quants, et d'en fixer le sens *au moins d'une manière générale*. Il « suffit de constater *le sens le plus palpable*, quelquefois même « de noter les expressions, *sans rechercher l'acception profonde et* « *philosophique dont elles sont susceptibles*. Outre l'obscurité de la « matière en elle-même, *les anciens avaient des raisons de ne pas* « *s'expliquer plus clairement sur ces sortes de sujets*....

« LE TEXTE [2] EST SI PLEIN D'OBSCURITÉ, NOUS AVONS SI PEU DE « MOYENS POUR EN ACQUÉRIR L'INTELLIGENCE PARFAITE, SI PEU DE CON- « NAISSANCE DES CIRCONSTANCES AUXQUELLES L'AUTEUR A VOULU FAIRE « ALLUSION; NOUS SOMMES, EN UN MOT, SI LOIN À TOUS ÉGARDS DES « IDÉES SOUS L'INFLUENCE DESQUELLES IL ÉCRIVAIT, QU'IL Y AURAIT DE « LA TÉMÉRITÉ À PRÉTENDRE RETROUVER EXACTEMENT LE SENS QU'IL « AVAIT EN VUE, QUAND CE SENS NOUS ÉCHAPPE. »

Cette difficulté du texte de *Lao-tseu* est également reconnue en Chine, et nous pourrions nous consoler de notre impuissance à l'entendre complétement, en voyant les docteurs *Tao-sse* les plus renommés y signaler les mêmes obscurités qui ont égaré quelques missionnaires et M. Abel-Rémusat.

« Il n'est pas aisé, dit *Sie-hoeï*, l'un de nos commentateurs, « d'expliquer clairement les passages les plus profonds de *Lao-*

---

[1] Rémusat, *Mémoire sur Lao-tseu*, pag. 20-21.
[2] *Ibid.* pag. 35.

« *tseu;* tout ce que la science peut faire, c'est d'en donner le
« sens général. »

Hâtons-nous de le dire, cependant, les difficultés qu'ont rencontrées les PP. Prémare, Fouquet, Bouvet et M. Abel-Rémusat, tenaient moins à la langue ou au sujet du livre qu'au système d'interprétation qu'ils avaient adopté.

Entraînés par le louable désir de répandre promptement la religion chrétienne en Chine, et mus par une conviction qu'il n'est pas permis de révoquer en doute, quelques savants jésuites s'étudièrent à montrer que les monuments littéraires de l'antiquité chinoise renfermaient de nombreux passages évidemment empruntés aux livres saints, et jusqu'à des dogmes catholiques, dont la connaissance en Chine nous obligerait d'admettre, en raisonnant suivant la foi la plus orthodoxe, que Dieu avait accordé aux habitants du céleste empire une sorte de révélation anticipée. Le P. Prémare pour prouver cette thèse [1], que combattirent d'autres missionnaires non moins savants, non moins respectables que lui (les PP. Regis, Lacharme, Visdelou), composa un ouvrage in-4° qui existe en manuscrit à la Bibliothèque royale, et que M. Bonetti a commencé à publier dans les Annales de la philosophie chrétienne. « L'objet princi-
« pal du *Tao-te-king,* dit Montucci [2], partisan de ce système d'inter-
« prétation, est d'établir une connaissance singulière d'UN ÊTRE

---

[1] Cf. Rémusat, *Nouv. Mélanges Asiat.* tom. II, p. 266.

[2] « Multa de Deo trino ibi tam clare disseruntur, ut mysterium sanctissimæ
« Trinitatis Sinis jam revelatum fuisse quinque supra sæcula ante adventum
« Jesu-Christi, quicumque hunc librum perlegerit, in dubium minime vocabit. —
« Nihil autem efficacius inveniri ad dogmata christianæ religionis in animo Sinarum
« defigenda, quam eorumdem (dogmatum) congruentiæ cum libris Sinicis demons-
« trationem, nemo denegabit, qui mores populi tam proclivis sui jurare in verba
« magistri, optime norit. *Studium ergo et vulgatio hujus singularissimi textus, missiona-*
« *riis utilissima evaderent ad messis apostolicæ peroptatam coacervationem feliciter prove-*
« *hendam.* » — Montucci, *De studiis sinicis,* pag. 19. In-4°, Berolini, 1808. — (Cf. Ré-

INTRODUCTION.

« SUPRÊME EN TROIS PERSONNES. *Beaucoup de passages*, ajoute-t-il, « *parlent si clairement d'un Dieu trine, que quiconque aura lu ce livre* « *ne pourra douter que le* MYSTÈRE DE LA TRÈS-SAINTE-TRINITÉ *n'ait* « *été révélé aux Chinois plus de cinq siècles avant la venue de Jésus-* « *Christ.... L'étude et la publication de ce livre extraordinaire* « seraient donc du plus grand secours aux missionnaires pour « étendre et accroître heureusement la moisson apostolique. »

Le P. Amiot a cru reconnaître *les trois personnes de la Trinité* [1] dans la première phrase du XIV° chapitre du *Lao-tseu*, qu'il traduit ainsi : « Celui qui est comme visible et ne peut être vu se « nomme KHI (lisez I); celui qu'on ne peut entendre et qui ne « parle pas aux oreilles se nomme HI ; celui qui est comme sen- « sible et qu'on ne peut toucher se nomme WEÏ [2]. »

M. Rémusat est allé plus loin que ce savant missionnaire. Il a cru reconnaître le mot יהוה (Jehova) dans les trois syllabes I, HI, WEÏ, *qui appartiennent chacune à un membre de phrase différent;* et, à vrai dire, le but principal de son mémoire sur *Lao-tseu* est de prouver cette conjecture, et d'établir par là qu'il avait existé des communications entre l'Occident et la Chine dès le VI° siècle avant J. C. Suivant lui, « les trois caractères [3] em- « ployés ici n'ont aucun sens; ils sont simplement, dit-il, des « signes de sons étrangers à la langue chinoise, soit qu'on les ar- « ticule en entier (IHV), soit qu'on prenne séparément les initiales

---

marques philologiques sur le voyage de M. de Guignes, par Sinologus Berolinensis (Montucci), in-8°, pag. 64; et Grosier, *Description de la Chine*, in-4°, pag. 552.)

[1] Montucci, *Remarques philologiques*, pag. 69, not. c. (Cf. *Mémoires des missionnaires de Péking*, in-4°, tom. I, pag. 299-300.)

[2] A l'exception des mots I, HI, WEÏ, qui se retrouvent aussi dans sa traduction, M. Rémusat a tâché d'être plus littéral que le père Amiot : « Celui que « vous regardez et ne voyez pas se nomme I; celui que vous écoutez et que vous « n'entendez pas se nomme HI; celui que votre main cherche et qu'elle ne peut « saisir se nomme WEÏ. »

[3] Rémusat, *Mémoire sur Lao-tseu*, pag. 42, lig. 23.

« (I, II, V)... Le nom trigrammatique I-HI-WEÏ, ou IHV, *étant,*
« *comme on l'a vu, étranger à la langue chinoise*[1], il est intéressant
« d'en découvrir l'origine. Ce mot me paraît matériellement
« identique à celui de Ιαω.... (altération du tétragramme hé-
« braïque יהוה (Jéhova), nom que, suivant Diodore de Sicile,
« les Juifs donnaient à Dieu[2]. Il est bien remarquable que *la*
« *transcription la plus exacte de ce nom célèbre se rencontre dans un*
« *livre chinois*[3], car *Lao-tseu* a conservé l'aspiration que les Grecs
« ne pouvaient exprimer avec les lettres de leur alphabet. D'un
« autre côté, le tétragramme hébraïque se trouve, dans le *Tao-te-*
« *king,* réduit à trois lettres. Cela, sans doute, ne faisait rien à
« la prononciation, parce que, suivant toute apparence, le der-
« nier ה de יהוה (JÉHOVA) ne s'articulait pas.... *Le fait d'un nom*
« *hébraïque ou syrien dans un ancien livre chinois,* ce fait inconnu
« jusqu'à présent, *est toujours assez singulier,* et il reste, je crois,
« *complètement démontré, quoiqu'il y ait encore beaucoup à faire pour*
« *l'expliquer d'une manière satisfaisante....* Ce nom, si bien con-
« servé dans le *Tao-te-king,* qu'on peut dire que les Chinois *l'ont*
« *mieux connu et plus exactement transcrit que les Grecs,* est une
« particularité vraiment caractéristique. Il me paraît impos-
« sible de douter que ce nom ne soit, sous cette forme, ori-
« ginaire de la Syrie, et je le regarde comme une marque incon-
« testable de la route que les idées que nous nommons *Pytha-*
« *goriciennes* ou *Platoniciennes* ont suivie pour arriver à la
« Chine. »

Quels que soient mon respect pour la mémoire de M. Rémusat et mon admiration pour sa haute intelligence, je dois
déclarer qu'à mon sentiment cette hypothèse, neuve et ingé-

---

[1] C'est ce que M. Rémusat vient de dire, pag. précéd. lig. 22, mais il ne l'a pas prouvé.

[2] Rémusat, *Mémoire sur Lao-tseu,* pag. 44, lig. 18, 23; pag. 45, lig. 16, 27.

[3] *Ibid.* pag. 46, lig. 26; pag. 47, lig. 23; pag. 48, lig. 6.

INTRODUCTION.

nieuse, est loin d'être fondée. Si je ne m'abuse pas, les lecteurs partageront le même avis après avoir lu le texte du chapitre xiv et les commentaires qui l'accompagnent. Les trois syllabes ı, ııı, weï, que ce savant regarde comme étrangères à la langue chinoise et purement phonétiques, et où il a cru voir la transcription fidèle du tétragramme hébraïque יהוה (Jéhova), ont en chinois un sens clair et rationnel qui s'appuie de l'autorité de *Ho-chang-kong*, philosophe *Tao-sse*, qui florissait l'an 163 avant J. C. et qui, suivant M. Rémusat lui-même, paraît mériter une entière confiance. Il est permis de penser que l'illustre professeur aurait renoncé à cette manière de voir, s'il avait pu faire usage de l'antique et précieux commentaire de *Ho-chang-kong*.

La première syllabe, ı, signifie *dépourvu de couleur;* la seconde, ııı, *dépourvu de son* ou *de voix;* la troisième, weï, *dépourvu de corps*.

D'où résulte ce sens de la première phrase du chapitre xiv :

« Vous le regardez (le *Tao*) et ne le voyez pas : il est *sans couleur* (incolore);

« Vous l'écoutez et ne l'entendez pas : il est *sans voix* (aphone);

« Vous voulez le toucher et ne l'atteignez pas : il est *sans corps* (incorporel). »

Cette interprétation de *Ho-chang-kong* est confirmée par les commentateurs les plus renommés, par exemple *Thi-we-tseu, Fo-kouei-tseu, Te-thsing, Li-yong,* etc. etc. Elle se trouve aussi dans un extrait considérable de *Lao-tseu*, qui fait partie d'un recueil de fragments philosophiques intitulé *Tseu-p'in-kin-han,* que possède la Bibliothèque royale.

D'un autre côté, les nombreux commentaires de *Lao-tseu* que j'ai à ma disposition, n'offrent pas un seul passage qui permette de regarder les trois syllabes I (incolore), HI (aphone) et wɛ̈ï (incorporel) comme dépourvues de signification et étrangères à la langue chinoise. Les interprètes poussent le scrupule et la franchise aussi loin qu'aucuns philologues européens, et toutes les fois qu'ils rencontrent un mot qui n'a jamais été expliqué par personne et dont le sens leur échappe, ils l'avouent sincèrement. C'est ce qu'on voit souvent dans les notes sur les livres classiques et à chaque page du supplément du dictionnaire *Tseu-weï*. Or si les trois syllabes I, HI, wɛ̈ï, se fussent trouvées dans le même cas, les commentateurs chinois n'auraient pas manqué de le déclarer, ne fût-ce que pour *éveiller* (comme ils le disent) *l'attention des sages futurs.*

La découverte du nom de *Jéhova*, que M. Rémusat avait cru trouver dans *Lao-tseu*, n'était pas fondée seulement sur des considérations philologiques qui lui sont particulières, et dont j'ai donné plus haut le sommaire en citant ses propres expressions. Il avait été confirmé dans cette hypothèse par des récits dont il importait de bien rechercher l'origine avant de les admettre comme des faits établis. « Un autre [1] point, dit-il, sur lequel il « est difficile de conserver des doutes, c'est le voyage de *Lao-tseu* « à une grande distance de la Chine. A la vérité, il y a quelque « diversité dans les auteurs sur les circonstances de ce voyage. « *Sse-ma-thsien* le place à la fin de la vie de *Lao-tseu* [2], après la « publication de son *Tao-te-king*, et dit, au surplus, qu'on ignore « ce que devint ce philosophe.

« D'autres entendent dans un sens purement historique sa « retraite sur le mont *Kouen-lun* [3] c'est-à-dire dans les parties les « plus élevées des montagnes de l'Inde et du Thibet. Ceux qui

---

[1] Rémusat, *Mémoire sur Lao-tseu*, pag. 12, lig. 25.

[2] Cet auteur ne dit point que *Lao-tseu* ait voyagé à l'occident de la Chine. (Voyez la Notice historique, pag. xx, lig. 21-24.)

[3] Voyez la légende fabuleuse de *Lao-tseu*, pag. xxv, not. 2.

INTRODUCTION.

« le font arriver à huit cents lis à l'ouest de *Khotan* placent la scène
« de ses travaux, de sa prédication et de son exaltation, non loin de
« Badakchan et de Balk, dans les parties les plus orientales de
« la Bactriane. Le terme de son voyage eût été plus éloigné en-
« core, s'il fût venu visiter le pays où s'étendit depuis l'empire
« romain, et convertir, *comme le disent les mythologues chinois*, les
« diverses nations de ces contrées. *Tout cela n'est embarrassant*
« *que parce que le commerce que Lao-tseu dut avoir avec les philosophes*
« *de l'Occident, aurait été postérieur, dans ces différentes hypothèses,*
« *à la composition de son livre*[1]. Il n'y a pas d'invraisemblance à
« supposer qu'un philosophe chinois ait voyagé, dès le VIe siècle
« avant notre ère, dans la Perse et dans la Syrie. »

Il m'a paru important de rechercher l'origine de ces traditions.
J'ai compulsé depuis un an les différentes encyclopédies littéraires et philosophiques des Chinois, le recueil des vingt-quatre
historiens officiels de l'empire, et tous les mémoires et documents
originaux sur la doctrine de *Lao-tseu*, que possède la Bibliothèque
royale, et j'ai reconnu de la manière la plus incontestable que
toutes les traditions sur ces voyages de notre philosophe à l'occident de la Chine n'ont d'autre point de départ et d'autre source
que la légende fabuleuse[2] de *Lao-tseu*, composée par *Ko-hong*
(autrement appelé *Pao-pou-tseu*) presque dix siècles après ce
philosophe (vers l'an 350 de notre ère), légende qu'il a mise en
tête de son Histoire mythologique des dieux et des immortels.
Cette considération m'a engagé à la traduire et à la donner en
entier à la suite de la Notice historique.

---

[1] Cette grave considération a sans doute été d'un très-grand poids dans l'esprit des critiques chinois qui ont démenti ces voyages de *Lao-tseu* dans l'Occident, et des historiens officiels de l'empire qui ne se sont pas crus autorisés à les rapporter. (Cf. *Chin-i-tien*, liv. LVIII, section *Eul-chi-pou-tsa-lo*, fol. 1, 2 dans la collection *Kou-kin-thou-chou* de la Bibliothèque royale.)

[2] Nous la donnerons plus bas, pag. XXIII-XXXII.

INTRODUCTION.

Il me reste à parler du mot *Tao*, qui fait le sujet du *Tao-te-king*.

Les lettrés, les bouddhistes et les *Tao-sse* font un grand usage de ce mot, et l'emploient chacun dans un sens différent.

Chez les écrivains de l'école de Confucius, il se prend, au figuré, dans le sens de *voie*, et exprime la conduite régulière qu'il faut suivre, soit pour bien gouverner, soit pour pratiquer les principales vertus sociales; ainsi l'on dit : *la voie de l'humanité, de la justice, des rites*. « La voie n'est pas fréquentée, dit Confucius ; « je sais pourquoi : les hommes éclairés l'outre-passent, les igno-« rants ne l'atteignent pas. »

Chez les bouddhistes, le mot *Tao* a reçu, suivant le dictionnaire *San-ts'ang-fa-sou*[1], le sens de *Pou-thi*, transcription chinoise du mot sanskrit बुद्धि *bouddhi*, intelligence[2]. « Sous les dynasties des « *Tsin*[3] et des *Song* (de 265 à 501 après J. C.), la doctrine de « bouddha ne faisait que commencer à se répandre en Chine. « Les Bouddhistes n'avaient pas encore reçu le nom de *Seng* 僧; « on les appelait généralement *Tao-jin* 道人, c'est-à-dire les « hommes de l'*intelligence* (les hommes qui cherchent à atteindre « l'*intelligence*, le principal attribut de Bouddha et le plus haut « degré de la perfection). »

Nous lisons, dans le *Chin-i-tien*[4], que les *Tao-jin* 道人 (les bouddhistes) se liguèrent avec les *Tao-sse* 道士 (les sectateurs de *Lao-tseu*) pour combattre les *Jou* 儒 (ou les lettrés de l'école de Confucius).

Je saisis cette occasion pour corriger une grave erreur historique relative à la propagation de la doctrine de *Lao-tseu*, erreur

---

[1] *San-ts'ang-fa-sou*, liv. XLII, fol. 14 verso, lin. 4.
[2] Cf. *Fo-koue-ki*, p. 108, l. 30; et Wilson, *Dictionn. sanskrit*, 2ᵉ édit. p. 605.
[3] Ce passage est tiré de l'encyclopédie *Fen-loui-tseu-kin*, liv. XLVI, fol. 69 verso.
[4] *Chin-i-tien* (dans la collection *Kou-kin-thou-chou*), liv. LVII, fol. 6.

INTRODUCTION.

qui prend sa source dans les notes que M. Klaproth a jointes à l'édition du *Fo-koue-ki*, et qui se trouve reproduite en vingt endroits d'un savant mémoire [1] de M. W. H. Sykes, inséré dans le Journal de la Société asiatique de Londres (t. XII, p. 248-486).

L'expression *Tao-jin* (bouddhiste) est souvent citée par *Fa-hien*, et elle a été plusieurs fois traduite par *Tao-sse* [2], ou *sectateur du Tao*, définition qui a fait tirer à Klaproth les conséquences les plus erronées. « Il est très-remarquable, dit ce savant [3], que « *Fa-hien* parle si souvent, dans sa relation, des *Tao-sse*, qui, de « son temps, existaient non-seulement dans l'Asie centrale, mais « aussi dans l'Inde. *Il paraît donc que la doctrine de cette secte philo-« sophique était déjà très-répandue dans les contrées situées à l'ouest et « au sud-ouest de la Chine. Nous avons déjà vu le Tao-sse 'Aï* [4] *arriver* « *à Kapila à la naissance de Shâkya-mouni, et tirer son horoscope.* »

Dans le *Fo-koue-ki*, *Fa-hien* lui-même, qu'on ne saurait confondre avec un *Tao-sse*, est désigné par la qualification de *Tao-jin* 道人 [5]. Or, il résulte évidemment de la définition et des faits historiques rapportés plus haut, que dans les passages dont parle M. Klaproth, les *Tao-jin* 道人 du *Fo-koue-ki* n'étaient autres que des bouddhistes.

Il n'est pas sans intérêt, pour le philologue, de rechercher comment M. Klaproth a été conduit à rendre l'expression *Tao-jin* 道人 (l'homme de l'intelligence, le bouddhiste) par *Tao-sse*, ou sectateur de *Lao-tseu*. Il possédait un dictionnaire tonique intitulé *Ou-tche-yun-soui* [6], où l'on définit l'expression *Tao-jin* 道

---

[1] *Notes on the religious, moral and political state of India*, etc. by lieut. colon. W. H. Sykes.

[2] *Fo-koue-ki*, p. 22, 227, 230. Voy. aussi p. 208, note 7. Cf. *ibid.* p. 98, not. 2.

[3] *Ibid.* pag. 230, not. 6.

[4] *Ibid.* pag. 208, not. 7.

[5] *Ibid.* pag. 367, not. 16.

[6] Ce dictionnaire se trouve à la Bibliothèque royale. (Cf. *Pei-ven-yun-fou*, liv. XI,

人 par les mots *te-tao-jin* 得道人, c'est-à-dire *l'homme qui a acquis l'intelligence*. Cette explication est citée comme appartenant à l'ouvrage bouddhique *Ta-tchi-tou-lun*¹. Mais comme Klaproth ignorait la nature de cet ouvrage et l'acception bouddhique de 道 *tao* (intelligence), que je dois au dictionnaire *San-tsang-fa-sou*, et que personne n'avait donnée jusqu'ici, il a pris ce mot dans le sens de *raison*, par lequel on est convenu de désigner la doctrine de *Lao-tseu* (on dit la doctrine de la *raison*), et que je discuterai tout à l'heure. Ainsi disparaît ce fait, si curieux et en même temps si étrange, de l'existence des *Tao-sse* dans l'Inde au commencement du vᵉ siècle après notre ère. Plusieurs autres faits aussi graves et non moins erronés se sont glissés dans les mémoires de quelques sinologues célèbres. Ils disparaîtront à leur tour, dès qu'on aura pris le soin de les éclaircir par la traduction fidèle des textes chinois où l'on avait cru les apercevoir.

Il est temps d'arriver au sens particulier de *Tao* 道, dans le livre dont nous nous occupons. « Les *Tao-sse* s'en servent, dit « M. Rémusat², pour désigner la *raison primordiale*, *l'intelligence* « *qui a formé le monde, et qui le régit comme l'esprit régit le corps.* « C'est en ce sens qu'ils se disent *sectateurs de la raison*. Ce mot « me semble ne pas pouvoir être bien traduit si ce n'est par le « mot λόγος, dans le triple sens de *souverain être*, de *raison* et de «*parole*. C'est évidemment le λόγος de Platon, qui a disposé l'uni- « vers, la *raison universelle* de Zénon, de Cléanthe et des autres « stoïciens; c'est cet être qu'Amélius disait être désigné sous le

---

A, fol. 49 recto.) Cet ouvrage, que je possède, en cent quatre-vingt-huit volumes, y compris vingt volumes de supplément, est un vaste répertoire de mots polysyllabiques appartenant à tous les styles et rangés par ordre tonique.

¹ Cet ouvrage est souvent cité dans le dictionnaire bouddhique *San-tsang-fa-sou*. (Voy. *Fo-koue-ki*, pag. 12, not. ᵇ, 33, not. ¹.)

² Rémusat, *Mémoire sur Lao-tseu*, pag. 19 et 24.

INTRODUCTION.   XIII

« nom de *raison* de *Dieu* par un philosophe qu'Eusèbe croit être
« le même que saint Jean, etc. »

De là vient qu'on appelle les *Tao-sse* « les rationalistes, » et leur doctrine « le rationalisme. » Les preuves que je vais rapporter engageront, je l'espère, les savants à renoncer à ces dénominations.

On conviendra sans peine que le plus sûr moyen de comprendre le sens de *Tao* 道 dans la doctrine de *Lao-tseu*, c'est d'interroger le maître lui-même, et de consulter les philosophes de son école les plus rapprochés de l'époque où il a vécu, tels que *Tchoang-tseu*, *Ho-kouan-tseu*, *Ho-chang-kong*, etc. qui sont tous antérieurs à l'ère chrétienne. Or, suivant eux, le Tao est *dépourvu d'action, de pensée, de jugement, d'intelligence*[1]. Il paraît donc impossible de le prendre pour la *raison primordiale*, pour l'*intelligence sublime* qui a créé et qui régit le monde.

Telle est cependant l'idée que plusieurs savants dont je respecte et partage les croyances voudraient absolument trouver dans le Tao de *Lao-tseu*. Mais, en matière d'érudition, on doit s'étudier à chercher dans les écrivains de l'antiquité ce qu'ils renferment réellement, et non ce qu'on désirerait d'y trouver.

Le sens de *Voie*, que je donne au mot *Tao* 道, résulte clairement des passages suivants de *Lao-tseu* : « Si j'étais doué de
« quelque prudence, je marcherais dans le grand Tao (dans la
« grande *voie*). — Le grand Tao est très-uni (la grande *Voie*
« est très-unie), mais le peuple aime les sentiers. (Ch. LIII.)
« — Le Tao peut être regardé comme la mère de l'univers. Je
« ne connais pas son nom; pour le qualifier, je l'appelle le *Tao*
« ou la *Voie*. » (Chap. XXV.)

[1] Quelque étrange que puisse paraître cette idée de *Lao-tseu*, elle n'est pas sans exemple dans l'histoire de la philosophie. Le mot *nature* n'a-t-il pas été employé par certains philosophes, que la religion et la raison condamnent, pour désigner une cause première, également dépourvue de pensée et d'intelligence?

Ho-chang-kong, le plus ancien commentateur de *Lâo-tseu*, qui florissait dans le IIe siècle avant notre ère, explique ainsi ce passage : « Je ne vois ni le corps ni la figure du Tao ; je ne sais comment il faut le nommer : mais, comme je vois que tous les êtres naissent EN VENANT par le Tao, je le qualifie en l'appelant le *Tao* ou la *Voie*. »

Ho-kouan-tseu, philosophe *Tao-sse*, offre (liv. III, fol. 20) une définition analogue du même mot : « Le Tao est ce qui *a donné passage aux êtres*. »

On peut comparer *Tchoang-tseu*, philosophe *Tao-sse* contemporain de *Meng tseu*, liv. V, fol. 1.

Nous voyons dans le *Tao-te-king*, chap. XXI, note 6, un curieux passage où *Lao-tseu* compare le Tao ou la *Voie*, à une *porte* par laquelle passent tous les êtres pour arriver à la vie.

Il résulte des passages qui précèdent, et d'une foule d'autres que je pourrais rapporter, que, dans *Lao-tseu* et les plus anciens philosophes de son école antérieurs à l'ère chrétienne, l'emploi et la définition du mot *Tao* excluent toute idée de *cause intelligente*, et qu'il faut le traduire par *Voie*, en donnant à ce mot une signification large et élevée qui réponde au langage de ces philosophes, lorsqu'ils parlent de la puissance et de la grandeur du Tao.

Lao-tseu représente le Tao comme un être dépourvu d'action, de pensées, de désirs, et il veut que, pour arriver au plus haut degré de perfection, l'homme reste, comme le Tao, dans un quiétisme absolu ; qu'il se dépouille de pensées, de désirs, et même des lumières de l'intelligence, qui, suivant lui, sont une cause de désordre. Ainsi, dans son livre, le mot Tao signifie tantôt la *Voie* sublime par laquelle tous les êtres sont arrivés à la vie [1], tantôt l'imitation du Tao, en restant, comme lui, sans action, sans

---

[1] Cf. chap. I, IV, VI, XXI, XXV, etc.

pensées, sans désirs [1]. C'est dans ce dernier sens que l'on dit au figuré : « marcher, avancer dans le Tao, se rapprocher du Tao, « arriver au Tao. »

Il y aurait beaucoup à dire sur la doctrine de *l'émanation* et sur *le retour à l'âme universelle*[2], qu'on a cru trouver dans certains passages de *Lao-tseu*. Je me bornerai à renvoyer les lecteurs à l'ouvrage même, et en particulier au chapitre XLII. Il n'entre pas dans mon plan de rapprocher la doctrine de *Lao-tseu* de celle de Platon et de ses disciples. Quoique je ne sois pas resté étranger à la philosophie grecque, dont j'aime à lire encore les monuments originaux, je dois laisser aux savants qui se sont voués à l'histoire de la philosophie, le soin de faire cette curieuse et importante comparaison.

Absorbé depuis longtemps par l'étude de la langue et de la littérature chinoises, je craindrais de ne faire qu'effleurer cette question féconde, et de l'affaiblir peut-être en la traitant d'après mes propres idées, sans posséder aujourd'hui toutes les connaissances que, dans ces derniers temps, les progrès de l'esprit humain et le perfectionnement des études philosophiques ont ajoutées au domaine de la science. Les philosophes de profession saisiront sans peine, sous toutes ses faces, cette grande et belle question, et sauront la présenter au public avec tous les

---

[1] Cf. chap. XVIII, XXX, XXXI, XXXII, etc.
[2] Rémusat, *Mélanges asiatiques*, 1re série, tom. I, pag. 95 : « Ainsi que Pythagore, « il regarde les âmes humaines comme des émanations de la substance éthérée qui « vont s'y réunir après la mort ; et, de même que Platon, il refuse aux méchants la « faculté de rentrer dans l'âme universelle. » Ces réflexions sont évidemment tirées de sa traduction du dernier paragraphe du chapitre XLII (*Mémoire*, pag. 31, lig. 22 et suiv.) : « Les âmes s'accroissent aux dépens de l'âme universelle, laquelle, à « son tour, s'accroît de leurs pertes. Je ne fais qu'enseigner ce que les autres hommes « m'ont enseigné. Mais les hommes violents ne jouiront pas d'une telle mort (ils « ne se réuniront pas à l'âme universelle). » (Voyez le même passage dans notre traduction, chap. XLII, pag. 158, et les notes 8, 9, pag. 160, 161.)

aperçus qui en découlent et tous les développements qu'elle comporte.

Il me tarde, d'ailleurs, d'achever la tâche pénible qui m'occupe depuis nombre d'années. J'avais reconnu, dès l'origine, les difficultés graves et multipliées que M. Rémusat a caractérisées avec tant de force et de justesse[1], et, quoique le texte seul ne formât qu'une trentaine de pages, il me paraissait impossible de prévoir le terme de mon travail. Je le commençai, en 1826, d'après les conseils de M. Victor Cousin, et je traduisis immédiatement tout le premier livre, dont plusieurs chapitres lui avaient paru du plus haut intérêt. Mais j'éprouvais encore tant de doutes et d'hésitation, j'étais si dépourvu de secours, n'ayant qu'un seul commentaire à ma disposition, qu'il eût été téméraire et périlleux d'aller plus loin.

Je fus assez heureux pour me procurer, en 1834, l'excellente édition *Variorum* de *Tsiao-hong*, publiée en 1588, qui offre en entier les célèbres commentaires de *Sou-tseu-yeou*, de *Li-si-tchaï*, de *Ou-yeou-thsing*, de *Liu-kie-fou*, et des fragments nombreux d'environ soixante autres interprètes. Je fis alors un grand pas dans l'intelligence de *Lao-tseu*. Mais il m'aurait été fort difficile, pour ne pas dire impossible, de pénétrer assez avant dans son système et de traduire son livre en entier, si je n'avais reçu de Chine le véritable commentaire de *Ho-chang-kong*[2], le plus ancien interprète de *Lao-tseu*, qui fut terminé et offert à l'empereur *Hiao-wen-ti*, de la dynastie des *Han*, l'an 163 avant l'ère chrétienne. Je traduisis d'abord le texte et toutes les notes; puis, en 1836 et 1837, j'obtins plusieurs autres éditions accompagnées de gloses et de paraphrases, qui me mirent en état de retoucher ma version française, de refondre, de com-

---

[1] Voy. plus haut, pag. xi, lig. 24 et suiv.
[2] Voy. pag. xxiv, lig. 11, la note relative à ce commentaire.

INTRODUCTION.

pléter et d'améliorer dans toutes ses parties mon commentaire perpétuel. Enfin, en 1840, un dernier et précieux secours me fut offert par la belle édition de *Te-thsing*, dont les explications claires et faciles vinrent dissiper la plupart des doutes qui me restaient. Mon travail éprouva alors un remaniement si scrupuleux et si complet, que je pourrais l'appeler une troisième transformation; et c'est dans cet état que j'ose le présenter au public, après l'avoir revu et corrigé sans interruption depuis cette époque jusqu'en septembre 1841.

Je me suis efforcé de donner une traduction aussi littérale que le permet la langue française, lorsqu'on veut être à la fois clair et fidèle, et d'offrir par là aux personnes qui étudient le chinois les moyens d'analyser le texte, et de l'entendre de la même manière que moi, après avoir jeté les yeux sur les commentaires perpétuels qui l'accompagnent. Ceux qui sont étrangers à la langue chinoise peuvent être assurés que je n'ai jamais adopté le sens d'une seule phrase, ni même d'un seul mot, sans y être autorisé par un ou plusieurs commentaires. J'ai donné, en premier lieu, l'interprétation que je préfère, et, lorsqu'un passage difficile a reçu plusieurs explications bien distinctes, je les ai rapportées séparément, afin que les lecteurs pussent choisir celle qui leur paraîtrait la meilleure, et corriger ainsi, s'il y a lieu, mes notes et ma traduction.

Personne ne sentira mieux que moi tout ce que laisse encore à désirer ce travail, pour l'exécution duquel j'ai lutté, pendant plus de six ans, contre des difficultés sans nombre et souvent désespérées. Je ne me dissimule point que, dans l'état actuel de nos connaissances, dans l'impuissance où nous sommes de pouvoir consulter, comme on le ferait à Péking, quelque docteur *Tao-sse* sur les obscurités de *Lao-tseu*, la perfection, en ce genre, est presque impossible. J'aime à espérer que les juges compétents me tiendront compte de mes efforts, si longtemps soutenus, pour faire connaître au monde savant le plus ancien monument de la philosophie chinoise, et qu'ils voudront bien m'accorder toute l'indulgence dont j'ai besoin, en songeant que l'intelligence de ce livre, *si obscur dans le texte chinois*, a échappé à plusieurs missionnaires illustres qui sont nos maîtres et nos modèles, et que les difficultés qu'il présente à chaque pas ont effrayé M. Rémusat lui-même, dont la sagacité merveilleuse et la rare érudition feront longtemps le désespoir des sinologues européens.

NOTICE HISTORIQUE

SUR LAO-TSEU.

Lao-tseu naquit la troisième année de l'empereur *Ting-wang*[1], de la dynastie des *Tcheou*. Il était originaire du hameau de *Khio-jin*, qui faisait partie du bourg de *Laï*, dépendant du district de *Khou*[2], dans le royaume de *Thsou*. Son nom de famille était *Li*, son petit nom *Eul*, son titre honorifique *Pé-yang*, et son nom posthume *Tan*. Il occupa la charge de gardien des archives à la cour des *Tcheou*.

Confucius se rendit dans le pays de *Tcheou* pour interroger *Lao-tseu* sur les rites.

Lao-tseu lui dit : « Les hommes dont vous parlez ne sont plus ; « leurs corps et leurs os sont consumés depuis bien longtemps. Il ne « reste d'eux que leurs maximes.

« Lorsque le sage se trouve dans des circonstances favorables, il « monte sur un char[3] ; quand les temps lui sont contraires, il erre à « l'aventure[4]. J'ai entendu dire qu'un habile marchand cache avec

---

[1] Cette année répond à l'an 604 avant J. C. (Cf. Mart. Martin. *Hist. Sinica*, pag. 133, et Duhalde, tom. I, pag. 248.) Cette date, que nous insérons ici, est conforme à la tradition historique la mieux établie, mais elle ne se trouve point dans la notice du *Sse-ma-thsien* dont nous donnons la traduction.

[2] *Khou-hien*, appelé *Khou-yang* sous les *Tsin*, était dans le voisinage de la ville actuelle de *Lou-i*, ville du troisième ordre, dépendant du département de *Kouei-te-fou*, dans la province du *Ho-nan* (latit. 34°, longit. 0° 54′ à l'O. de Péking). Rémusat, Mémoire, pag. 4.

Dans le district de *Khou-yang*, on voit la maison de *Lao-tseu* et un temple qui lui est consacré. On lui offre des sacrifices dans le lieu même où il est né. *Sse-ki*, édit. impériale, liv. LXIII.

[3] C'est-à-dire : « il est élevé aux honneurs et devient ministre. » (Voyez *ibid*. le commentaire du *Sse-ki*, intitulé *Sou-in*.)

[4] Le commentaire explique l'expression *p'ong-loui* (Basile, 9127-7796) par : rouler

« soin ses richesses, et semble vide de tout bien; le sage, dont la
« vertu est accomplie, aime à porter sur son visage et dans son exté-
« rieur l'apparence de la stupidité.

« Renoncez à l'orgueil et à la multitude de vos désirs; dépouillez-
« vous de ces dehors brillants et des vues ambitieuses qui vous occu-
« pent. Cela ne vous servirait de rien. Voilà tout ce que je puis vous
« dire. »

Lorsque Confucius eut quitté *Lao-tseu*, il dit à ses disciples : « Je
« sais que les oiseaux volent dans l'air, que les poissons nagent, que
« les quadrupèdes courent. Ceux qui courent peuvent être pris
« avec des filets; ceux qui nagent, avec une ligne; ceux qui volent,
« avec une flèche. Quant au dragon qui s'élève au ciel, porté par les
« vents et les nuages, je ne sais comment on peut le saisir. J'ai vu
« aujourd'hui *Lao-tseu* : il est comme le dragon ! »

Lao-tseu se livra à l'étude de la *Voie* et de la *Vertu*; il s'efforça de
vivre dans la retraite et de rester inconnu. Il vécut longtemps sous
la dynastie des *T'cheou*, et, la voyant tomber en décadence, il se
hâta de quitter sa charge et alla jusqu'au passage de *Han-kou*[1]. *In-
hi*, gardien de ce passage, lui dit : « Puisque vous voulez vous ense-
« velir dans la retraite, je vous prie de composer un livre pour mon
« instruction. » Alors *Lao-tseu* écrivit un ouvrage en deux parties, qui
renferment un peu plus de cinq mille mots, et dont le sujet est *la
Voie et Vertu*. Après quoi il s'éloigna; l'on ne sait où il finit ses jours.
Lao-tseu était un sage qui aimait l'obscurité.

comme la plante *p'ong*. « Quand les temps sont contraires, le sage se transporte d'un
« lieu à l'autre, et s'arrête où il peut. Il ressemble à la plante *p'ong*, qui croît au mi-
« lieu des déserts de sable, et qui, entraînée par le vent, se détache du sol et roule
« partout où le vent la pousse. »

[1] Le texte dit seulement : «jusqu'au *passage*». Il résulte du commentaire, et surtout d'un autre endroit du *Sse-ki* (biogr. de *Meng-tchang-kiun*) que ce mot désigne ici
κατ' ἐξοχήν, le passage appelé *Han-kou-kouan*, qui est situé dans le district de *Kou-
tch'ing*, dépendant de la province du *Ho-nan* où était né *Lao-tseu*. (Cf. *Peï-wei-yun-fou*,
liv. XV, fol. 5 v.) Suivant la géogr. intitulée *Kouo-ti-tchi*, ce passage se trouve à douze
lis au S. O. du district de *Thao-lin-hien*, dépendant de *Chen-tcheou*, dans la province
du *Ho-nan*. Ce district s'appelle aujourd'hui *Ling-p'ao*. Latit. 3o° 42', long. 108° 28'.

Lao-tseu eut un fils nommé *Tsong*; *Tsong* fut général dans le royaume de *Weï*, et obtint un fief à *Touan-kan*. Le fils de *Tsong* s'appelait *Tchou*; le fils de *Tchou* se nommait *Kong*; le petit-fils de *Kong* s'appelait *Hia*. *Hia* remplit une charge sous l'empereur *Hiao-wen-ti* des *Han*[1]. *Kiaï*, fils de *Hia*, devint ministre de *Khiang*, roi de *Kiao-si*, et, à cause de cette circonstance, il s'établit avec sa famille dans le royaume de *Thsi*.

Ceux qui étudient la doctrine de *Lao-tseu* la mettent au-dessus de celle des lettrés; de leur côté, les lettrés préfèrent Confucius à *Lao-tseu*. Les principes des deux écoles étant différents, il est impossible qu'elles puissent s'accorder entre elles. Suivant *Lao-tseu*, si le roi pratique le *non-agir*, le peuple se convertit; s'il reste dans une quiétude absolue, le peuple se rectifie de lui-même.

Le morceau que nous venons de donner est tiré des Mémoires de *Sse-ma-thsien*[2], qui était le chef des historiens de l'empire, dans la première année de la période *Thaï-tsou*, sous *Wou-ti*, de la dynastie des *Han* (l'an 104 avant J. C.). Cette biographie, qui fait partie des annales officielles de la Chine, est la seule qui soit regardée comme authentique. Les autres vies de *Lao-tseu*, qui ne s'appuient point de l'autorité de *Sse-ma-thsien*, ne sont qu'un tissu de fictions que rejettent tous les hommes judicieux. « *Han-wou-ti*, « dit l'édition impériale[3] du *Sse-ki* (liv. LXIII, Examen des preuves « historiques), s'était laissé aveugler par des charlatans adonnés au « culte des esprits, et révérait avec eux *Lao-tseu* comme un dieu. Lors- « que *Sse-ma-thsien* composa la biographie de *Lao-tseu*, il fit connaître « le pays natal, le village, les fils et les petits-fils de ce philosophe, « pour montrer que ce n'était qu'un homme comme les autres; il « ne le fait point voyager dans les nuages sur un dragon ailé, il ne le

---

[1] Il monta sur le trône l'an 179 avant J. C.

[2] *Sse-ki*, liv. LXIII.

[3] Cette édition existe à la Bibliothèque royale de Paris dans le Recueil des vingt-quatre historiens officiels de la Chine, en sept cent vingt cahiers petit in-fol. C'est le seul exemplaire complet qu'on en connaisse en Europe.

« peint pas comme un être surnaturel. C'est pourquoi il dit que *Lao-*
« *tseu était un sage qui aimait à vivre dans la retraite.* Cet honorable
« historien (*Sse-ma-thsien*) s'est donné beaucoup de peine pour dé-
« couvrir la vérité. Mais lorsqu'on voit l'auteur de la glose intitulée
« *Tching-i* citer des faits fabuleux et extravagants pour commenter
« la vie de *Lao-tseu*, on peut dire de lui qu'il est *comme ces insectes*
« *éphémères de l'été qui sont incapables de parler de la neige et des fri-*
« *mas.* »

Sous la dynastie des *Tsin*, *Ko-hong*[1] composa, vers l'an 350, ainsi que nous l'avons dit dans l'Introduction, une légende fabuleuse sur *Lao-tseu* qui a servi de base à toutes celles que les *Tao-sse* ont données depuis sur le même sujet. Comme plusieurs des faits qu'elle renferme, et entre autres les voyages dans l'Occident attribués à *Lao-tseu*, occupent une place importante dans les mémoires et notices publiés en Europe sur ce philosophe, j'ai cru devoir traduire cette légende et l'offrir au moins comme pièce à consulter. Elle commence l'Histoire des Dieux et des Immortels, composée en dix livres par *Ko-hong*, qui se donne le surnom de *Pao-pou-tseu*. (Cf. Catalogue abrégé de la bibliothèque de l'empereur *Khien-long*, ou *Sse-kou-thsiouen-chou-kien-ming-mo-lo*, liv. XIV, fol. 66.) On cite dans le même ouvrage une autre Histoire des Dieux et des Immortels attribuée à *Lieou-hiang*, qui vivait sous les *Han*. Mais, d'après le caractère du style, les bibliographes sont portés à soupçonner qu'elle fut composée par un *Tao-sse* pseudonyme, qui vivait sous les *Tsin* ou les *Song* (de 255 à 501).

On possède à la Bibliothèque royale (dans le commentaire de *Lo-te-ming*, intitulé *King-tien-chi-i*) la notice originale de *Lieou-hiang* sur *Lao-tseu*; elle ne dit rien de ses prétendus voyages dans l'Occident.

---

[1] On trouve une notice historique sur *Ko-hong* dans les Annales des *Tsin*, liv. LXXII, fol. 13 (*Recueil des vingt-quatre historiens*, tom. XXX). (Cf. Biographie universelle de la Chine, ou *Sing-chi-tso-pou*, liv. CXVI, fol. 6.)

LÉGENDE FABULEUSE
DE LAO-TSEU[1].

Lao-tseu avait pour petit nom *Tchong-eul*, et pour titre *Pe-yang*. Il était né dans le hameau de *Khio-jin*, dépendant du district de *Khou*, dans le royaume de *Thsou*. Sa mère devint enceinte par suite de l'émotion qu'elle éprouva en voyant une grande étoile filante. C'était du ciel qu'il avait reçu le souffle vital; mais, comme il fit son apparition dans une maison dont le chef s'appelait *Li* (poirier), on lui donna *Li* pour nom de famille. Quelques auteurs disent que *Lao-tseu* est né avant le ciel et la terre; suivant d'autres, il possédait une âme pure émanée du ciel. Il appartient à la classe des esprits et des dieux. Certains écrivains racontent que sa mère ne le mit au monde qu'après l'avoir porté dans son sein pendant soixante et douze ans[2]. Il sortit par le côté gauche de sa mère. En naissant il avait la tête blanche (les cheveux blancs): c'est pourquoi on l'appela *Lao-tseu* (l'enfant-vieillard). Quelques auteurs disent que sa mère l'avait conçu sans le secours d'un époux, et que *Lao-tseu* était le nom de famille de sa mère. D'autres racontent que la mère de *Lao-tseu* le mit au monde au bas d'un poirier. Comme il savait parler dès le moment de sa naissance, il montra le poirier et dit: *Li* (poirier) sera mon nom de famille. D'autres, enfin, nous apprennent que, du temps des trois premiers *Hoang* (empereurs augustes[3]), il porta le titre de *Youan-*

---

[1] Cette légende est tirée de l'ouvrage intitulé *Chin-sien-tch'ouen* (Histoire des Dieux et des Immortels), composé par *Ko-hong*, vers l'an 350 de J. C. (Cf. Catal. de la Biblioth. de l'empereur *Khien-long*. liv. CLXVL, fol. 42.)

[2] D'autres mythologues rapportent que sa mère le porta pendant quatre-vingt-un ans. (Cf. *Li-taï-chi-tsouan-tso-pien*, liv. CXXXIX, fol. 1.)

[3] Les trois premiers *Hoang* sont *Thien-hoang*, *Ti-hoang*, *Jin-hoang*, qui ont régné, suivant les *Tao-sse*, plusieurs milliers de siècles avant les temps regardés comme historiques par les lettrés. (Cf. *P'ing-tseu-louï-pien*, liv. LXXXIX, fol. 1; et le *Chou-*

tchong-fa-sse [1]; du temps des trois derniers *Hoang*, il eut le nom de *Kin-kiue-ti-kiun* (le Prince de la porte d'or); du temps de l'empereur *Fo-hi*, on l'appelait *Yo-hoa-tseu* (le Fils de la fleur *Yo*); du temps de *Chin-nong*, *Khieou-ling-Lao-tseu* (Lao-tseu neuf fois divin); du temps de *Tcho-yong*, *Kouang-cheou-tseu* (le Docteur doué d'une grande longévité); du temps de l'empereur *Hoang-ti*, *Kouang-tching-tseu*; du temps de l'empereur *Tchouen-yo*, *Tchi-tsing-tseu*; du temps de l'empereur *Ti-ko*, *Lo-thou-tseu*; du temps de l'empereur *Yao*, *Wou-tch'ing-tseu*; du temps de *Chun*, *Yu-cheou-tseu*; du temps de *Yu*, de la dynastie de *Hia*, *Tching-hing-tseu*; du temps de *Tch'ing-thang*, de la dynastie de *Yn*, *Si-tse-tseu*; du temps de l'empereur *Wen-wang*, *Wen-i-sien-sing*. Suivant un auteur, il était gardien des archives. D'autres rapportent qu'il exista, dans le royaume de *Youeï*, sous le nom de *Fan-li*; dans celui de *Thsi*, sous le nom de *Tchi-i-tseu*; dans celui de *Wou*, sous le nom de *T'hao-tchou-kong*. Ces faits ont été recueillis dans différents livres; mais, comme ils ne sont point confirmés par les textes authentiques qui traitent des esprits et des immortels, on ne ne peut les regarder comme avérés.

Si *Lao-tseu* eût été un pur esprit du ciel, ajoute *Ko-hong*, il était naturel qu'il parût dans chaque siècle, qu'il descendît d'un rang honorable pour entrer dans une humble condition, qu'il quittât la paix et la quiétude pour se soumettre à la fatigue, qu'il renonçât à la pureté pour s'exposer aux souillures du monde, qu'il laissât une magistrature céleste pour accepter des fonctions humaines.

La science du *Tao* découle de l'existence du ciel et de la terre; les saints qui possèdent le *Tao* n'ont fait défaut à aucune époque. C'est pourquoi, depuis *Fo-hi* jusqu'aux trois familles impériales, on a vu, de siècle en siècle, des sages qui se sont illustrés par la science du *Tao*. Qu'est-il besoin que tous ces personnages soient le même *Lao-tseu*? Tous ces récits ont été inventés par des disciples ignorants, épris

king de Gaubil, pag. lix à lxij.) Les trois derniers *Hoang* sont, suivant l'ouvrage intitulé *Siao-hio-kan-tchou*: *Fo-hi*, *Chin-nong* et *Hoang-ti*, ou *Fo-hi*, *Niu-wa* et *Chin-nong*, ou *Fo-hi*, *Chin-nong* et *Tcho-yong*, ou *Soui-jin*, *Fo-hi* et *Chin-nong*, etc.

[1] Le mot *Fa-sse* veut dire docteur de la loi.

des choses rares et extraordinaires, qui ont voulu exalter *Lao-tseu* aux dépens de la vérité. Au fond, *Lao-tseu* était un sage qui possédait le *Tao* à un plus haut degré que les autres hommes; mais il n'était point d'une espèce différente. On lit dans le *Sse-ki* (les Mémoires historiques de *Sse-ma-thsien*) : « Le fils de *Lao-tseu* s'appelait *Tsong*; il eut le grade « de général dans le royaume de *Weï*, et, comme il s'était distingué « par ses exploits, il obtint un fief dans le pays de *Touan*. Le fils de « *Tsong* s'appelait *Wang*; le fils de *Wang* se nommait *Yen*; le fils de « son arrière-petit-fils s'appelait *Touan*; il obtint une charge sous la « dynastie des *Han*. *Kiaï*, fils de *Hia*, fut ministre du roi de *Kiao-si*, « et s'établit, avec sa famille, dans le royaume de *Thsi*. »

Des *Tao-sse* d'un esprit rétréci veulent faire passer *Lao-tseu* pour un être divin et extraordinaire, et engager les générations futures à le suivre; mais, par cela même, ils les empêchent de croire qu'on puisse acquérir par l'étude le secret de l'immortalité. En effet, si *Lao-tseu* est simplement un sage qui avait acquis le *Tao*, les hommes doivent faire tous leurs efforts pour imiter son exemple; mais, si l'on dit que c'est un être extraordinaire et doué d'une essence divine, il sera impossible de l'imiter. Quelques auteurs disent que, du temps de l'empereur *Tching-wang* (1115 à 1079 avant J. C.), il fut gardien des archives. Alors il voyagea, aux extrémités de l'Occident, dans les royaumes de *Ta-thsin* [1], de *Tchou-kien* [2], etc. Il reçut le titre de *Kou-sien-sing*, « l'ancien docteur. » Il convertit ces royaumes. Sous le règne de *Khang-wang*, il s'éloigna de ces contrées et revint dans le pays de *Tcheou*. Il reprit la charge de gardien des archives. Du temps de *Tchao-wang*, il quitta ses fonctions, retourna à *Po*, son pays natal, et y vécut dans la retraite. *Lao-tseu* voulut de nouveau convertir les peuples du *Si-yu* (des contrées situées à l'occident de la Chine).

---

[1] En cet endroit, on a traduit le mot de *Ta-thsin* par « l'empire romain » qui n'existait pas encore à cette époque reculée. Pour faire disparaître cet anachronisme, M. Rémusat a écrit (Mémoire sur *Lao-tseu*, pag. 13, lig. 12) : « Les pays où s'étendit depuis l'empire romain. »

[2] Suivant une compilation mêlée de fables, que j'ai sous les yeux, « *Tchou-kien* était un royaume situé à l'O. du mont *Kouen-lun*. »

XXVI   LÉGENDE FABULEUSE

Le cinquième mois de la treizième année de l'empereur *Tchao-wang* (1052 à 1002 avant J. C.), il monta sur un char traîné par un buffle noir, ayant pour cocher *Siu-kia*, et voulut sortir, à l'ouest, par le passage de *Han-kou. Yn-hi*, gardien de ce passage, sachant que c'était un homme extraordinaire, le suivit et l'interrogea sur le *Tao*.

Lao-tseu changea plusieurs fois de nom. Tous les hommes, disent quelques livres des *Tao-sse*, se trouvent souvent dans des circonstances périlleuses. Si alors le sage change de nom, pour se conformer aux changements qui arrivent dans la nature, il peut échapper aux dangers et prolonger sa vie. Beaucoup d'hommes de notre temps qui possèdent le *Tao* se soumettent aussi à cette nécessité. *Lao-tseu* vécut trois cents ans sous la dynastie des *Tcheou;* dans ce long espace de temps, il a dû se trouver plus d'une fois exposé au danger : c'est pour cela qu'il changea souvent de nom. Pour avoir une idée exacte de toutes les circonstances de la vie de *Lao-tseu*, il faut s'appuyer sur les récits des historiens, et les comparer aux textes mystérieux que renferment les livres qui traitent des immortels. Quant aux opinions du vulgaire, elles sont, en général, empreintes de fiction et de fausseté. Je vois dans tous les livres des *Tao-sse*, dit *Ko-hong*, que *Lao-tseu* avait le teint d'un blanc tirant sur le jaune, de beaux sourcils, de longues oreilles, de grands yeux, des dents écartées, une bouche carrée (*sic*) et des lèvres épaisses. Son front était traversé par de grandes raies; le sommet de sa tête offrait une saillie prononcée; son nez était soutenu par une double arcade osseuse; ses oreilles avaient chacune trois ouvertures; ses pieds, chacun dix doigts; ses mains, chacune dix lignes. On dit qu'il fut gardien des archives sous l'empereur *Wen-wang*, de la dynastie des *Tcheou;* du temps de *Wou-wang*, il eut la charge de *Tchou-hia-sse*[1]. Les hommes du siècle, voyant qu'il avait joui d'une grande longévité, l'appelèrent *Lao-tseu*[2]. Dès le moment

---

[1] Suivant l'édition II, ce titre était le même que celui de *gardien des archives*.

[2] On a vu, plus haut, le mot *Lao-tseu* traduit par *le vieil enfant;* on pourrait dire ici *le vieux docteur*, parce que le mot *tseu* (vulgo *fils*) se prend quelquefois pour *docteur*, comme lorsqu'on dit *Lie-tseu*, (le docteur ou le philosophe *Lie*), *Kouan-tseu*, *Sun-tseu*, etc.

de sa naissance, il reçut une pénétration divine et fut doué d'une intuition profonde. La vie dont le ciel l'anima ne ressemblait point à celle des hommes ordinaires; il était destiné à devenir le maître et le propagateur du *Tao* : c'est pourquoi il put être protégé par les esprits du ciel et commander à la multitude des immortels. Il composa neuf cent trente livres pour enseigner à vivre dans le siècle. Il y traite des neuf ambroisies, des huit pierres merveilleuses, du vin d'or, du suc de jade, des moyens de garder la pureté primitive, de conserver l'unité, de méditer sur la spiritualité, de ménager sa force vitale, d'épurer son corps, de dissiper les calamités, d'expulser tous les maux, de dompter les démons, de nourrir sa nature, de s'abstenir de nourriture, de se transformer, de vaincre par la force de la magie, et de soumettre à sa volonté les esprits malfaisants. Il écrivit encore soixante et dix livres sur les talismans. On possède un catalogue exact de tous ses ouvrages. Ceux qui ne sont point compris dans ce nombre ont été secrètement ajoutés par des *Tao-sse* des siècles suivants. Ils ne doivent pas être mis au même rang que les écrits authentiques de notre philosophe.

Lao-tseu était calme, tranquille et exempt de désirs; il s'appliquait à acquérir l'immortalité : c'est pourquoi, bien qu'il ait vécu sous la dynastie des *Tcheou*, il ne changea ni de nom, ni de fonctions. Il voulait (comme il le dit dans son ouvrage) « tempérer l'éclat (de sa « (vertu), s'assimiler au vulgaire, remplir son intérieur, suivre sa na- « ture et se retirer à l'écart après avoir acquis la perfection du *Tao*. » D'où il résulte que c'était un immortel. Confucius alla le consulter sur les rites. Il envoya devant lui son disciple *Tseu-kong. Lao-tseu* lui dit : « Votre maître s'appelle *Khieou* (prononcez *Meou*); quand il « m'aura suivi pendant trois ans, je pourrai ensuite l'instruire. »

Confucius s'étant présenté devant *Lao-tseu*, le philosophe lui dit : « Un habile marchand cache avec soin ses richesses, afin de paraître « vide de tout bien; un sage d'une vertu accomplie doit paraître igno- « rant et stupide. Renoncez à l'orgueil et à la multitude de vos désirs; « dégagez-vous des vues ambitieuses qui vous occupent : tout cela ne « peut vous servir de rien. » Comme Confucius était occupé à lire,

Lao-tseu le vit et lui demanda quel livre il étudiait. « C'est le *I-king*, « répondit Confucius ; les saints hommes de l'antiquité le lisaient « aussi. — Les saints hommes pouvaient le lire, lui répartit *Lao-tseu*, « mais vous, dans quel but le lisez-vous ? Quel est le fond de ce livre ? « — Il se résume, dit Confucius, dans l'humanité et la justice.

« — La justice et l'humanité d'aujourd'hui ne sont plus qu'un vain « nom ; elles ne servent qu'à masquer la cruauté, et troublent le cœur « des hommes ; jamais le désordre ne fut plus grand. Cependant la « colombe ne se baigne pas tous les jours pour être blanche ; le cor- « beau ne se teint pas chaque jour pour être noir. Le ciel est natu- « rellement élevé, la terre naturellement épaisse ; le soleil et la lune « brillent naturellement ; les astres et les étoiles sont naturellement « rangés à leur place ; les plantes et les arbres sont naturellement « classés suivant leurs espèces. Ainsi donc, docteur, si vous cultivez « le *Tao*, si vous vous élancez vers lui de toute votre âme, vous y ar- « riverez de vous-même. A quoi bon l'humanité et la justice ? Vous « ressemblez à un homme qui battrait le tambour pour chercher une « brebis égarée. Maître, vous troublez la nature de l'homme [1].

« Possédez-vous le *Tao* ? dit *Lao-tseu* à Confucius.

« — Je le cherche depuis vingt ans, répondit celui-ci, et ne puis le trouver.

« — Si le *Tao* pouvait être offert aux hommes, répartit *Lao-tseu*, « il n'y aurait personne qui ne voulût l'offrir à son prince ; s'il pou- « vait être présenté aux hommes, il n'y aurait personne qui ne voulût « le présenter à ses parents ; s'il pouvait être annoncé aux hommes, « il n'y aurait personne qui ne voulût l'annoncer à ses frères ; s'il « pouvait être transmis aux hommes, il n'y aurait personne qui ne « voulût le transmettre à ses enfants. Pourquoi donc ne pouvez-vous « l'acquérir ? En voici la raison : c'est que vous êtes incapable de « lui donner asile au fond de votre cœur.

« — J'ai mis en ordre, lui dit Confucius, le Livre des vers, les

---

[1] Ces dialogues de *Lao-tseu* avec Confucius et *Yang-tseu*, sont composés, en grande partie, de fragments du philosophe *Tchoang-tseu*, liv. III, chap. *Thien-yun*, fol. 57, 59. (Voy. plus haut, pag. 1, not. 1, II.)

« Annales impériales, le Rituel, le Traité de la musique, le Livre
« des transformations, et j'ai composé la Chronique du royaume de
« Lou (le *Tch'un-thsieou*); j'ai lu les maximes des anciens rois; j'ai
« mis en lumière les belles actions des sages, et personne n'a dai-
« gné m'employer. Il est bien difficile, je le vois, de persuader les
« hommes.

« — Les six arts libéraux, reprit *Lao-tseu*, sont un vieil héritage
« des anciens rois; ce dont vous vous occupez ne repose que sur des
« exemples surannés, et vous ne faites autre chose que de vous traî-
« ner sur les traces du passé, sans rien produire de nouveau. »

Confucius, étant revenu près de ses disciples, resta trois jours
sans prononcer un mot. *Tseu-kong* en fut surpris et lui en demanda
la cause.

« Quand je vois un homme, dit Confucius, se servir de sa pensée
« pour m'échapper comme l'oiseau qui vole, je dispose la mienne
« comme un arc armé de sa flèche pour le percer; je ne manque
« jamais de l'atteindre et de me rendre maître de lui. Lorsqu'un
« homme se sert de sa pensée pour m'échapper comme un cerf agile,
« je dispose la mienne comme un chien courant pour le poursuivre;
« je ne manque jamais de le saisir et de l'abattre. Lorsqu'un homme
« se sert de sa pensée pour m'échapper comme le poisson de l'a-
« bîme, je dispose la mienne comme l'hameçon du pêcheur; je ne
« manque jamais de le prendre et de le faire tomber en mon pou-
« voir. Quant au dragon qui s'élève sur les nuages et vogue dans l'é-
« ther, je ne puis le poursuivre. Aujourd'hui j'ai vu Lao-tseu; il
« est comme le dragon[1]! A sa voix, ma bouche est restée béante, et
« je n'ai pu la fermer; ma langue est sortie à force de stupeur, et je
« n'ai pas eu la force de la retirer; mon âme a été plongée dans le
« trouble, et elle n'a pu reprendre son premier calme. »

Yang-tseu étant allé voir *Lao-tseu*, le philosophe lui dit : « Les
« taches du tigre ou du léopard et l'agilité du singe sont ce qui les
« expose aux flèches du chasseur. — Oserais-je, dit *Yang-tseu*, vous

[1] Ceci n'est que l'amplification d'un passage correspondant dans la notice historique de *Sse-ma-thsien*. (Voy. pag. xx, lig. 8. Cf. *Tchoang-tseu*, liv. III, ol. 59.)

c.

« interroger sur l'administration des illustres rois de l'antiquité? —
« Telle fut l'administration de ces illustres rois, lui dit *Lao-tseu*,
« que leurs mérites couvrirent l'empire comme à leur insu ; l'in-
« fluence de leur exemple s'étendit à tous les êtres ; ils rendirent le
« peuple heureux sans faire sentir leur présence ; ils eurent une vertu
« si sublime, que la parole humaine ne peut l'exprimer ; ils rési-
« dèrent dans un asile impénétrable et s'absorbèrent dans le *Tao !* »

Lao-tseu étant sur le point de s'éloigner et de sortir par le passage de l'ouest pour monter sur le *Kouen-lun*, *In-hi*, gardien de ce passage, qui savait tirer des présages du vent et de l'air, prévit qu'un homme doué d'une nature divine allait infailliblement arriver, et il nettoya la route sur une étendue de quarante lis. Il vit *Lao-tseu* et reconnut en lui le personnage qu'il attendait.

Lao-tseu était resté longtemps dans la ville impériale sans communiquer sa doctrine à personne. Sachant donc que *In-hi* était destiné par le ciel à posséder le *Tao*, il s'arrêta près de lui à la station du passage. *Lao-tseu* avait pris à son service un homme nommé *Siu-kia*. Ayant compté son salaire à raison de 100 *mas*[1] par jour, il trouva qu'il devait à *Siu-kia* 72,000 onces d'argent. De son côté, *Siu-kia*, voyant que *Lao-tseu* allait sortir du passage pour voyager, réclama aussitôt ce qui lui était dû et ne put l'obtenir. Il chargea quelqu'un d'aller trouver en son nom le gardien du passage, afin qu'il parlât à *Lao-tseu*. Mais l'envoyé ignorait que *Siu-kia* fût au service de *Lao-tseu* depuis plus de deux cents ans. Ayant calculé dans son esprit la somme que devait recevoir *Siu-kia*, il promit à celui-ci de lui donner sa fille en mariage. *Siu-kia* fut charmé de la beauté de sa fille. L'envoyé s'acquitta de sa commission auprès de *In-hi*, qui fut rempli d'étonnement, et alla voir *Lao-tseu*.

Le philosophe interrogea *Siu-kia* et lui dit : « Je vous ai loué jadis
« pour remplir auprès de moi les fonctions les plus humbles ; votre
« famille était pauvre, et il n'y avait personne qui daignât vous
« donner de l'emploi. Je vous ai accordé *le talisman de la vie pure*,
« et c'est ainsi que vous avez existé jusqu'aujourd'hui. Comment

[1] Le dixième d'une once d'argent.

« avez-vous pu oublier ce bienfait et m'adresser des reproches? Je
« vais aller vers la mer d'Occident (la mer Caspienne); je visiterai
« les royaumes de *Ta-thsin* (l'empire romain!), de *Ki-pin* (Caboul),
« de *Thien-tchou* (l'Inde), de *'Asi* (la Parthie) [1]; je vous ordonne de
« conduire mon char. A mon retour, je vous rembourserai la somme
« que je vous dois. »

Siu-kia s'étant refusé à accompagner *Lao-tseu*, le philosophe lui
ordonna d'ouvrir la bouche en s'inclinant vers la terre, et aussitôt
il laissa échapper le talisman dont les caractères mystérieux étaient
aussi rouges qu'au moment où il l'avait avalé. Au même instant,
le corps de *Siu-kia* se changea en une masse d'os desséchés.

In-hi, sachant que *Lao-tseu* était doué d'une puissance divine et
qu'il pouvait ressusciter *Siu-kia*, se prosterna à terre et le supplia
de lui rendre la vie, s'engageant à payer lui-même la somme due
par *Lao-tseu*.

Lao-tseu jeta aussitôt à *Siu-kia* le *talisman de la vie pure*, et il res-
suscita au même instant. *In-hi* donna ensuite 200,000 onces d'argent à *Siu-kia* et le renvoya. Dès ce moment il rendit à *Lao-tseu*
les devoirs d'un disciple. Le philosophe lui communiqua le secret
de l'immortalité. *In-hi* le pria, en outre, de lui enseigner sa doctrine, et alors *Lao-tseu* la lui exposa en cinq mille mots. *In-hi* se
retira à l'écart, les écrivit fidèlement et en composa un ouvrage
qu'il appela *Tao-te-king*, ou le livre de la Voie et de la Vertu. *In-hi*
suivit la doctrine de son maître et obtint le rang d'immortel.

Sous la dynastie des *Han*, l'impératrice *Teou-heou* eut foi dans
les maximes de *Lao-tseu*. L'empereur *Hiao-wen-ti* des *Han*, et les
parents de l'impératrice son épouse, ne purent s'empêcher de lire
cet ouvrage. Tous ceux qui le lurent en retirèrent d'immenses
avantages: c'est pourquoi, sous les règnes de *Hiao-wen-ti* et de *Hiao-
king-ti*, tout l'empire fut calme et heureux. L'impératrice *Teou-chi*

---

[1] Les trois premiers noms de royaumes sont tirés d'une autre rédaction de la
même légende publiée par *Khing-tseu*, sous la dynastie des *Ming*, plus de dix siècles
après le mythologue chinois (*Ko-hong*) que nous traduisons. (Voy. *Li-taï-chi-tsouan-
tso-pien*, liv. CLIX, fol. 3 *verso*.)

conserva, pendant trois générations successives, ses honneurs et la faveur dont elle était entourée. *Sou-kouang*, précepteur de l'héritier du trône, pénétra profondément avec son fils la pensée de *Lao-tseu*. Il reconnut que, *lorsqu'on a acquis de grands mérites, il faut se retirer à l'écart.* Ils résignèrent leur charge le même jour, et allèrent vivre dans la retraite. Ils distribuèrent de l'or (aux malheureux) et répandirent de grands bienfaits. Aussi conservèrent-ils leur pureté et leur gloire.

Tous les sages qui vivent dans l'obscurité et suivent la doctrine de *Lao-tseu*, se dépouillent extérieurement du luxe et des honneurs; intérieurement, ils entretiennent leur longévité, et ne succombent jamais au milieu des dangers du siècle.

C'est ainsi que les bienfaits de *Lao-tseu* découlent de son livre, et s'étendent à l'infini comme les eaux d'un fleuve bienfaisant. On peut dire que le ciel et la terre l'ont institué pour être le modèle et le maître de toutes les générations futures. C'est pourquoi il n'y a pas un seul disciple de *Tchoang-tcheou* (*Tchoang-tseu*) qui ne soit rempli de respect pour *Lao-tseu*, et qui ne le révère comme le patriarche de la doctrine.

OBSERVATIONS DÉTACHÉES
SUR LE TEXTE ET LES DIFFÉRENTES ÉDITIONS DE *LAO-TSEU*.

TITRE DE L'OUVRAGE. — « On n'est pas d'accord, dit *Sie-hoeï*, sur les motifs qui ont fait adopter le titre de *Tao-te-king*. L'ouvrage de *Lao-tseu*[1] forme deux livres. Le premier s'appelle *Tao-king* 道經 ou « le livre du *Tao*, » et le second *Te-king* 德經 ou « le livre de la Vertu ». C'est pourquoi quelques écrivains l'ont appelé *Tao-te-king* 道德經. *Ou-yeou-thsing* fait observer que, dans l'origine, le nom de chaque livre fut pris d'un des mots de la première phrase[2] (le premier commence par TAO, et le second par *chang* TE). Dans la suite on réunit ces deux mots et l'on forma ainsi le titre de *Tao-te-king*. Voilà le motif qui a fait appeler ainsi l'ouvrage de *Lao-tseu*; l'on n'a nullement songé à indiquer par là que le premier livre traite du *Tao*, et le second de la Vertu (Te). »

Sie-hoeï remarque, avec raison, que « cette observation est con-
« traire au témoignage de l'historien *Sse-ma-thsien* qui dit positive-
« ment que *Lao-tseu* composa un ouvrage, en deux livres, dont le su-
« jet est *le Tao et la Vertu*. La division actuelle de l'ouvrage en
« deux parties est conforme à la plus ancienne disposition du texte.
« Le mot *king* (qui signifie « livre renfermant une doctrine invaria-
« ble ») est une expression ajoutée dans les siècles suivants pour
« exprimer la vénération qu'on a pour ce livre.

« L'histoire de la littérature, dans les annales des *Han*, nous ap-
« prend que trois anciens commentaires (composés sous cette dynastie,
« et qui ne sont point parvenus jusqu'à nous[3]) portaient seulement

---

[1] Voy. l'édition de *Sie-hoeï*, liv. I, fol. 1. Tout ce que nous disons ici sur le titre de l'ouvrage est traduit ou extrait de cette édition, *loc. cit.*

[2] De même, le premier livre de la Genèse tire son titre du mot initial *berêschith* בְּרֵאשִׁית.

[3] Cf. *Lao-tseu-i*, liv. III, fol. 10 *recto*.

« le titre de *Lao-tseu*. » *Sie-hoeï* se range, en conséquence, de l'avis de *Ou-yeou-thsing*, qui pense que le titre *Tao-te* vient d'un mot de la première phrase de chaque livre, et non du sujet qui y est traité. D'un autre côté, plusieurs interprètes recommandables soutiennent l'opinion de l'historien *Sse-ma-thsien*. Nous laissons au lecteur le soin d'adopter celle de ces deux opinions qui lui paraîtra le mieux fondée.

DIVISION EN 81 CHAPITRES. — Suivant *Sie-hoeï*[1], « le plus ancien
« texte du *Tao-te-king* était divisé en 81 chapitres. Quelques per-
« sonnes attribuent cette disposition à *Ho-chang-kong* (qui présenta
« son commentaire à l'empereur *Hiao-wen-ti*, l'an 163 avant J. C.),
« d'autres à *Lieou-hiang*, qui vivait sous les *Han*; mais il n'est plus
« possible aujourd'hui de vérifier ce fait : ce qu'il y a de certain,
« c'est que cette division remonte à une époque très-reculée. C'est
« pourquoi la plupart des éditeurs et des commentateurs l'ont adop-
« tée. Quoique *Wang-fou-sse* et *Sse-ma-wen-kong* n'aient point distri-
« bué le texte de *Lao-tseu* en chapitres, leurs commentaires suivent
« exactement la pensée de l'auteur, telle qu'elle est développée,
« chapitre par chapitre, dans les textes que nous venons de citer. »

« *Yen-kiun-p'ing* (qui vivait sous les *Han*) a divisé le texte en 72
« chapitres, et *Ou-yeou-thsing* en 68. Les différentes parties de l'ou-
« vrage se lient et s'enchaînent parfaitement entre elles depuis le
« commencement jusqu'à la fin; mais les divisions qu'ils ont adop-
« tées sont loin de présenter les mêmes avantages que les autres
« éditions. Au résumé, la division en quatre-vingt-un chapitres est
« la plus rationnelle. »

NOMBRE DES MOTS DU *TAO-TE-KING*.

« Le texte du *Lao-tseu*[2] connu sous le titre de *Hiang-in-tsie-pen*,
« fut trouvé dans le tombeau de *Hiang-in*, la 5ᵉ année de la période
« *Wou-p'ing*, de la dynastie des *Thsi* du nord (l'an 574 après J. C.),

---

[1] Voy. *Lao-tseu-tsi-kiaï* (édit. de *Sie-hoeï*), liv. II, fol. 56 verso. Les observations qui suivent sont traduites du chinois, *loc. cit.*

[2] Voy. *Lao-tseu-i*, liv. III, fol. 10.

OBSERVATIONS DÉTACHÉES.   xxxv

« par un homme de la ville de *Pong*. Le texte appelé *Ngan-khieou-
« wang-pen*, fut trouvé par un *Tao-sse* nommé *Keou-tsien*, dans la pé-
« riode *Thaï-ho* des *Weï* (entre les années 477 et 500 de J. C.). Le
« texte de *Ho-chang-kong* fut transmis par *Kieou-yo*, sage du royaume
« de *Thsi*. Ces trois textes renferment chacun cinq mille sept cents
« vingt-deux mots. Les passages de *Lao-tseu* cités par le philosophe
« *Han-fei*[1] s'y retrouvent exactement et sans variantes. Il y avait, à
« *Lo-yang*, un texte officiel (*kouan-pen* 官本) contenant cinq
« mille six cent trente mots. Le texte de *Wang-pi* (dont le commen-
« taire fut composé sous les *Weï*[2], d'autres disent sous les *Tsin*)
« renferme cinq mille six cent quatre-vingt-trois mots, et, dans
« certaines éditions, cinq mille six cent dix mots. »

La présente édition renferme cinq mille trois cent vingt mots.

« Plusieurs éditeurs ont témérairement, ajouté, retranché ou
« changé certains mots du texte, et n'en ont pas toujours averti
« le lecteur, comme l'a fait l'empereur *Hiouan-tsong* des *Thang* (à la
« fin du chapitre xx) dans son commentaire (qui fut publié entre
« les années 713 et 742.) »

« Lorsque *Sse-ma-thsien* rapporte, dans ses Mémoires historiques,
« que le livre de *Lao-tseu* renfermait un peu plus de cinq mille
« mots[2], il s'exprime ainsi parce que l'ouvrage ne contenait pas
« tout à fait six mille mots. Il a voulu donner un nombre rond. Il
« est résulté de là que plusieurs éditeurs peu éclairés ont été assez
« téméraires pour retrancher une quantité de particules auxiliaires,
« explétives et finales, afin de ramener à cinq mille le nombre des
« mots du texte. On peut dire que cette assertion de *Sse-ma-thsien*
« a fait un tort considérable au texte de *Lao-tseu*[3]. »

Cette observation de *Tsiao-hong* explique pourquoi le texte de
notre philosophe offre si peu de ces particules auxiliaires, explétives et finales qui, en chinois, contribuent tant à l'harmonie du
style et à la régularité des périodes.

[1] Voy. l'Introduction, page 1, note 1, n° VI.
[2] Cf. *Lao-tseu-i*, liv. III, fol. 15.
[3] *Lao-tseu-i*, liv. III, fol. 49 r. Voyez aussi la Notice historique, page xx, lig. 22.

OBSERVATIONS DÉTACHÉES.

NOMBRE ET CARACTÈRE DES ÉDITIONS ET COMMENTAIRES DE *LAO-TSEU*.

Tsiao-hong[1] rapporte les titres de soixante-quatre éditions de *Lao-tseu*, qu'il fait suivre des noms des commentateurs et du nombre des livres dont chaque édition se compose.

Parmi les interprètes les plus célèbres, nous remarquons trois empereurs qui professaient la doctrine de *Lao-tseu*, savoir : 1° *Wou-ti*, de la dynastie des *Liang* (qui monta sur le trône l'an 502 de l'ère chrétienne); on a de lui : *Tao-te-king-tchou*, en 4 livres.

2° L'empereur *Kien-wen-ti*, de la même dynastie (qui monta sur le trône l'an 550 de J. C.). Il a publié : *Tao-te-king-chou-i*, en 10 livres.

3° L'empereur *Hiouen-tsong*, de la dynastie des *Thang* (qui monta sur le trône l'an 713 de J. C.). Il est auteur d'une glose sur *Lao-tseu*: *Tao-te-king-tchou*, en 2 livres, et d'une paraphrase : *Tao-te-king-kiang-sou*, en 6 livres.

COMMENTATEURS *TAO-SSE*.

Tsiao-hong cite vingt autres commentateurs *Tao-sse*, savoir :

1. Le *Tao-sse Tsang-hiouen-thsing*, qui vivait sous les *Liang* (de 502 à 556); son nom honorifique était *Tao-tsong*. Il a composé *Tao-te-king-sou*, en 4 livres.

2. Le *Tao-sse Meng-ngan-paï*, dont le nom honorifique était *Ta-meng*. Il vivait sous les *Liang* (de 502 à 556). Il a composé *Lao-tseu-tao-te-king-i*, en 2 livres.

3. Le *Tao-sse Meng-tchin-tcheou*, dont le titre était *Siao-meng*. Il vivait aussi sous les *Liang*. Il a composé *Tao-te-king-tchou*, en 2 livres.

4. Le *Tao-sse Teou-lio* (sous la même dynastie). Il a composé *Tao-te-king-tchou*, en 2 liv.

5. Le *Tao-sse Tchou-jeou*, qui vivait sous la dynastie des *Tchin* de 557 à 587). Il a composé *Tao-te-king-hiouen-lan*, en 6 liv.

[1] *Lao-tseu-i*, liv. III, fol. 13.

OBSERVATIONS DÉTACHÉES.

6. Le *Tao-sse Lieou-tsin-hi*, qui vivait sous la dynastie des *Souï* (de 581 à 618). Il a composé : *Tao-te-king-sou*, en 6 liv.

7. Le *Tao-sse Li-po* (sous la même dynastie). Il a composé : *Tao-te-king-tchou*, en 2 liv.

8. Le *Tao-sse Ngan-khieou*. Il a composé : *Tao-te-king-tchi-khouei*, en 5 liv.

9. Le *Tao-sse wang-hiouen-pien*. Il a composé : *Ho-chang-kong-chi-i*, ou explication du sens de *Ho-chang-kong*, en 10 liv.

10. Le *Tao-sse Siu-mo*, auteur de *Tao-te-king-tchou*, 4 liv.

11. Le *Tao-sse Ho-sse-youen*, membre de l'académie des *Han-lin*. Il a composé : *Tao-te-king-tchi-siu*, en 2 livres; et *Tao-te-king-hiouen-chi*, en 8 liv.

12. Le *Tao-sse Sie-ki-tchang*. Il a composé : *Tao-te-king-kin-thing*, en 10 liv. et *Tao-te-king-sse-sou*, en 1 liv.

13. Le *Tao-sse Li-youen-hing*, auteur de *Tao-te-king-tchou-i*, en 4 livres.

14. Le *Tao-sse Tchang-hoeï-tchao*, auteur de *Tao-te-king-tchi-hiouen-sou*, 2 liv.

15. Le *Tao-sse Tche-jo-pi*, auteur de *Tao-te-king-sou*, en 7 liv.

16. Le *Tao-sse Jin-taï-hiouen*, auteur de *Tao-te-king-tchou*, en 2 livres.

17. Le *Tao-sse Chin-fou*, surnommé *Tchong-kiu-sien-sing*, et inspecteur au palais impérial; auteur de *Tao-te-king-sou*, en 5 liv.

18. Le *Tao-sse Tchang-kiun-siang*, auteur de *Tao-te-king-tsi-kiaï*, en 4 liv.

19. Le *Tao-sse Tching-hiouen-ing*, auteur de *Tao-te-king-kiang-sou*, en 6 liv.

20. Le *Tao-sse Fou-chao-ming*, auteur de *Tao-te-king-pou-tse*, en 2 livres.

COMMENTATEURS BOUDDHISTES.

Tsiao-hong nous fait connaître sept commentateurs bouddhistes de *Lao-tseu*, dont les noms suivent :

1. *Tchang-tao-ling*, surnommé *San-thien-tao-sse* (le docteur de la

loi des trois ciels). Il est auteur de *Lao-tseu-siang-eul*, en 2 livres.

2. Le *Cha-men* (samanéen) *Kieou-mo-lo-chi*, prêtre indien, qui entra en Chine au commencement du vi° siècle de notre ère, et qui a traduit en chinois un grand nombre de livres sanskrits. Il est auteur de *Tao-te-king-tchou*, en 2 livres.

3. Le *Cha-men* (samanéen) *Fou-th'ou-tch'ing*, qui vint de l'Inde en 310, et s'établit dans la ville de *Lo-yang*. Il est auteur de *Tao-te-king-tchou*, en 2 liv.

4. Le *Cha-men* (samanéen) *Seng-tchao*, qui vivait sous les *Tsin* (de 265 à 419 de J. C.). Il a composé *Tao-te-king-tchou*, en 4 liv.

5. Le *Fa-sse* (docteur de la loi) *Tsong-wen-ming*. Il a composé *Lao-tseu-i*, en 5 liv.

6. Le *Fa-sse* (docteur de la loi) *Tchao-kien*, auteur de *Lao-tseu-kiang-sou*, en 6 liv.

7. Le *Fa-sse* (docteur de la loi) *Kong*, auteur de *Lao-tseu-tsi-kiaï*, en 4 livres.

COMMENTATEURS LETTRÉS.

Les trente-quatre autres commentateurs de *Lao-tseu* sont des écrivains de la secte des lettrés, qui expliquent constamment *Lao-tseu* suivant les idées particulières à l'école de Confucius, au risque de dénaturer la pensée de notre auteur, et dans l'intention formelle d'étouffer son système philosophique.

Des commentaires rédigés dans un tel esprit n'ont aucun intérêt pour les personnes qui veulent entrer intimement dans la pensée de *Lao-tseu* et se faire une juste idée de sa doctrine. Je crois inutile en conséquence de rapporter leurs noms et les titres des commentaires qu'ils ont publiés.

D'un autre côté, j'ai cru devoir faire connaître les principaux commentaires bouddhiques, parce que, de l'aveu des *Tao-sse* eux-mêmes, leur doctrine paraît avoir plusieurs points de contact avec celle de *Lao-tseu*, et afin que les savants qui seraient tentés de donner au *Tao-te-king* une origine tout indienne, voulussent bien se rappeler que les commentateurs bouddhistes, qui sont d'ordinaire

OBSERVATIONS DÉTACHÉES.

les plus profonds et les plus éloquents de tous, ont dû exercer une influence considérable sur l'interprétation générale de ce livre.

ÉDITIONS DONT ON A FAIT USAGE POUR RÉDIGER LA TRADUCTION DE LAO-TSEU ET LES NOTES PERPÉTUELLES QUI L'ACCOMPAGNENT.

Le texte chinois de notre édition est presque entièrement conforme à celui de l'édition E que possède la Bibliothèque royale de Paris. Nous y avons introduit une trentaine de variantes, dont on trouvera à la fin de l'ouvrage (pag. 299-303) l'indication et l'origine authentique.

Édition A. — Cette édition renferme le commentaire composé, sous la dynastie des *Han*, par *Lo-tchin-kong*, qui prenait tantôt le titre de *Ho-chang-tchang-jin*, c'est-à-dire « le grand homme qui habite sur les bords du fleuve jaune, » tantôt celui de *Ho-chang-kong* [1]. On rapporte que, l'an 163 av. J. C. il présenta son commentaire à l'empereur *Hiao-wen-ti*, qui était venu le visiter dans sa modeste retraite. *Sse-ma-thsien* le mentionne honorablement dans sa notice biographique de *Lo-i*. (Cf. Catalogue général de la bibliothèque de l'empereur *Khien-long*, liv. CXLVI, fol. 5.)

Plusieurs personnes possèdent à Paris, et j'ai moi-même reçu de *Péking*, une édition en II liv. dont les notes sont faussement attribuées à *Ho-chang-kong*, et où l'on ne trouve pas une seule phrase du commentaire original. La glose et le commentaire paraissent rédigés d'après l'édition *Tao-te-king-chi-i*, publiée en 1690 par *Chun-yang-tchin-jin*, qui renferme toutes les rêveries des *Tao-sse* modernes. C'est notre édition F, que nous n'avons citée que deux ou trois fois, dans des passages qui ne touchent nullement à la doctrine de l'auteur.

Édition B. — Cette édition renferme le commentaire de *Ko-*

[1] Voy. *Lao-tseu-i*, liv. III, fol. 14.

tchang-keng, qui vivait vers l'an 1208, sous la dynastie des *Song*. Suivant le Catalogue général de la bibliothèque de *Khien-long* (liv, CXLVI, fol. 10), c'était un *Tao-sse* qui avait fixé sa résidence sur le mont *Wou-i*; il prenait tantôt le titre de *Thse-thsing-tchin-jin*, tantôt celui de *Pe-tch'en* ou de *Tch'en-sien*. Son interprétation se rapproche en beaucoup d'endroits de celle des religieux bouddhistes qui ont commenté *Lao-tseu*.

Édition C. — Cette édition a été composée, sous la dynastie des *Ming* (en 368 et 1647), par un *Tao-sse* qui prenait le titre de *Thi-we-* Elle offre une glose perpétuelle et une paraphrase.

Édition D. — Cette édition a été composée, sous la dynastie des *Weï*, par *Wang-pi* (entre les années 386 et 543). L'édition dont nous nous sommes servi a été publiée en 1773, en 2 petits vol. in-18. Suivant les critiques chinois, le texte est rempli de fautes, et les notes très-courtes qui y sont jointes sont obscures à force de concision et de subtilité.

Édition E. — Cette édition, intitulée *Lao-tseu-tsi-kiaï*, se trouve à la Bibliothèque royale (fonds de Fourmont, n° 288). Elle a été publiée en 1530 par *Sie-hoeï*, que les bibliographes appellent ordinairement *Khao-kong-sien-sing*, et qui prend tantôt le titre de *Ta-ning-kiu-sse* (c'est-à-dire « le docteur retiré dans le cabinet de la « grande tranquillité »), tantôt celui de *Si-youen-sien-sing*, ou « le doc- « teur de la plaine occidentale ».

Les écrivains chinois aiment à se désigner par des titres tirés des lieux qu'ils habitent, ou près desquels ils vivent retirés. C'est ainsi que parmi les commentateurs du Livre des Récompenses et des Peines, traité de morale à l'usage des *Tao-sse*[1], nous voyons le docteur *Iu-khi-tseu*, ou « le docteur de la rivière du jade »; *Tsiao-chan-tseu*, ou « le docteur du mont *Tsiao* »; *Thse-khieou-tseu*, ou « le doc-

[1] Voy. ma traduction de cet ouvrage, publiée en 1835 par l'*Oriental Translation Committee*, in-8°, préface, pag. xij.

« tour de la colline rouge », etc. La « plaine occidentale » (*Si-youan*) où demeurait *Sie-hoeï*, était située à une petite distance de *Po*, son pays natal. C'est pour cette raison (est-il dit dans l'introduction) qu'il prit le titre de *Si-youen-sien-sing*, c'est-à-dire « le docteur de la « plaine de l'ouest ».

La préface nous apprend que *Po*, pays où était né *Sie-hoeï*, est celui qui a donné naissance à *Lao-tseu*. Peut-être que cette communauté d'origine lui inspira l'idée de commenter notre philosophe.

Le commentaire de *Sie-hoeï* est, comme il le dit lui-même, un résumé des meilleurs commentaires; mais il est insuffisant pour entendre l'ouvrage d'un bout à l'autre. A l'exception de celui de *Ho-chang-kong*, c'est le plus clair et le plus précis de tous ceux que j'ai eus à ma disposition : aussi en ai-je fait un grand usage dans mes notes et en particulier dans celles du second livre du *Tao-te-king*. Cet auteur émet quelquefois des idées fortes et hardies, qu'on s'étonne de trouver chez un écrivain chinois. (Voyez page 148, notes 5 et 7.

Édition F (*Tao-te-king-chi-i*). — Voir ce qui en a été dit plus haut (édit. A) à l'occasion de l'édition pseudonyme de *Ho-chang-kong*.

Édition G. — *Lao-tseu-i* (ou Secours pour l'intelligence de *Lao-tseu*, en 3 liv.). Cette édition a été publiée en 1588 par *Tsiao-hong* surnommé *Pi-ching*. C'est la plus étendue et la plus importante que nous connaissions jusqu'ici. Elle offre, en général, la reproduction complète des plus célèbres commentaires composés par *Liu-kie-fou*, *Ou-yeou-thsing*, *Li-si-tchaï* et *Sou-tseu-yeou*, et des extraits considérables de soixante autres interprètes.

A la suite de chaque chapitre, *Tsiao-hong* donne souvent une glose dans laquelle il explique ou corrige le texte d'après les éditions qui ont précédé la sienne. Une grande partie de sa glose, que nous désignons par G, a été mise à profit ou extraite textuellement par *Sie-hoeï* (édit. E).

Le livre III renferme des pièces et notices relatives à *Lao-tseu*, à son livre et aux différentes éditions dont on donne les préfaces les plus importantes. Il est terminé par un choix de variantes des éditions que l'auteur a eues à sa disposition. Nous croyons utile de faire connaître les principaux commentaires que nous a fournis cette édition.

1. Liu-kie-fou. Son commentaire, intitulé *Lao-tseu-tch'ouen*, en 4 livres, fut composé, sous la dynastie des *Song*, dans l'année 1078. Le docteur *Yen-ping* dit que ce commentaire est l'un des plus estimés.

2. Ou-yeou-thsing. Son commentaire, intitulé *Tao-te-tchin-king-tchou*, en 4 livres, a été composé sous la dynastie des Mongols, entre 1260 et 1368. (Cf. Catalogue de la bibliothèque de l'empereur *Khien-long*, liv. cxlvi, fol. 12.)

3. Li-si-tchaï, surnommé *Kia-meou*. Son commentaire, intitulé *Tao-te-king-kiaï*, se trouve, suivant *Tsiao-hong*, dans la grande collection de livres *Tao-sse* intitulée *Tao-thsang*. Mais ce critique ne donne aucun détail sur l'auteur ni sur l'époque où il a vécu.

4. Tao-te-king-kiaï, en 2 livres. Cette édition a été publiée en 1098, par *Sou-tche* ou *Sou-tong-po*, appelé plus souvent *Sou-tseu-yeou*, qui a été l'un des écrivains les plus célèbres de la dynastie des *Song*. On peut voir sa biographie dans les Mémoires de Péking, tom. X, pag. 70-104. Son style est pur, élégant et souvent profond. On remarque une partie de ces qualités dans le portrait du Saint, pages 142, note 13, et *passim*, malgré la faiblesse de ma traduction.

L'auteur s'est proposé principalement d'expliquer *Lao-tseu* d'après les idées bouddhiques. Suivant *Ma-touan-lin*, il puisa ce système d'interprétation dans la société des religieux samanéens qu'il fréquenta longtemps à *Yun-tcheou*.

Les renseignements qu'il donne lui-même sur la manière dont son commentaire a été composé et conservé sont entremêlés de détails curieux et touchants qui, je l'espère, en feront excuser la longueur.

« A l'âge de quarante ans [1], je fus exilé à *Yun-tcheou*. Quoique

[1] *Lao-tseu-i*, liv. III, fol. 23.

« cet arrondissement soit peu étendu, on y voit beaucoup d'anciens
« monastères; c'est le rendez-vous des religieux bouddhistes de tout
« l'empire. L'un d'eux, nommé *Tao-thsiouen*, fréquentait la montagne
« de *Hoang-nie*; il était neveu de *Nan-kong*. En gravissant ensemble
« les hauteurs, nos deux cœurs s'entendirent. Il aimait à partager
« mes excursions. Un jour que nous discourions ensemble sur le
« *Tao*, je lui dis : « Tout ce dont vous parlez, je l'ai déjà appris
« dans les livres des lettrés [1]. — Cela se rattache à la doctrine de
« Bouddha, me répondit *Thsiouen*, comment les lettrés l'auraient-
« ils trouvé eux-mêmes? » (Après un long dialogue dans lequel *Sou-
tche* s'efforce de montrer les points de ressemblance qui existent,
suivant lui, entre la doctrine de Confucius et celle de Bouddha,
il continue ainsi :)

« A cette époque, je me mis à commenter *Lao-tseu*. Chaque fois
« que j'avais terminé un chapitre, je le montrais à *Thsiouen*, qui s'é-
« criait avec admiration : *Tout cela est bouddhique!*

« Après avoir demeuré pendant cinq ans à *Yun-tcheou*, je revins
« à la capitale, et, quelque temps après, *Thsiouen* s'éloigna pour
« voyager. Vingt ans se sont écoulés depuis cette époque. J'ai revu
« et corrigé constamment mon commentaire de *Lao-tseu*, et je n'y
« ai jamais trouvé un seul passage que je ne pusse faire accorder
« avec la doctrine de Bouddha. Mais, parmi les hommes de mon
« temps, il n'y avait personne avec qui je pusse m'entretenir de ces
« matières relevées. J'eus ensuite l'occasion de revoir *Thsiouen* et je
« lui montrai mon commentaire. »

Dans la deuxième année de la période *Ta-kouan* (en 1108), *Sou-
tche* écrit que, voyageant dans le midi, du côté de *Haï-kang*, il ren-
contra par hasard *Tseu-tchen*, son frère aîné, et resta près de lui,
pendant une dizaine de jours, dans l'arrondissement de *Teng-tcheou*.
Il l'entretint de ses anciens travaux littéraires sur le *Chi-king* (le Livre des vers), le *Tchun-thsieou* et les anciens historiens, et lui confia
son commentaire sur *Lao-tseu*.

« A cette époque, ajoute-t-il, j'eus le bonheur de rentrer en

[1] C'est-à-dire dans les ouvrages des écrivains de l'école de Confucius.

« grâce auprès de l'empereur et je revins à la capitale. *Tseu-tchen* se
« rendit à *Pi-ling*, y tomba malade et mourut. Dix années s'étaient
« écoulées depuis cet événement, et j'ignorais ce qu'était devenu
« mon travail sur *Lao-tseu* que j'avais laissé autrefois entre les mains
« de *Tseu-tchen*.

« La première année de la période *Tching-ho* (l'an 1111) je tom-
« bai par hasard sur les manuscrits de *Tseu-tchen*, que mon neveu
« *Maï* avait mis en ordre. Dans le nombre, je trouvai un manuscrit
« avec cette note : « Commentaire nouveau sur *Lao-tseu* qui me fut
« confié jadis par mon frère *Sou-tseu-yeou*. » Je ne pus le parcourir
« jusqu'au bout, le livre me tomba des mains, et je m'écriai en
« soupirant : « Si l'on eût eu ce commentaire à l'époque des guerres
« entre les royaumes (*T'chen-koue*), on n'aurait pas eu à déplorer les
« maux causés par *Chang-yang* et *Han-feï*; si on l'eût eu au com-
« mencement de la dynastie des *Han*, Confucius et Lao-tseu n'au-
« raient fait qu'un; si on l'eût eu sous les *Tsin* et les *Song* (de 265
« à 401), Bouddha et Lao-tseu n'auraient pas été en opposition. Je
« ne m'attendais pas à faire, dans mes vieux ans, cette rencontre
« extraordinaire. — Je demeurai dix ans à *Ing-tchouen*, et, pendant
« tout ce temps, je fis beaucoup de corrections et de changements
« à ces quatre ouvrages (ses commentaires sur le *Chi-king*, le *Tch'un-
« thsieou*, le *Lao-tseu*, et son travail sur les anciens historiens). »
« Je pensais que les paroles des Saints ne peuvent être comprises à
« la première lecture; aussi, chaque fois que j'avais trouvé une idée
« nouvelle, je n'osais m'arrêter au premier sens. Aujourd'hui je se-
« rais heureux de pouvoir améliorer mon commentaire sur *Lao-tseu*,
« à l'aide des avis de *Tseu-tchen*, mais, hélas! je ne pourrai plus
« le consulter. — Je n'eus pas la force de continuer et je fondis en
« larmes. »

Tchou-hi, le célèbre interprète des livres classiques, blâme sévèrement *Sou-tseu-yeou* d'avoir voulu faire accorder la doctrine des
lettrés avec celle de *Lao-tseu*, et d'y avoir cousu (c'est l'expression
du critique) la doctrine des bouddhistes. Ces rapprochements particuliers à *Sou-tong-po* lui paraissent complétement erronés. Il trouve

OBSERVATIONS DÉTACHÉES.

aussi *Sou-tong-po* rempli d'orgueil et de présomption lorsqu'il dit que parmi les hommes de son temps il n'y en avait pas un seul avec qui il pût s'entretenir sur ces matières philosophiques. (Voy. *Wen-hien-thong-khao*, liv. CXI, fol. 1 *verso*.)

Édition II. — *Tao-te-king-kiaï*, en 2 livres. Cette édition a été publiée sous la dynastie des *Ming* (entre les années 1368 et 1647) par un religieux bouddhiste nommé *Te-thsing*. Elle est imprimée avec une rare élégance, en un volume petit in-fol. Le texte et le commentaire sont ponctués avec soin. Le style de la glose et du commentaire est clair et facile. L'auteur y montre une partialité bien naturelle pour la doctrine de Bouddha; mais il est aisé de distinguer les principes qui lui sont particuliers et ceux qui sont d'accord avec le système général de *Lao-tseu*.

Paris, 1ᵉʳ novembre 1841.

老子道德經

LE LIVRE

DE LA VOIE ET DE LA VERTU.

老子道德經

第一章

道可道。非常道。名可名。非常名。無名天地之始。有名萬物之母。故常無欲以觀其妙。常有欲以觀其徼。此兩者。同出而異名。同謂之玄。玄之又玄。眾妙之門。

第二章

天下皆知美之為美斯惡矣。皆知善之為

LE LIVRE
DE LA VOIE ET DE LA VERTU.

LIVRE PREMIER.

CHAPITRE PREMIER.

La voie qui peut être exprimée par la parole [1] n'est pas la Voie éternelle; le nom qui peut être nommé [2] n'est pas le Nom éternel.

(L'être) sans nom [3] est l'origine du ciel et de la terre; avec un nom, il est la mère de toutes choses.

C'est pourquoi, lorsqu'on est constamment [4] exempt de passions, on voit son essence spirituelle [5]; lorsqu'on a constamment des passions, on le voit sous une forme bornée [6].

Ces deux choses [7] ont une même origine et reçoivent des noms différents. On les appelle toutes deux profondes. Elles sont profondes, doublement profondes. C'est la porte de toutes les choses spirituelles.

CHAPITRE II.

Dans le monde, lorsque tous les hommes ont su apprécier la beauté (morale) [1], alors la laideur (du vice) *a paru*.

為盜。²⁰見可欲使民心不亂是以聖人之
不尚賢使民不爭不貴⁵難得之貨使民不¹⁰ ¹⁵

第三章

惟不居。是⁸⁵以不去。

不辭生而不⁷⁰有為而不恃。⁷⁵功成而不居。夫⁶⁵

聖人處無為之事。⁵⁵行不言之教。萬物作而⁶⁰

相形。³⁵高下相傾。⁴⁰音聲相和。前後⁴⁵相隨是以

善。斯不²⁰善矣。故有無²⁵相生。難易相成。³⁰長短

Lorsque tous les hommes ont su apprécier le bien, alors le mal *a paru*.

C'est pourquoi [2] l'être et le *non-être* [3] naissent l'un de l'autre.

Le difficile et le facile [4] se produisent mutuellement.

Le long et le court [5] se donnent mutuellement leur forme.

Le haut et le bas [6] montrent mutuellement leur inégalité.

Les tons et la voix [7] s'accordent mutuellement.

L'antériorité et la postériorité [8] sont la conséquence l'une de l'autre.

De là vient que le Saint fait son occupation du *non-agir* [3].

Il fait consister ses instructions dans le silence.

Alors tous les êtres se mettent en mouvement [10], et il ne leur refuse rien.

Il les produit [11] et ne se les approprie pas.

Il les perfectionne et ne compte pas sur eux [12].

Ses mérites étant accomplis, il ne s'y attache pas [13].

Il ne s'attache pas à ses mérites; c'est pourquoi ils ne le quittent point [14].

CHAPITRE III.

En n'exaltant [1] pas les sages, on empêche le peuple de se disputer.

En ne prisant pas les biens d'une acquisition difficile on empêche le peuple de se livrer au vol [2].

吾不知誰之子。象帝之先。

第四章

道沖而用之。或不盈。淵乎似萬物之宗。挫其銳。解其紛。和其光。同其塵。湛兮似常存。

無不治矣。

治虛其心。實其腹。弱其志。強其骨。常使民無知無欲。使夫知者不敢爲也。爲無爲則

En ne regardant point des objets propres à exciter des désirs, on empêche que le cœur du peuple ne se trouble [3].

C'est pourquoi, lorsque le Saint gouverne, il vide son cœur [4], il remplit son ventre (son intérieur), il affaiblit sa volonté, et il fortifie ses os [5].

Il s'étudie constamment à rendre le peuple ignorant et exempt de désirs [6].

Il fait en sorte que ceux qui ont du savoir n'osent pas agir [7].

Il pratique le *non-agir*, et alors il n'y a rien qui ne soit bien gouverné.

CHAPITRE IV.

Le Tao est vide [1]; si l'on en fait usage, il paraît inépuisable.

O qu'il est profond! Il semble le patriarche [2] de tous les êtres.

Il émousse [3] sa subtilité, il se dégage de tous liens, il tempère sa splendeur, il s'assimile à la poussière.

O qu'il est pur! Il semble subsister éternellement [4].

J'ignore de qui il est fils; il semble avoir précédé le maître du ciel.

之根。綿綿若存用之不勤。

谷神不死。是謂玄牝。玄牝之門。是謂天地

第六章

屈。動而愈出多言數窮。不如守中。

姓爲芻狗。天地之間。其猶橐籥乎。虛而不

天地不仁。以萬物爲芻狗。聖人不仁。以百

第五章

CHAPITRE V.

Le ciel et la terre n'ont point d'affection particulière [1]. Ils regardent toutes les créatures comme le chien [2] de paille (du sacrifice).

Le Saint [3] n'a point d'affection particulière ; il regarde tout le peuple comme le chien de paille (du sacrifice).

L'être qui est entre le ciel et la terre [4] ressemble à un soufflet de forge qui est vide et ne s'épuise point, que l'on met en mouvement et qui produit de plus en plus (du vent).

Celui qui parle beaucoup (du Tao) est souvent réduit au silence [5].

Il vaut mieux observer le milieu.

CHAPITRE VI.

L'esprit de la vallée [1] ne meurt pas ; on l'appelle la femelle [2] mystérieuse.

La porte [3] de la femelle mystérieuse s'appelle la racine [4] du ciel et de la terre.

Il est éternel [5] et semble [6] exister (matériellement).

Si l'on en fait usage [7], on n'éprouve aucune fatigue.

言善信。政善治。事善能。動善時。夫惟不爭。
所惡。故幾於道矣。居善地。心善淵。與善仁。
上善若水。水善利萬物而不爭。處衆人之

第八章

其身而身存。非以其無私邪。故能成其私
生。故能長久。是以聖人後其身而身先。外
天地長久。天地所以能長久者。以其不自

第七章

CHAPITRE VII.

Le ciel et la terre ont une durée éternelle [1].

S'ils peuvent avoir une durée éternelle, c'est parce qu'ils ne vivent pas pour eux seuls. C'est pourquoi ils peuvent avoir une durée éternelle.

De là vient que le Saint se met après les autres, et il devient le premier [2].

Il se dégage de son corps, et son corps se conserve.

N'est-ce pas parce qu'il n'a point d'intérêts privés?

C'est pourquoi il peut réussir dans ses intérêts privés [3].

CHAPITRE VIII.

L'homme d'une vertu supérieure est comme l'eau [1].

L'eau excelle à faire du bien aux êtres et ne lutte point.

Elle habite les lieux que déteste la foule [2].

C'est pourquoi (le sage) approche du Tao [3].

Il [4] se plaît dans la situation la plus humble.

Son cœur aime à être profond comme un abîme [5].

S'il fait des largesses, il excelle à montrer de l'humanité [6].

S'il parle, il excelle à pratiquer la vérité [7].

S'il gouverne [8], il excelle à procurer la paix.

S'il agit [9], il excelle à montrer de la capacité.

S'il se meut [10], il excelle à se conformer aux temps.

滌除玄覽。能無疵愛民治國能無為天門
載營魄抱一能無離專氣致柔能如嬰兒。

第十章

功成名遂身退天之道。

金玉滿堂莫之能守富貴而驕自遺其咎。
持而盈之不如其已揣而銳之不可長保。

第九章

故無尤。

Il ne lutte contre personne ; c'est pourquoi il ne reçoit aucune marque de blâme ⁽¹¹⁾.

CHAPITRE IX.

Il vaut mieux ne pas remplir ⁽¹⁾ un vase que de vouloir le maintenir (lorsqu'il est plein).

Si l'on aiguise ⁽²⁾ une lame, bien qu'on l'explore avec la main, on ne pourra la conserver constamment (tranchante).

Si une salle est remplie d'or et de pierres précieuses, personne ne pourra ⁽³⁾ les garder.

Si l'on est comblé d'honneurs et qu'on s'enorgueillisse, on s'attirera des malheurs ⁽⁴⁾.

Lorsqu'on a fait de grandes choses et obtenu de la réputation ⁽⁵⁾, il faut se retirer à l'écart.

Telle est la voie du ciel ⁽⁶⁾.

CHAPITRE X.

L'âme spirituelle ⁽¹⁾ *doit* commander à l'âme sensitive.

Si l'homme conserve l'unité ⁽²⁾, elles pourront rester indissolubles.

S'il dompte sa force vitale ⁽³⁾ et la rend extrêmement souple, il pourra être comme un nouveau-né ⁽⁴⁾.

S'il se délivre des lumières de l'intelligence ⁽⁵⁾, il pourra être exempt de toute infirmité (morale).

S'il chérit le peuple et procure la paix au royaume, il pourra pratiquer le *non-agir*.

其無¹⁵有室之用故⁴⁰有之以爲利。無之以爲用。

爲器當²⁰其無有器之用。鑿戶牖以³⁰爲室。當

三十輻共¹一轂。當其無。¹⁰有車之用。埏埴以¹⁵

第十一章

生而不有爲而⁵⁵不恃長而不⁶⁰宰是謂玄德。

開闔。³⁵能爲雌。明白⁴⁰四達能無知。⁴⁵生之畜之。

S'il laisse les portes du ciel s'ouvrir et se fermer [6], il pourra être comme la femelle (c'est-à-dire rester en repos).

Si ses lumières pénètrent en tous lieux, il pourra paraître ignorant [7].

Il produit les êtres [8] et les nourrit.

Il les produit et ne les regarde pas comme sa propriété.

Il leur fait du bien et ne compte pas [9] sur eux.

Il règne sur eux [10] et ne les traite pas en maître [11].

C'est ce qu'on appelle posséder une vertu profonde.

CHAPITRE XI.

Trente rais [1] se réunissent autour d'un moyeu. C'est de son vide que dépend l'usage du char.

On pétrit de la terre glaise pour faire des vases [2]. C'est de son vide que dépend l'usage des vases.

On perce des portes et des fenêtres pour faire une maison [3]. C'est de leur vide que dépend l'usage de la maison.

C'est pourquoi l'utilité vient de l'être [4], l'usage naît du non-être.

爲下。得之若驚失之若驚。是謂寵辱若驚。[20]寵辱若驚。[5]貴大患若身。[10]何謂寵辱若驚。[15]寵

第十三章

此。

人行[35]妨。是以聖人[40]爲腹不爲目。故去彼取

口爽。馳騁田獵令人[25]心發狂。難得[30]之貨令

五色令人[5]目盲。五音令人耳聾。五味[15]令人

第十二章

CHAPITRE XII.

Les cinq couleurs[1] émoussent la vue de l'homme[2].

Les cinq[3] notes (de musique) émoussent l'ouïe de l'homme[4].

Les cinq saveurs[5] émoussent le goût de l'homme[6].

Les courses violentes, l'exercice de la chasse égarent[7] le cœur de l'homme.

Les biens d'une acquisition difficile poussent l'homme à des actes qui lui nuisent[8].

De là vient que le Saint[9] s'occupe de son intérieur et ne s'occupe pas de ses yeux[10].

C'est pourquoi il renonce à ceci et adopte cela.

CHAPITRE XIII.

Le sage redoute la gloire[1] comme l'ignominie ; son corps lui pèse comme une grande calamité[2].

Qu'entend-on par ces mots : *il redoute la gloire comme l'ignominie*[3] ?

La gloire est quelque chose de bas. Lorsqu'on l'a obtenue, on est comme rempli de crainte ; lorsqu'on l'a perdue, on est comme rempli de crainte.

C'est pourquoi l'on dit : *il redoute la gloire comme l'ignominie*[4].

第十四章

¹其上不皦。其下不昧。繩繩不可名。復歸²⁵於無物。是謂無狀之狀。無物之象。是謂惚恍。迎之不見其首。隨之不見其後。執古之道。以御今之有。能知古始。是謂道紀。

視之不見。名曰夷。聽之不聞。名曰希。搏之不得。名曰微。此三者不可致詰。故混而爲一。

託天下。

第十三章

下者。可以寄⁷⁰天下。愛以身爲天下者。可以

有身。及吾無身。⁵⁵吾有何患。故貴以身爲天

何謂³⁵貴大患若身。⁴⁰吾所以有大患者。爲吾

Qu'entend-on par ces mots : *son corps lui pèse comme une grande calamité ?*

Si nous éprouvons de grandes calamités, c'est parce que nous avons un corps.

Quand nous n'avons plus de corps (quand nous nous sommes dégagés de notre corps), quelles calamités pourrions-nous éprouver?

C'est pourquoi [5], lorsqu'un homme redoute de gouverner lui-même l'empire, on peut lui confier l'empire ; lorsqu'il a regret [6] de gouverner l'empire, on peut lui remettre le soin de l'empire.

CHAPITRE XIV.

Vous le regardez (le Tao) et vous ne le voyez pas : on le dit *incolore* [1].

Vous l'écoutez et vous ne l'entendez pas : on le dit *aphone*.

Vous *voulez* le toucher et vous ne l'atteignez pas : on le dit *incorporel*.

Ces trois qualités [2] ne peuvent être scrutées à l'aide de la parole. C'est pourquoi on les confond en une seule [3].

Sa partie supérieure [4] n'est point éclairée; sa partie inférieure n'est point obscure.

Il est éternel [5] et ne peut être nommé [6].

Il rentre dans le *non-être*.

On l'appelle une forme sans forme, une image sans image [7].

若樸曠兮若谷。渾兮若濁。孰能濁以靜之
若畏四鄰。儼兮若客。渙兮若冰將釋。敦兮
不可識。故強爲之容。豫兮若冬涉川。猶兮
古之善爲士者。微妙玄通深不可識。夫惟

第十五章

道以御今之有。能知古始。是謂道紀。
悅。迎之不見其首。隨之不見其後。執古之
於無物。是謂無狀之狀。無像之像。是謂惚

On l'appelle vague, indéterminé [8].

Si vous allez au-devant de lui, vous ne voyez point sa face ; si vous le suivez, vous ne voyez point son dos [9].

C'est en observant le Tao des temps anciens qu'on peut gouverner les existences d'aujourd'hui [10].

Si l'homme peut connaître l'origine des choses anciennes [11], on dit qu'il tient le fil du Tao [12].

CHAPITRE XV.

Dans l'antiquité, ceux qui excellaient à pratiquer le Tao [1] étaient déliés et subtils, abstraits et pénétrants.

Ils étaient tellement profonds qu'on ne pouvait les connaître.

Comme on ne pouvait les connaître, je m'efforcerai de donner une idée (de ce qu'ils étaient).

Ils étaient timides comme celui qui traverse un torrent en hiver [2].

Ils étaient irrésolus comme celui qui craint d'être aperçu de ses voisins [3].

Ils étaient graves [4] comme un étranger (en présence de l'hôte).

Ils s'effaçaient comme la glace qui se fond [5].

Ils étaient rudes [6] comme le bois non travaillé.

Ils étaient vides [7] comme une vallée.

Ils étaient troubles [8] comme une eau limoneuse [9].

Qui est-ce qui sait apaiser peu à peu [10] le trouble (de son cœur) en le laissant reposer?

身不殆。⁶⁵容乃公。⁵⁰公乃王。⁵⁵王乃天。天乃道。⁶⁰道乃久沒

命曰³⁵常。知常曰明。⁴⁰不知常妄作凶。⁴⁵知常容。

物芸芸。²⁰各歸其根。²⁵歸根曰靜。靜曰³⁰復命。復

致虛極。守⁵靜篤。萬物並¹⁰作。吾以觀其復。¹⁵夫

第十六章

盈。夫惟不⁸⁵盈。故能敝不⁹⁰新成。

⁶⁵徐清。孰能安以久之徐生。⁷⁵保此道者不⁸⁰欲

Qui est-ce qui sait naître peu à peu (à la vie spirituelle) par un calme prolongé ⁽¹¹⁾ ?

Celui qui conserve ce Tao ne désire pas d'être plein ⁽¹²⁾.

Il n'est pas plein (de lui-même), c'est pourquoi il garde ses défauts (apparents), et ne désire pas (d'être jugé) parfait.

CHAPITRE XVI.

Celui qui est parvenu au comble du vide garde fermement le repos ⁽¹⁾.

Les dix mille êtres naissent ensemble ⁽²⁾ ; ensuite je les vois s'en retourner.

Après avoir été dans un état florissant, chacun d'eux revient à son origine ⁽³⁾.

Revenir à son origine s'appelle être en repos ⁽⁴⁾.

Être en repos s'appelle revenir à la vie.

Revenir à la vie s'appelle être constant ⁽⁵⁾.

Savoir être constant s'appelle être éclairé ⁽⁶⁾.

Celui qui ne sait pas être constant s'abandonne au désordre et s'attire des malheurs ⁽⁷⁾.

Celui qui sait être constant a une âme large ⁽⁸⁾.

Celui qui a une âme large est juste.

Celui qui est juste devient roi.

Celui qui est roi s'associe au ciel ⁽⁹⁾.

Celui qui s'associe au ciel imite le Tao ⁽¹⁰⁾.

Celui qui imite le Tao ⁽¹¹⁾ subsiste longtemps ; jusqu'à la fin de sa vie ⁽¹²⁾, il n'est exposé à aucun danger.

有孝慈。[10]國家昏亂。[15]有忠臣。

大道廢。有[5]仁義。智慧出。[10]有大偽。六親[15]不和。

第十八章

成事遂。百姓皆曰。[5]我自然。

其次侮[20]之。信不足。有[25]不信。猶兮其[30]貴言。功

太上。下知[5]有之。其次親[10]之譽之。其次[15]畏之。

第十七章

CHAPITRE XVII.

Dans la haute antiquité, le peuple savait seulement qu'il avait des rois [1].

Les suivants [2], il les aima et leur donna des louanges.

Les suivants [3], il les craignit.

Les suivants [4], il les méprisa.

Celui qui n'a pas confiance dans les autres [5] n'obtient pas leur confiance.

(Les premiers) étaient graves et réservés dans leurs paroles [6].

Après qu'ils avaient acquis des mérites et réussi dans leurs desseins, les cent familles disaient : Nous suivons notre nature [7].

CHAPITRE XVIII.

Quand la grande Voie [1] eut dépéri, on vit paraître l'humanité et la justice.

Quand la prudence et la perspicacité [2] se furent montrées, on vit naître une grande hypocrisie [3].

Quand les six parents [4] eurent cessé de vivre en bonne harmonie, on vit des actes de piété filiale et d'affection paternelle [5].

Quand les états furent tombés dans le désordre, on vit des sujets fidèles et dévoués [6].

央哉。³⁵眾人熙熙。如享太牢。如春登臺。我獨
相去何若。⁽²⁰⁾人之所畏。不可不畏。荒⁽³⁰⁾兮其未
絕學無憂。⁵唯之與阿相去幾何。善之與惡

第二十章。

故令⁽³⁵⁾有所屬。見素抱樸⁽⁴⁰⁾少私寡欲。
絕巧棄利。盜賊無有。⁽²⁵⁾此三者以爲文不足。
絕聖棄智。民利百倍。絕⁽¹⁰⁾仁棄義。民復孝慈。

第十九章

CHAPITRE XIX.

Si vous renoncez à la sagesse [1] et quittez la prudence, le peuple sera cent fois plus heureux.

Si vous renoncez à l'humanité et quittez la justice, le peuple reviendra à la piété filiale et à l'affection paternelle.

Si vous renoncez à l'habileté et quittez le lucre, les voleurs et les brigands disparaîtront.

Renoncez à ces trois choses [2] et persuadez-vous que l'apparence ne suffit pas.

C'est pourquoi je montre [3] aux hommes ce à quoi ils doivent s'attacher [4].

Qu'ils tâchent de laisser voir leur simplicité, de conserver leur pureté [5], d'avoir peu d'intérêts privés et peu de désirs.

CHAPITRE XX.

Renoncez à l'étude, et vous serez exempt de chagrins [1].

Combien est petite la différence [2] de *wei* (un *oui* bref) et de *o* (un *oui* lent)!

Combien est grande la différence du bien et du mal!

Ce que les hommes craignent, on ne peut s'empêcher de le craindre [3].

Ils s'abandonnent au désordre et ne s'arrêtent jamais [4].

Les hommes de la multitude sont exaltés de joie [5] comme celui qui se repaît de mets succulents [6], comme

孔德之容。惟道是從。道之爲物。惟恍惟惚。

第二十一章

貴食母。衆人皆有以。我獨頑似鄙。我獨異於人而察察。我獨悶悶。忽兮若海。漂兮若無所止。心也哉沌沌兮。俗人昭昭。我獨若昏。俗人所歸。衆人皆有餘。而我獨若遺。我愚人之泊兮其未兆。如嬰兒之未孩。乘乘兮若無

celui qui est monté, au printemps, sur une tour élevée.

Moi seul je suis calme : (mes affections) n'ont pas encore germé [7].

Je ressemble à un nouveau-né qui n'a pas encore souri à sa mère [8].

Je suis détaché de tout [9]; on dirait que je ne sais où aller.

Les hommes de la multitude ont du superflu [10]; moi seul je suis comme un homme qui a perdu tout.

Je suis un homme d'un esprit borné, je suis dépourvu de connaissances [11].

Les hommes du monde sont remplis de lumières; moi seul je suis comme plongé dans les ténèbres.

Les hommes du monde sont doués de pénétration; moi seul [12] j'ai l'esprit trouble et confus.

Je suis vague comme la mer [13]; je flotte [14] comme si je ne savais où m'arrêter.

Les hommes de la multitude ont tous de la capacité [15]; moi seul je suis stupide; je ressemble à un homme rustique [16].

Moi seul je diffère des autres hommes, parce que je révère la mère [17] qui nourrit (tous les êtres).

CHAPITRE XXI.

Les formes visibles de la grande [1] Vertu émanent uniquement du Tao.

Voici quelle est la nature du Tao.

Il est vague, il est confus [2].

明。不自是故彰。不自伐故有功。不自矜故
則惑。是以聖人抱一爲天下式。不自見故
曲則全。枉則直。窪則盈。敝則新。少則得多

第二十二章。

衆甫之然哉。以此。
自古及今。其名不去。以閱衆甫。吾何以知
窈兮冥兮。其中有精。其精甚眞。其中有信。
惚兮恍兮。其中有像。恍兮惚兮。其中有物。

Qu'il est confus, qu'il est vague !
Au dedans de lui, il y a des images [3].
Qu'il est vague, qu'il est confus !
Au dedans de lui, il y a des êtres [4].
Qu'il est profond, qu'il est obscur !
Au dedans de lui il y a une essence spirituelle [5]. Cette essence spirituelle est profondément vraie [6].

Au dedans de lui, réside le témoignage infaillible (de ce qu'il est) [7]; depuis les temps anciens jusqu'aujourd'hui, son nom n'a point passé.

Il donne issue (naissance) [8] à tous les êtres.

Comment sais-je qu'il en est ainsi de tous les êtres? (Je le sais) par le Tao [9].

CHAPITRE XXII.

Ce qui est incomplet [1] devient entier.

Ce qui est courbé devient droit [2].

Ce qui est creux devient plein [3].

Ce qui est usé devient neuf [4].

Avec peu (de désirs) on acquiert le Tao [5]; avec beaucoup (de désirs) on s'égare.

De là vient que le Saint conserve l'Unité (le Tao), et il est le modèle du monde [6].

Il ne se met pas en lumière, c'est pourquoi il brille [7].

Il ne s'approuve point, c'est pourquoi il jette de l'éclat [8].

Il ne se vante point, c'est pourquoi il a du mérite.

Il ne se glorifie point, c'est pourquoi il est le supérieur *des autres* [9].

⁶⁵得之同於失者失亦得之。⁷⁰信不足。有不信。

⁸⁵於失同於道者。⁵⁵道亦得之。同於德者。⁸⁰於德者德亦

從事⁸⁵於道者同於⁴⁰道。德者同於德。失者同

此者天地尚不能久而況於人乎故

希言自然。⁵飄風不終朝。¹⁰驟雨不終日。¹⁵孰爲

第二十三章

⁶⁵謂曲則全者豈虛言哉。誠⁷⁵全而歸之。

長。⁵⁰夫惟不爭。故⁵⁵天下莫能與⁶⁰之爭。古之所

Il ne lutte point ⁽¹⁰⁾, c'est pourquoi il n'y a personne dans l'empire qui puisse lutter contre lui.

L'axiome des anciens : *Ce qui est incomplet devient entier,* était-ce une expression vide de sens ?

Quand l'homme est devenu véritablement parfait, (le monde) vient se soumettre à lui ⁽¹¹⁾.

CHAPITRE XXIII.

Celui qui ⁽¹⁾ ne parle pas (arrive au) *non-agir* ⁽²⁾.

Un vent rapide ne dure pas toute la matinée; une pluie violente ne dure pas tout le jour ⁽³⁾.

Qui est-ce qui produit ces deux choses? Le ciel et la terre.

Si le ciel et la terre même ne peuvent subsister longtemps ⁽⁴⁾, à plus forte raison l'homme !

C'est pourquoi si l'homme ⁽⁵⁾ se livre au Tao, il s'identifie au Tao ⁽⁶⁾; s'il se livre à la vertu ⁽⁷⁾, il s'identifie à la vertu ⁽⁸⁾; s'il se livre au crime ⁽⁹⁾, il s'identifie au crime ⁽¹⁰⁾.

Celui qui s'identifie au Tao gagne le Tao ⁽¹¹⁾; celui qui s'identifie à la vertu gagne la vertu ⁽¹²⁾; celui qui s'identifie au crime gagne (la honte du) crime ⁽¹³⁾.

Si l'on ne croit pas fortement (au Tao), l'on finit par n'y plus croire ⁽¹⁴⁾.

名字之曰道強爲之名曰大大曰逝逝曰

遠。周行而不殆。可以爲天下母吾不知其

有物混成。先天地生寂兮寥兮獨立而不

第二十五章

曰餘食贅行物或惡之。故有道者不處也。

不彰。自伐者無功。自矜者不長其於道也。

跂者不立。跨者不行。自見者不明。自是者

第二十四章

CHAPITRE XXIV.

Celui qui se dresse sur ses pieds ne peut se tenir droit [1] ; celui qui étend les jambes ne peut marcher.

Celui qui tient à ses vues n'est point éclairé [2].

Celui qui s'approuve lui-même ne brille pas [3].

Celui qui se vante n'a point de mérite [4].

Celui qui se glorifie [5] ne subsiste pas longtemps [6].

Si l'on juge cette conduite selon le Tao [7], on la compare à un reste d'aliments ou à un goître hideux qui inspirent aux hommes un constant [8] dégoût.

C'est pourquoi celui qui possède le Tao ne s'attache pas [9] à cela.

CHAPITRE XXV.

Il est un être confus [1] qui existait avant le ciel et la terre.

O qu'il est calme [2] ! O qu'il est immatériel [3] !

Il subsiste seul [4] et ne change point [5].

Il circule partout et ne périclite point [6].

Il peut être regardé comme la mère de l'univers [7].

Moi, je ne sais pas son nom [8].

Pour lui donner un titre, je l'appelle *Voie* (Tao).

En m'efforçant de lui faire un nom, je l'appelle *grand* [9].

De *grand*, je l'appelle *fugace* [10].

De *fugace*, je l'appelle *éloigné* [11].

D'*éloigné*, je l'appelle (l'être) *qui revient* [12].

主而以身輕天下。⁴⁰輕則失臣躁則失君。⁴⁵離輜重。²⁰雖有榮觀。²⁵處超然。奈何萬乘之重爲輕根。⁵靜爲躁君。是¹⁰以君子終日行不¹⁵

第二十六章

法道。道法⁵⁵自然。

⁶⁵有四大。而王居其一焉。⁷⁵人法地。地法天。天⁸⁰

遠。⁵⁰遠曰反。故道⁵⁵大。天大。地大。⁶⁰王亦大。域中

C'est pourquoi le Tao est *grand*, le ciel est *grand*, la terre est *grande*, le roi aussi est *grand* (13).

Dans le monde, il y a quatre grandes choses, et le roi en est une (14).

L'homme (15) imite la terre; la terre imite le ciel (16); le ciel imite le Tao; le Tao imite sa nature.

CHAPITRE XXVI.

Le grave est la racine du léger (1); le calme est le maître du mouvement (2).

De là vient que le Saint marche tout le jour (dans le Tao) et ne s'écarte point de la quiétude et de la gravité (3).

Quoiqu'il possède des palais magnifiques, il reste calme et les fuit (4).

Mais hélas! les maîtres de (5) dix mille chars se conduisent légèrement (6) dans l'empire!

Par une conduite légère, on perd ses ministres (7); par l'emportement des passions, on perd son trône (8).

第二十七章

善行無轍跡。善言無瑕讁。善計不用籌策。善閉無關鍵而不可開。善結無繩約而不可解。是以聖人常善救人。故無棄人。常善救物。故無棄物。是謂襲明。故善人不善人之師。不善人善人之資。不貴其師。不愛其之師。雖智大迷。是謂要妙。

CHAPITRE XXVII.

Celui qui sait marcher (dans le Tao) ne laisse pas de traces [1]; celui qui sait parler ne commet point de fautes; celui qui sait compter ne se sert point d'instruments de calcul [2]; celui qui sait fermer (quelque chose) ne se sert point de verrou [3], et il est impossible de l'ouvrir; celui qui sait lier (quelque chose) ne se sert point de cordes, et il est impossible de le délier [4].

De là vient que le Saint excelle [5] constamment à sauver les hommes; c'est pourquoi il n'abandonne pas les hommes.

Il excelle constamment à sauver les êtres; c'est pourquoi il n'abandonne pas les êtres.

Cela s'appelle être doublement [6] éclairé.

C'est pourquoi l'homme vertueux [7] est le maître de celui qui n'est pas vertueux.

L'homme qui n'est pas vertueux est le secours [8] de l'homme vertueux.

Si l'un n'estime [9] pas son maître, si l'autre n'affectionne pas celui qui est son secours [10], quand on leur accorderait de la prudence, ils sont plongés dans l'aveuglement [11].

Voilà ce qu'il y a de plus important et de plus subtil [12].

長。故大制不割。
[85]

[65]復歸於樸。樸[70]散而爲器。聖人用之。[75]則爲官

榮。[50]守其辱。爲天下谷。[55]爲天下谷。[60]常德乃足。[80]

式。[35]爲天下式。常德[40]不忒。復歸於無極。[45]知其

不離。[20]復歸於嬰兒。知[25]其白。守其黑。[30]爲天下

知其雄。守[5]其雌。爲天下[10]谿。爲天下谿。[15]常德

第二十八章

CHAPITRE XXVIII.

Celui qui connaît sa force [1] et garde la faiblesse, est la vallée de l'empire (c'est-à-dire le centre où accourt tout l'empire).

S'il est la vallée de l'empire, la vertu constante [2] ne l'abandonnera pas; il reviendra à l'état d'enfant [3].

Celui qui connaît ses lumières [4] et garde les ténèbres, est le modèle de l'empire.

S'il est le modèle de l'empire, la vertu constante [5] ne faillira pas (en lui), et il reviendra [6] au comble (de la pureté).

Celui qui connaît sa gloire [7] et garde l'ignominie est aussi la vallée de l'empire [8].

S'il est la vallée de l'empire, sa vertu constante atteindra la perfection [9] et il reviendra à la simplicité [10] parfaite (au Tao).

Quand la simplicité parfaite (le Tao) s'est répandue [11], elle a formé les êtres [12].

Lorsque le Saint est élevé aux emplois [13], il devient le chef des magistrats. Il gouverne [14] grandement et ne blesse personne.

師之所處。荊棘生焉。大軍之後必有凶年。
以道佐人主者不以兵強天下。其事好還。

第三十章

是以聖人去甚去奢去泰。或行或隨。或呴或吹。或強或羸。或載或隳。神器不可為也。為者敗之。執者失之。故物將欲取天下而為之。吾見其不得已。天下

第二十九章

CHAPITRE XXIX.

Si l'homme agit pour gouverner parfaitement [1] l'empire, je vois qu'il n'y réussira pas.

L'empire est (comme) un vase divin (auquel l'homme) ne doit pas travailler [2].

S'il y travaille, il le détruit; s'il veut le saisir, il le perd.

C'est pourquoi, parmi les êtres, les uns marchent (en avant) et les autres suivent; les uns réchauffent [3] et les autres refroidissent; les uns sont forts et les autres faibles; les uns se meuvent et les autres s'arrêtent [4].

De là vient que le Saint supprime les excès, le luxe et la magnificence [5].

CHAPITRE XXX.

Celui qui aide [1] le maître des hommes par le Tao ne (doit pas) subjuguer l'empire par les armes [2].

Quoi qu'on fasse aux hommes, ils rendent la pareille [3].

Partout où séjournent les troupes [4], on voit naître les épines et les ronces.

A la suite des grandes guerres, il y a nécessairement des années de disette.

L'homme vertueux frappe un coup décisif et s'arrête [5].

Il n'ose subjuguer l'empire par la force des armes [6].

Il frappe un coup décisif et ne se vante point [7].

Il frappe un coup décisif et ne se glorifie point.

Il frappe un coup décisif et ne s'enorgueillit point.

澹爲上勝而不美而美之者。是樂殺人也。
不祥之器。非君子之器。不得已而用之恬
不處也。君子居則貴左用兵則貴右兵者
夫佳兵者。不祥之器。物或惡之。故有道者

第三十一章

壯則老。是謂不道不道早已。
勿伐果而勿驕。果而不得已。果而勿強物
善者果而已。不敢以取強。果而勿矜果而

Il frappe un coup décisif et ne combat que par nécessité.

Il frappe un coup décisif et ne veut point paraître fort ⁽⁸⁾.

Quand les êtres sont arrivés à la plénitude de leur force, ils vieillissent ⁽⁹⁾.

Cela s'appelle ne pas imiter le Tao. Celui qui n'imite pas le Tao ne tarde pas à périr ⁽¹⁰⁾.

CHAPITRE XXXI.

Les armes les plus excellentes ⁽¹⁾ sont des instruments de malheur ⁽²⁾.

Tous les hommes ⁽³⁾ les détestent. C'est pourquoi celui qui possède le Tao ne s'y attache pas ⁽⁴⁾.

En temps de paix ⁽⁵⁾, le sage estime la gauche ⁽⁶⁾; celui qui fait la guerre estime la droite.

Les armes sont des instruments de malheur; ce ne sont point les instruments du sage.

Il ne s'en sert que lorsqu'il ne peut s'en dispenser, et met au premier rang le calme et le repos ⁽⁷⁾.

S'il triomphe, il ne s'en réjouit pas ⁽⁸⁾. S'en réjouir, c'est aimer à tuer les hommes ⁽⁹⁾.

Celui qui aime à tuer les hommes ne peut réussir à régner sur l'empire ⁽¹⁰⁾.

Dans les événements heureux ⁽¹¹⁾, on préfère la gauche; dans les événements malheureux, on préfère la droite.

Le général en second occupe la gauche; le général en chef occupe la droite.

之令而自均始制有名名亦既有夫亦將
守萬物將自賓天地相合以降甘露民莫
道常無名樸雖小天下不敢臣侯王若能

第三十二章

以喪禮處之

以喪禮處之殺人眾多以悲哀泣之戰勝
左凶事尚右偏將軍處左上將軍處右言
夫樂殺人者不可得志於天下矣吉事尚

Je veux dire qu'on le place suivant les rites funèbres.

Celui qui a tué une multitude d'hommes doit pleurer sur eux avec des larmes et des sanglots.

Celui qui a vaincu dans un combat, on le place suivant les rites funèbres [12].

CHAPITRE XXXII.

Le Tao [1] est éternel et il n'a pas de nom.

Quoiqu'il soit petit [2] de sa nature, le monde entier ne pourrait le subjuguer [3].

Si les vassaux et les rois peuvent le conserver [4], tous les êtres viendront spontanément se soumettre à eux.

Le ciel et la terre s'uniront ensemble pour faire descendre une douce rosée, et les peuples se pacifieront d'eux-mêmes sans que personne le leur ordonne.

Dès que le Tao se fut divisé [5], il eut un nom.

Ce nom une fois établi, il faut savoir se retenir [6].

Celui qui sait se retenir [7] ne périclite jamais.

Le Tao est répandu dans l'univers [8].

(Tous les êtres retournent à lui) comme les rivières et les ruisseaux des montagnes retournent aux fleuves et aux mers [9].

大道汎兮。其可左右。萬物恃之以生而不

第三十四章

死而不亡者壽。

強知足者富。強行者有志。不失其所者久。

知人者智。自知者明。勝人者有力。自勝者

第三十三章

谷之與江海。

知止。知止所以不殆。譬道之在天下。猶川

CHAPITRE XXXIII.

Celui qui connaît ⁽¹⁾ les hommes est prudent.
Celui qui se connaît lui-même est éclairé.
Celui qui dompte les hommes est puissant.
Celui qui se dompte lui-même est fort.
Celui qui sait se suffire ⁽²⁾ est assez riche.
Celui qui agit avec énergie ⁽³⁾ est doué d'une ferme volonté.
Celui qui ne s'écarte point de sa nature ⁽⁴⁾ subsiste longtemps.
Celui qui meurt et ne périt pas ⁽⁵⁾ jouit d'une (éternelle) longévité.

CHAPITRE XXXIV.

Le Tao ⁽¹⁾ s'étend partout; il peut aller à gauche comme à droite ⁽²⁾.
Tous les êtres comptent sur lui pour naître, et il ne les repousse point ⁽³⁾.
Quand ses mérites sont accomplis, il ne se les attribue point ⁽⁴⁾.
Il aime et nourrit tous les êtres, et ne se regarde pas comme leur maître ⁽⁵⁾.
Il est constamment sans désirs : on peut l'appeler *petit* ⁽⁶⁾.
Tous les êtres se soumettent à lui, et il ne se regarde pas comme leur maître : on peut l'appeler *grand* ⁽⁷⁾.

見聽之不足聞用之不可既。

過客止道之出口淡乎其無味視之不足
執大象。天下往往而不害。安平泰樂與餌。

第三十五章

大是以聖人終不爲大故能成其大。
欲可名於小萬物歸焉而不爲主可名於
辭。功成不名有愛養萬物而不爲主。常無

De là vient que, jusqu'à la fin de sa vie, le Saint ne s'estime pas grand [5].

C'est pourquoi il peut accomplir de grandes choses.

CHAPITRE XXXV.

Le Saint garde [1] la grande image (le Tao), et tous les peuples de l'empire accourent à lui.

Ils accourent, et il ne leur fait point de mal; il leur procure la paix, le calme et la quiétude.

La musique et les mets exquis retiennent l'étranger qui passe [2].

Mais lorsque le Tao sort de notre bouche, il est fade et sans saveur.

On le regarde et l'on ne peut le voir; on l'écoute et l'on ne peut l'entendre; on l'emploie et l'on ne peut l'épuiser.

4.

自化。而欲作。吾將鎭之以無名之樸。無

道常無爲而無不爲。王侯若能守。萬物將

第三十七章

國之利器。不可以示人。

是謂微明。柔勝剛。弱勝強。魚不可脫於淵。

將欲廢之。必固興之。將欲奪之。必固與之。

將欲歙之。必固張之。將欲弱之。必固強之。

第三十六章

CHAPITRE XXXVI.

Lorsqu'une créature est sur le point de se contracter ⁽¹⁾, (on reconnaît) avec certitude que dans l'origine ⁽²⁾ elle a eu de l'expansion.

Est-elle sur le point de s'affaiblir, (on reconnaît) avec certitude que dans l'origine elle a eu de la force.

Est-elle sur le point de dépérir, (on reconnaît) avec certitude que dans l'origine elle a eu de la splendeur.

Est-elle sur le point d'être dépouillée de tout, (on reconnaît) avec certitude que dans l'origine elle a été comblée de dons.

Cela s'appelle (une doctrine à la fois) cachée et éclatante ⁽³⁾.

Ce qui est mou triomphe de ce qui est dur; ce qui est faible triomphe de ce qui est fort ⁽⁴⁾.

Le poisson ne doit point quitter les abîmes; l'arme acérée du royaume ne doit pas ⁽⁵⁾ être montrée au peuple.

CHAPITRE XXXVII.

Le Tao pratique constamment le *non-agir* ⁽¹⁾ et (pourtant) il n'y a rien qu'il ne fasse.

Si les rois et les vassaux peuvent le conserver ⁽²⁾, tous les êtres se convertiront.

Si, une fois convertis, ils veulent encore se mettre en mouvement ⁽³⁾, je les contiendrai à l'aide de l'être simple qui n'a pas de nom (c'est-à-dire par le Tao).

名之｜[35]樸。亦｜將不｜欲。[40]不｜欲以｜靜。天｜[45]下將｜自正。

L'être simple qui n'a pas de nom, il ne faut pas même le désirer [4].

L'absence de désirs procure la quiétude [5].

Alors l'empire se rectifie de lui-même.

上德不德,是以有德。下德不失德,是以無德。上德無為而無以為。上仁為之而無以為。上義為之而有以為。上禮為之而莫之應,則攘臂而扔之。故失道而後德。失德而後仁。失仁而後義。失義而後禮。夫禮者忠信之薄而亂之首前識者道之華而愚之始。是以大丈夫處其

第三十八章

LIVRE II.

CHAPITRE XXXVIII.

Les hommes d'une vertu supérieure [1] ignorent leur vertu [2]; c'est pourquoi ils ont de la vertu.

Les hommes d'une vertu inférieure n'oublient pas [3] leur vertu; c'est pourquoi ils n'ont point de vertu.

Les hommes d'une vertu supérieure la pratiquent sans y songer [4].

Les hommes d'une vertu inférieure la pratiquent avec intention [5].

Les hommes d'une humanité supérieure la pratiquent sans y songer.

Les hommes d'une équité supérieure la pratiquent avec intention.

Les hommes d'une urbanité supérieure [6] la pratiquent [7] et personne n'y répond [8]; alors ils emploient la violence pour qu'on les paye de retour [9].

C'est pourquoi l'on a de la vertu après avoir perdu le Tao [10]; de l'humanité après avoir perdu la vertu; de l'équité après avoir perdu l'humanité; de l'urbanité [11] après avoir perdu l'équité.

L'urbanité n'est que l'écorce de la droiture et de la sincérité; c'est la source du désordre.

Le faux savoir [12] n'est que la fleur du Tao et le principe de l'ignorance.

昔之得一者。天得一以清。地得一以寧。神得一以靈。谷得一以盈。萬物得一以生。侯王得一以爲天下正。其致之一也。天無以清。將恐裂。地無以寧。將恐發。神無以靈。將恐歇。谷無以盈。將恐竭。萬物無以生。將恐滅。

第三十九章

此。

厚不處其薄。居其實不居其華。故去彼取

C'est pourquoi un grand homme ⁽¹³⁾ s'attache au solide et laisse le superficiel.

Il estime le fruit et laisse la fleur.

C'est pourquoi il rejette l'une et adopte l'autre.

CHAPITRE XXXIX.

Voici les choses qui jadis ont obtenu l'Unité [1].

Le ciel est pur parce qu'il a obtenu l'Unité.

La terre est en repos parce qu'elle a obtenu l'Unité.

Les esprits sont doués d'une intelligence divine parce qu'ils ont obtenu l'Unité.

Les vallées se remplissent parce qu'elles ont obtenu l'Unité.

Les dix mille êtres naissent parce qu'ils ont obtenu l'Unité.

Les princes et rois sont les modèles [2] du monde parce qu'ils ont obtenu l'Unité.

Voilà ce que l'Unité a produit.

Si le ciel perdait [3] sa pureté, il se dissoudrait;

Si la terre perdait son repos, elle s'écroulerait;

Si les esprits perdaient leur intelligence divine, ils s'anéantiraient;

Si les vallées ne se remplissaient plus, elles se dessécheraient;

Si les dix mille êtres ne naissaient plus, ils s'éteindraient;

Si les princes et les rois s'enorgueillissaient de leur noblesse et de leur élévation, et cessaient d'être les modèles (du monde), ils seraient renversés [4].

有生於無。

反者道之動。弱者道之用。天下之物生於

第四十章

不欲琭琭如玉。落落如石。

此其以賤爲本耶。非乎。故致數輿無輿。

賤爲本。高以下爲基。是以侯王自謂孤寡

滅。侯王貴高而無以爲正。將恐蹶。故貴以

C'est pourquoi les nobles regardent la roture comme leur origine ⁽⁵⁾ ; les hommes élevés regardent la bassesse de la condition comme leur premier fondement.

De là vient que les princes et les rois s'appellent eux-mêmes *orphelins, hommes de peu de mérite, hommes dénués de vertu.*

Ne montrent-ils pas par là qu'ils regardent la roture comme leur véritable origine ? Et ils ont raison !

C'est pourquoi ⁽⁶⁾, si vous décomposez un char, vous n'avez plus de char ⁽⁷⁾.

(Le sage) ne veut pas être estimé comme le jade, ni méprisé comme la pierre.

CHAPITRE XL.

Le retour au non-être (produit) le mouvement ⁽¹⁾ du Tao.
La faiblesse ⁽²⁾ est la fonction du Tao.
Toutes les choses ⁽³⁾ du monde sont nées de l'être ; l'être ⁽⁴⁾ est né du non-être.

第四十一章

上士聞道。勤而行之。中士聞道若存若亡。下士聞道。大笑之。不笑不足以為道。故建言有之。明道若昧。進道若退。夷道若纇。上德若谷。大白若辱。廣德若不足。建德若偷。質眞若渝。大方無隅。大器晚成。大音希聲。大象無形。道隱無名。夫惟道善貸且成。

CHAPITRE XLI.

Quand les lettrés supérieurs [1] ont entendu parler du Tao, ils le pratiquent avec zèle.

Quand les lettrés du second ordre ont entendu parler du Tao, tantôt ils le conservent, tantôt ils le perdent.

Quand les lettrés inférieurs ont entendu parler du Tao, ils le tournent en dérision. S'ils ne le tournaient pas en dérision, il ne mériterait pas le nom de Tao.

C'est pourquoi les anciens [2] disaient :

Celui qui a l'intelligence du Tao paraît enveloppé de ténèbres [3].

Celui qui est avancé dans le Tao ressemble à un homme arriéré [4].

Celui qui est à la hauteur du Tao ressemble à un homme vulgaire [5].

L'homme d'une vertu supérieure est comme une vallée [6].

L'homme d'une grande pureté est comme couvert d'opprobre [7].

L'homme d'un mérite immense paraît frappé d'incapacité [8].

L'homme d'une vertu solide semble dénué d'activité [9].

L'homme simple et vrai [10] semble vil et dégradé.

C'est un grand carré [11] dont on ne voit pas les angles; un grand vase qui semble loin d'être achevé; une grande voix dont le son est imperceptible; une grande image dont on n'aperçoit point la forme !

天下之至柔。馳騁天下之堅。無有入於無

第四十三章

得其死吾將以爲敎父。
益之而損。人之所敎。我亦敎之。強梁者不
不穀。而王公以爲稱。故物或損之而益。或
陰而抱陽。冲氣以爲和。人之所惡。惟孤寡
道生一。一生二。二生三。三生萬物。萬物負

第四十二章

Le Tao se cache et personne ne peut le nommer.

Il sait prêter (secours aux êtres) et les conduire à la perfection.

CHAPITRE XLII.

Le Tao a produit un [1]; un a produit deux [2]; deux a produit trois [3]; trois [4] a produit tous les êtres.

Tous les êtres fuient [5] le calme et cherchent le mouvement.

Un souffle immatériel [6] forme l'harmonie.

Ce que les hommes détestent [7], c'est d'être *orphelins, imparfaits, dénués de vertu*, et cependant les rois s'appellent ainsi eux-mêmes [8].

C'est pourquoi, parmi les êtres, les uns s'augmentent en se diminuant [9]; les autres se diminuent en s'augmentant.

Ce que les hommes enseignent, je l'enseigne aussi [10].

Les hommes violents et inflexibles n'obtiennent point une mort naturelle.

Je veux prendre leur exemple pour la base [11] de mes instructions.

CHAPITRE XLIII.

Les choses les plus molles du monde subjuguent [1] les choses les plus dures du monde.

Le *non-être* [2] traverse les choses impénétrables [3]. C'est par là que je sais que le *non-agir* est utile.

大成若缺。其用不敝。大盈若沖。其用不窮。

第四十五章

止不殆。可以長久。

故甚愛必大費。多藏必厚亡。知足不辱。知名與身孰親。身與貨孰多。得與失孰病。是

第四十四章

之益。天下希及之。

開。吾是以知無爲之有益。不言之敎。無爲

Dans l'univers, il y a bien peu d'hommes qui sachent instruire sans parler [4] et tirer profit du *non-agir* [5].

CHAPITRE XLIV.

Qu'est-ce qui nous touche de plus près, de notre gloire [1] ou de notre personne?

Qu'est-ce qui nous est le plus précieux, de notre personne ou de nos richesses?

Quel est le plus grand malheur, de les acquérir ou de les perdre?

C'est pourquoi celui qui a de grandes passions [2] est nécessairement exposé à de grands sacrifices.

Celui qui cache un riche trésor [3] éprouve nécessairement de grandes pertes.

Celui qui sait se suffire [4] est à l'abri du déshonneur.

Celui qui sait s'arrêter [5] ne périclite jamais.

Il pourra subsister [6] longtemps.

CHAPITRE XLV.

(Le Saint) est grandement parfait, et il paraît plein d'imperfections [1]; ses ressources ne s'usent point.

Il est grandement plein, et il paraît vide; ses ressources ne s'épuisent point.

Il est grandement droit [2], et il semble manquer de rectitude.

Il est grandement ingénieux [3], et il paraît stupide.

Il est grandement disert, et il paraît bègue.

不出戶。知天下。不窺牖。[10]見天道其出彌遠。[15]

第四十七章

莫大於欲得故知[10]足之常足。

於郊。罪莫大於可欲。[25]禍莫大於不知足。[30]

天下有道。[5]却走馬以糞。[10]天下無道。戎馬生

第四十六章

勝熟。[35]清靜爲天下正。[40]

大直若屈。[30]大巧若拙。[25]大辯若訥。躁[30]勝寒。靜

Le mouvement triomphe du froid ; le repos triomphe de la chaleur [4].

Celui qui est pur et tranquille devient le modèle de l'univers.

CHAPITRE XLVI.

Lorsque le Tao régnait dans le monde [1], on renvoyait les chevaux pour cultiver les champs.

Depuis que le Tao ne règne plus dans le monde [2], les chevaux de combat naissent sur les frontières.

Il n'y a pas de plus grand crime que de se livrer à ses désirs.

Il n'y a pas de plus grand malheur que de ne pas savoir se suffire.

Il n'y a pas de plus grande calamité que le désir d'acquérir.

Celui qui sait se suffire est toujours content de son sort.

CHAPITRE XLVII.

Sans sortir de ma maison, je connais l'univers [1] ; sans regarder par ma fenêtre, je découvre les voies du ciel [2].

Plus l'on s'éloigne et moins l'on apprend [3].

C'est pourquoi le sage [4] arrive (où il veut) sans marcher ; il nomme les objets sans les voir ; sans agir, il accomplit de grandes choses.

聖人無常⁵心。以百姓心爲心。善者吾善之。¹⁵

第四十九章

其有⁵事。不足以取天⁴⁰下。

爲無爲。²⁰而無不爲矣。取²⁵天下常以無事。及³⁰爲學日益。⁵爲道日損。損¹⁰之又損。以至於無¹⁵

第四十八章

不爲而成。³⁵

其知彌²⁰少。是以聖人²⁵不行而至。不³⁰見而名。

CHAPITRE XLVIII.

Celui qui se livre à l'étude augmente [1] chaque jour (ses connaissances).

Celui qui se livre au Tao diminue chaque jour (ses passions).

Il les diminue et les diminue [2] sans cesse jusqu'à ce qu'il soit arrivé au *non-agir*.

Dès qu'il pratique le *non-agir* [3], il n'y a rien qui lui soit impossible.

C'est toujours par le *non-agir* que l'on devient le maître de l'empire.

Celui qui aime à *agir* est incapable de devenir le maître de l'empire [4].

CHAPITRE XLIX.

Le Saint n'a point de sentiments immuables. Il adopte les sentiments du peuple [1].

Celui qui est vertueux, il [2] le traite comme un homme vertueux; celui qui n'est pas vertueux, il le traite aussi comme un homme vertueux. C'est là le comble de la vertu [3].

Celui qui est sincère, il le traite comme un homme sincère; celui qui n'est pas sincère, il le traite aussi comme un homme sincère. C'est là le comble de la sincérité.

其生生之厚蓋聞善攝生者陸行不避兕
人之生。[35]動之死地者。[40]亦十有三。夫何故以
出生入死。[5]生之徒十[10]有三。死之徒十[15]有三。

第十五章

[65]皆孩之。

惵[50]焉天下渾其心。[55]百姓皆注其耳目聖人
信者[35]吾亦信之。德[40]信矣。聖人之[45]在天下惵
不善者[30]吾亦善之。德[35]善矣。信者吾[30]信之。不

Le Saint, vivant dans le monde, reste calme et tranquille, et conserve [3] les mêmes sentiments pour tous.

Les cent familles attachent sur lui leurs oreilles et leurs yeux.

Le Saint regarde le peuple comme un enfant [5].

CHAPITRE L.

L'homme sort de la vie pour entrer dans la mort [1].

Il y a treize causes de vie et treize causes de mort [2].

A peine est-il né que ces treize causes de mort l'entraînent rapidement au trépas.

Quelle en est la raison? C'est qu'il veut vivre avec trop d'intensité [3].

Or j'ai appris que celui qui sait gouverner sa vie ne craint sur sa route ni le rhinocéros, ni le tigre.

S'il entre dans une armée, il n'a besoin ni de cuirasse, ni d'armes.

Le rhinocéros ne saurait où le frapper de sa corne, le tigre où le déchirer de ses ongles, le soldat où le percer de son glaive.

Quelle en est la cause? Il est à l'abri de la mort [4]!

之.⁵⁰熟之.養之.覆之.生而不有.爲而不恃.長

命而常自然.故道⁴⁰生之.畜之.長之.育之.成

蒙不尊道而貴德.道之尊.德之貴.³⁰夫莫之

道生之.德畜之.物形之.¹⁰勢成之.是以¹⁵萬物

第五十一章

地.

揩其爪.兵無⁷⁰所容其刃.夫⁷⁵何故.以其無⁸⁰死

虎.⁵⁰八軍不被甲兵.兕無所投⁶⁰其角.虎無所

CHAPITRE LI.

Le Tao produit [1] les êtres, la Vertu les nourrit. Ils leur donnent un corps [2] et les perfectionnent par une secrète impulsion [3].

C'est pourquoi [4] tous les êtres révèrent le Tao et honorent la Vertu.

Personne [5] n'a conféré au Tao sa dignité, ni à la Vertu sa noblesse : ils les possèdent éternellement en eux-mêmes.

C'est pourquoi le Tao produit les êtres [6], les nourrit, les fait croître, les perfectionne, les mûrit, les alimente, les protége.

Il les produit et ne se les approprie point [7]; il les fait ce qu'ils sont et ne s'en glorifie point; il règne sur eux et les laisse libres [8].

C'est là ce qu'on appelle une vertu profonde [9].

無遺身殃。是謂襲常。

救。見小曰明。守柔曰強。用其光。復歸其明。

閉其門。終身不勤。開其兌。濟其事。終身不

子。既知其子。復守其母。沒身不殆。塞其兌。

天下有始。以爲天下母。既得其母。以知其

第五十二章

而不宰。是謂玄德。

CHAPITRE LII.

Le principe [1] du monde est devenu la mère du monde.

Dès qu'on possède la mère [2], on connaît ses enfants.

Dès que l'homme connaît les enfants et qu'il conserve leur mère, jusqu'à la fin de sa vie il n'est exposé à aucun danger [3].

S'il clot sa bouche [4], s'il ferme ses oreilles et ses yeux [5], jusqu'au terme de ses jours, il n'éprouvera aucune fatigue.

Mais s'il ouvre sa bouche et augmente ses désirs [6], jusqu'à la fin de sa vie, il ne pourra être sauvé.

Celui qui voit les choses les plus subtiles [7] s'appelle *éclairé;* celui qui conserve la faiblesse s'appelle *fort* [8].

S'il fait usage [9] de l'éclat (du Tao) et revient à sa lumière, son corps n'aura plus à craindre aucune calamité.

C'est là ce qu'on appelle être doublement éclairé [10].

修之於身。其德乃眞。修之於家。其德乃餘。
善建者不拔。善抱者不脫。子孫祭祀不輟。

第五十四章

非道哉。

文采帶利劍。厭飲食。財貨有餘。是謂盜夸。

而民好徑。朝甚除。田甚蕪。倉甚虛。服

使我介然有知。行於大道。惟施是畏。大道

第五十三章

CHAPITRE LIII.

Si j'étais doué de quelque connaissance ⁽¹⁾, je marcherais dans la grande Voie.

La seule chose que je craigne, c'est d'agir ⁽²⁾.

La grande Voie est très-unie, mais le peuple ⁽³⁾ aime les sentiers.

Si les palais sont très-brillants ⁽⁴⁾, les champs sont très-incultes, et les greniers très-vides.

Les princes s'habillent de riches étoffes ⁽⁵⁾; ils portent un glaive tranchant; ils se rassasient de mets exquis; ils regorgent ⁽⁶⁾ de richesses.

C'est ce qu'on appelle se glorifier du vol ⁽⁷⁾; ce n'est point pratiquer le Tao ⁽⁸⁾.

CHAPITRE LIV.

Celui qui sait fonder ⁽¹⁾ ne craint point la destruction; celui qui sait conserver ne craint point de perdre.

Ses fils et ses petits-fils ⁽²⁾ lui offriront des sacrifices sans interruption.

Si (l'homme) cultive le Tao au dedans de lui-même, sa vertu deviendra sincère.

S'il le cultive dans sa famille, sa vertu deviendra surabondante.

S'il le cultive dans le village, sa vertu deviendra étendue.

S'il le cultive dans le royaume, sa vertu deviendra florissante.

合而峻作。精之至也。終日號而嗌不嗄。和
攫鳥不搏。骨弱筋柔而握固。未知牝牡之
含德之厚。比於赤子。毒蟲不螫。猛獸不據。

第五十五章

吾何以知天下之然哉。以此。

觀家。以鄉觀鄉。以邦觀邦。以天下觀天下。
修之於天下。其德乃普。故以身觀身。以家
修之於鄉。其德乃長。修之於邦。其德乃豐。

S'il le cultive dans l'empire, sa vertu deviendra universelle.

C'est pourquoi, d'après moi-même, je juge des autres hommes; d'après une famille, je juge des autres familles; d'après un village, je juge des autres villages; d'après un royaume, je juge des autres royaumes; d'après l'empire, je juge de l'empire [3].

Comment sais-je qu'il en est ainsi de l'empire? C'est uniquement par là [4].

CHAPITRE LV.

Celui qui possède une vertu solide ressemble à un nouveau-né [1] qui ne craint ni la piqûre des animaux venimeux [2], ni les griffes des bêtes féroces [3], ni les serres des oiseaux de proie [4].

Ses os sont faibles, ses nerfs sont mous, et cependant il saisit fortement les objets.

Il ne connaît pas encore l'union des deux sexes, et cependant certaines parties (de son corps) éprouvent un orgasme viril [5]. Cela vient de la perfection du *semen*.

Il crie tout le jour et sa voix ne s'altère point; cela vient [6] de la perfection de l'harmonie (de la force vitale).

Connaître l'harmonie s'appelle être constant [7].

Connaître la constance [8] s'appelle être éclairé.

Augmenter sa vie s'appelle une calamité [9].

Quand le cœur donne l'impulsion à l'énergie vitale, cela s'appelle être fort [10].

而害。不可得而貴。不可得而賤。故為天下
得而親。不可得而疏。不可得而利。不可
銳。解其紛。和其光。同其塵。是謂玄同不可
知者不言。言者不知。塞其兌。閉其門。挫其

第五十六章

已。

心使氣曰強。物壯則老。是謂不道。不道早
之至也。知和曰常。知常曰明。益生曰不祥。

Dès que les êtres sont devenus robustes, ils vieillissent.
C'est ce qu'on appelle ne pas [11] imiter le Tao.
Celui qui n'imite pas le Tao périt de bonne heure.

CHAPITRE LVI.

L'homme qui [1] connaît (le Tao) ne parle pas; celui qui parle ne le connaît pas.

Il clot sa bouche [2], il ferme ses oreilles et ses yeux [3], il émousse son activité [4], il se dégage [5] de tous liens, il tempère [6] sa lumière (intérieure), il s'assimile [7] au vulgaire. On peut dire qu'il ressemble [8] au Tao.

Il est inaccessible [9] à la faveur comme à la disgrâce, au profit comme au détriment, aux honneurs comme à l'ignominie.

C'est pourquoi il est l'homme le plus honorable de l'univers.

民自富。我⁸⁵無欲而民自樸。⁶⁵爲而民自化。⁷⁰我好靜而民自正。我無事而⁸⁰滋起。法令滋彰。⁵⁵盜賊多有。故⁶⁰聖人云。我無彌貧。³⁵民多利器。國家滋昏民多技巧。奇物以知天下⁲⁰之然哉。以²⁵此。天下多忌諱。³⁰而民以正治國。以奇用兵。以¹⁰無事取天下。¹⁵吾何⁶⁵貴。

第五十七章

CHAPITRE LVII.

Avec la droiture, on gouverne le royaume; avec la ruse [1], on fait la guerre; avec le *non-agir*, on devient le maître de l'empire [2].

Comment sais-je qu'il en est ainsi de l'empire [3]? Par ceci.

Plus le roi [4] multiplie les prohibitions et les défenses [5], et plus le peuple s'appauvrit;

Plus le peuple a d'instruments de lucre [6], et plus le royaume se trouble;

Plus le peuple [7] a d'adresse et d'habileté, et plus l'on voit fabriquer d'objets bizarres;

Plus les lois se manifestent, et plus les voleurs s'accroissent [8].

C'est pourquoi le Saint [9] dit : Je pratique le *non-agir*, et le peuple se convertit de lui-même.

J'aime la quiétude, et le peuple se rectifie de lui-même [10].

Je m'abstiens de toute occupation [11], et le peuple s'enrichit de lui-même.

Je me dégage de tous désirs, et le peuple revient de lui-même à la simplicité [12].

治人事天、莫如嗇。夫惟嗇。是謂早服。早服

第五十九章

而不肆。光而不耀。

日固久。是以聖人方而不割。廉而不劌。

其無正耶。正復爲奇。善復爲妖。民之迷其

禍兮福之所倚。福兮禍之所伏。孰知其極。

其政悶悶。其民醇醇。其政察察。其民缺缺。

第五十八章

CHAPITRE LVIII.

Lorsque l'administration (paraît) dépourvue de lumières [1], le peuple devient riche [2].

Lorsque l'administration est clairvoyante [3], le peuple manque de tout.

Le bonheur [4] naît du malheur, le malheur est caché au sein du bonheur. Qui peut en prévoir la fin [5] ?

Si le prince n'est pas droit, les hommes droits [6] deviendront trompeurs, et les hommes vertueux, pervers.

Les hommes sont plongés dans l'erreur, et cela dure depuis bien longtemps [7] !

C'est pourquoi le Saint est juste [8] et ne blesse pas (le peuple).

Il est désintéressé et ne lui fait pas de tort.

Il est droit [9] et ne le redresse pas.

Il est éclairé [10] et ne l'éblouit pas.

CHAPITRE LIX.

Pour gouverner les hommes et servir le ciel, rien n'est comparable à la modération [1].

La modération doit être le premier soin de l'homme [2].

Quand elle est devenue son premier soin, on peut dire qu'il accumule abondamment la vertu.

Quand il accumule abondamment la vertu, il n'y a rien dont il ne triomphe [3].

聖人亦不傷人夫兩不相傷故德交歸焉。

非其鬼不神其鬼不傷人非其鬼不傷人

治大國若烹小鮮以道莅天下其鬼不神

第六十章

可以長久是謂深根固柢長生久視之道。

莫知其極莫知其極可以有國有國之母

謂之重積德重積德則無不克無不克則

Quand il n'y a rien dont il ne triomphe, personne ne connaît ses limites (4).

Quand personne ne connaît ses limites, il peut posséder le royaume.

Celui qui possède la mère du royaume (5) peut subsister longtemps.

C'est ce qu'on appelle avoir des racines profondes et une tige solide.

Voilà l'art de vivre longuement et de jouir d'une existence durable (6).

CHAPITRE LX.

Pour gouverner un grand royaume, (on doit) imiter (celui qui) fait cuire (1) un petit poisson.

Lorsque le prince dirige l'empire par le Tao, les démons (2) ne montrent point leur puissance (3).

Ce n'est point que les démons manquent de puissance, c'est que les démons ne blessent point les hommes.

Ce n'est point que les démons ne (puissent) blesser les hommes, c'est que le Saint lui-même ne blesse point les hommes.

Ni le Saint ni les démons ne les blessent (4); c'est pourquoi ils confondent ensemble leur vertu (5).

爲下。

⁶⁵過欲人事人。夫兩者各得其所欲。⁷⁰大者宜

取。⁵⁰或下而取。大國不過欲兼畜人。⁶⁰小國不

小國。⁵⁵或下以大國。則取大國。⁴⁵故或下以

靜勝牡。²⁰以靜爲下。故大國以下小國。³⁰則取

大國者下流。⁵天下之交。¹⁰天下之牝，牝¹⁵常以

第六十一章

CHAPITRE LXI.

Un grand royaume (doit s'abaisser comme) les fleuves et les mers, où se réunissent (toutes les eaux de) l'empire [1].

Dans le monde, tel est le rôle de la femelle [2]. En restant en repos, elle triomphe constamment du mâle. Ce repos est une sorte d'abaissement.

C'est pourquoi, si un grand royaume [3] s'abaisse devant les petits royaumes, il gagnera les petits royaumes.

Si les petits royaumes s'abaissent [4] devant un grand royaume, ils gagneront le grand royaume.

C'est pourquoi les uns s'abaissent [5] pour recevoir, les autres s'abaissent pour être reçus.

Ce que désire uniquement un grand royaume, c'est de réunir et de gouverner [6] les autres hommes.

Ce que désire uniquement un petit royaume [7], c'est d'être admis à servir les autres hommes.

Alors tous deux obtiennent ce qu'ils désiraient.

Mais les grands doivent s'abaisser!

為無為。事無事。味無味。大小多少。報怨以

第六十三章

何不日求自得。有罪以免耶。故為天下貴。
駟馬不如坐進此道。古之所以貴此道者
棄之有。故立天子。置三公。雖有拱璧以先
美言可以市。尊行可以加人。人之不善何
道者萬物之奧。善人之寶。不善人之所保。

第六十二章

CHAPITRE LXII.

Le Tao est l'asile [1] de tous les êtres ; c'est le trésor de l'homme vertueux et l'appui [2] du méchant [3].

Les paroles excellentes peuvent faire notre richesse [4], les actions honorables peuvent [5] nous élever au-dessus des autres.

Si un homme n'est pas vertueux [6], pourrait-on le repousser avec mépris?

C'est pour cela qu'on avait établi un empereur et institué trois ministres.

Il est beau de tenir devant *soi* une tablette de jade [7], ou d'être monté sur un quadrige ; mais il vaut mieux rester assis pour avancer dans le Tao.

Pourquoi les anciens estimaient-ils le Tao?

N'est-ce pas parce qu'on le trouve [8] naturellement sans le chercher tout le jour? n'est-ce pas parce que les coupables obtiennent par lui la liberté et la vie [9]?

C'est pourquoi (le Tao) est l'être le plus estimable du monde.

CHAPITRE LXIII.

(Le sage) pratique le *non-agir* [1], il s'occupe de la *non-occupation*, et savoure ce qui est sans saveur.

Les choses grandes ou petites, nombreuses ou rares, (sont égales à ses yeux [2]).

Il venge ses injures par des bienfaits [3].

其安易持，其未兆易謀。其脆易破，其微易散。防之於未有，治之於未亂。合抱之木，生於毫末。九層之臺，起於累土。千里之行，始於足下。天下大事，必作於細。是以聖人終不為大，故能成其大。夫輕諾必寡信，多易必多難。是以聖人猶難之，故終無難。

第六十四章

德。圖難於其易，為大於其細。天下難事，必

Il commence par des choses aisées, lorsqu'il en médite de difficiles; par de petites choses, lorsqu'il en projette de grandes.

Les choses les plus difficiles du monde ont nécessairement commencé par être aisées [4].

Les choses les plus grandes du monde ont nécessairement commencé par être petites [5].

De là vient que, jusqu'à la fin, le Saint [6] ne *cherche* point à faire de grandes choses; c'est pourquoi il peut accomplir de grandes choses.

Celui qui promet à la légère tient rarement sa parole [7].

Celui qui trouve beaucoup de choses faciles éprouve nécessairement de nombreuses difficultés.

De là vient que le Saint trouve tout difficile; c'est pourquoi, jusqu'au terme de sa vie, il n'éprouve nulles difficultés.

CHAPITRE LXIV.

Ce qui est calme est aisé [1] à maintenir; ce qui n'a pas encore paru est aisé à prévenir; ce qui est faible [2] est aisé à briser; ce qui est menu est aisé à disperser.

Arrêtez le mal [3] avant qu'il n'existe; calmez le désordre avant qu'il n'éclate.

Un arbre d'une grande circonférence est né d'une racine aussi déliée qu'un cheveu [4]; une tour de neuf étages est sortie d'une poignée de terre [5]; un voyage de mille lis a commencé par un pas [6]!

治以其知多。故以知治國。國之賊。不以智²⁰
古之爲道者。非以明民。將以愚之民之難¹⁵
第六十五章
所過。以輔萬物之自然。而不敢爲。¹²⁵
欲不欲。不貴難得之貨。學不學。復衆人之¹¹⁰
成而敗之。愼終如始。則無敗事。是以聖人⁹⁵
爲。故無敗。無執。故無失。民之從事。常於幾⁸⁰
於足下。爲者敗之。執者失之。是以聖人無⁵⁰

Celui qui agit échoue⁽⁷⁾; celui qui s'attache à une chose la perd.

De là vient que le Saint n'agit pas, c'est pourquoi il n'échoue point.

Il ne s'attache à rien, c'est pourquoi il ne perd point.

Lorsque le peuple fait une chose, il échoue toujours ⁽⁸⁾ au moment de réussir.

Soyez attentif à la fin comme au commencement, et alors vous n'échouerez jamais.

De là vient que le Saint ⁽⁹⁾ fait consister ses désirs dans l'absence de tout désir. Il n'estime point les biens ⁽¹⁰⁾ d'une acquisition difficile.

Il fait consister son étude ⁽¹¹⁾ dans l'absence de toute étude, et se préserve des fautes des autres hommes ⁽¹²⁾.

Il n'ose pas agir afin d'aider tous les êtres à suivre leur nature.

CHAPITRE LXV.

Dans l'antiquité, ceux qui excellaient à pratiquer le Tao ne l'employaient point à éclairer le peuple; ils l'employaient à le rendre simple et ignorant ⁽¹⁾.

Le peuple est difficile à gouverner parce qu'il a trop de prudence ⁽²⁾;

Celui qui se sert de la prudence pour gouverner le royaume, est le fléau du royaume ⁽³⁾.

Celui qui ne se sert pas de la prudence pour gouverner le royaume, fait le bonheur du royaume ⁽⁴⁾.

重。⁵⁰處前而民不害。是以天下樂推而不厭。
之。欲³⁵先民必以身後之。是以處上而民不⁴⁵重
能爲百谷王。是以聖人欲上民必³⁰以言下
江海所以⁵能爲百谷王者。以其善下之。故¹⁵

第六十六章

⁶⁵乃至大順。

晉⁵⁰謂玄德。玄德深矣遠矣。⁶⁰與物反矣。然後

治國。³⁵國之福。知此⁴⁰兩者亦楷式。⁴⁵常知楷式。

Lorsqu'on connaît ces deux choses [5], on est le modèle (de l'empire).

Savoir être [6] le modèle (de l'empire), c'est être doué d'une vertu céleste [7].

Cette vertu céleste est profonde, immense [8], opposée aux créatures [9].

Par elle on parvient à procurer une paix générale [10].

CHAPITRE LXVI.

Pourquoi les fleuves et les mers peuvent-ils être les rois [1] de toutes les eaux?

Parce qu'ils savent se tenir au-dessous d'elles.

C'est pour cela qu'ils peuvent être les rois de toutes les eaux.

Aussi lorsque le Saint désire d'être au-dessus du peuple, il faut que, par ses paroles [2], il se mette au-dessous de lui.

Lorsqu'il désire d'être placé en avant du peuple, il faut que, de sa personne, il se mette après lui.

De là vient que le Saint est placé au-dessus de tous et il n'est point à charge au peuple [3]; il est placé en avant de tous et le peuple n'en souffre pas [4].

Aussi tout l'empire aime à le servir [5] et ne s'en lasse point [6].

Comme il ne dispute pas (le premier rang), il n'y a personne dans l'empire qui puisse le lui disputer [7].

夫慈以戰則勝以守則固天將救之以慈長今舍慈且勇舍儉且廣舍後且先死矣能勇儉故能廣不敢爲天下先故能成器一曰慈二曰儉三曰不敢爲天下先慈故若肖久矣其細也夫我有三寶持而寶之天下皆謂我大似不肖夫惟大故似不肖

第六十七章

以其不爭故天下莫能與之爭

CHAPITRE LXVII.

Dans le monde tous me disent éminent [1], mais je ressemble à un homme borné.

C'est uniquement parce que je suis éminent, que je ressemble à un homme borné.

Quant à (ceux qu'on appelle) éclairés, il y a longtemps que leur médiocrité est connue [2] !

Je possède trois choses précieuses : je les tiens et les conserve comme un trésor.

La première s'appelle l'*affection*; la seconde s'appelle l'*économie*; la troisième s'appelle l'*humilité*, qui m'empêche de vouloir être le premier de l'empire.

J'ai de l'*affection* [3], c'est pourquoi je puis être courageux.

J'ai de l'*économie* [4], c'est pourquoi je puis faire de grandes dépenses.

Je n'ose être le premier [5] de l'empire, c'est pourquoi je puis devenir le chef de tous les hommes [6].

Mais aujourd'hui [7] on laisse l'affection pour s'abandonner au courage; on laisse l'économie pour se livrer à de grandes dépenses; on laisse le dernier rang pour rechercher le premier :

Voilà ce qui conduit à la mort [8].

Si l'on combat avec un cœur rempli d'affection, on remporte la victoire [9]; si l'on défend (une ville), elle est inexpugnable.

Quand le ciel veut sauver un homme, il lui donne l'affection pour le protéger [10].

而退尺。[20]是謂行無行。攘無臂。仍無敵。執無[30]

用兵有言。[5]吾不敢爲主而爲客。不敢進寸[15]

第六十九章

用人之力。是謂配天。古之極。[40]

爭。善用人者爲之下。[25]是謂不爭之德。是謂[30]

善爲士者[5]不武。善戰者[10]不怒。善勝敵者[15]不

第六十八章

銜之。

CHAPITRE LXVIII.

Celui qui excelle à commander ⁽¹⁾ une armée, n'a pas une ardeur belliqueuse ⁽²⁾.

Celui qui excelle à combattre ⁽³⁾ ne se laisse pas aller à la colère.

Celui qui excelle à vaincre ne lutte pas ⁽⁴⁾.

Celui qui excelle à employer les hommes se met au-dessous d'eux ⁽⁵⁾.

C'est là ce qu'on appelle posséder la vertu ⁽⁶⁾ qui consiste à ne point lutter.

C'est ce qu'on appelle savoir se servir des forces des hommes ⁽⁷⁾.

C'est ce qu'on appelle ⁽⁸⁾ s'unir au ciel.

Telle était la science sublime des anciens.

CHAPITRE LXIX.

Voici ⁽¹⁾ ce que disait un ancien guerrier :

Je n'ose ⁽²⁾ donner le signal, j'aime mieux le recevoir.

Je n'ose avancer ⁽³⁾ d'un pouce, j'aime mieux reculer d'un pied.

C'est ce qui s'appelle n'avoir pas ⁽⁴⁾ de rang à suivre, de bras à étendre, d'ennemis à poursuivre, ni d'arme à saisir.

Il n'y a pas de plus grand malheur que de résister à la légère.

知不知上。⁵不知知病。夫惟病病。是以不病。

第七十一章

我者希。則我貴矣。⁴⁰是以聖人被褐懷玉。

言有宗。²⁰事有君。夫惟無知。是以不我知。知

吾言甚易知。甚易行。天下莫能知。莫能行。

第七十章

相加。⁵⁰哀者勝矣。

兵。禍³⁵莫大於輕敵。⁴⁰輕敵幾喪吾⁴⁵寶。故抗兵

Résister à la légère, c'est presque perdre notre trésor [5].

Aussi, lorsque [6] deux armées combattent à armes égales, c'est l'homme le plus compatissant qui remporte la victoire

CHAPITRE LXX.

Mes paroles sont très-faciles à comprendre, très-faciles à pratiquer.

Dans le monde personne ne peut les comprendre, personne ne peut les pratiquer [1].

Mes paroles ont une origine, mes actions ont une règle [2].

Les hommes ne les [3] comprennent pas, c'est pour cela qu'ils m'ignorent.

Ceux qui me comprennent [4] sont bien rares. Je n'en suis que plus estimé.

De là vient que le Saint se revêt d'habits grossiers [5] et cache des pierres précieuses dans son sein.

CHAPITRE LXXI.

Savoir et (croire qu'on) ne sait pas, c'est le comble du mérite [1].

Ne pas savoir et (croire qu'on) sait, c'est [2] la maladie (des hommes).

Si vous vous affligez de cette maladie vous ne l'éprouverez pas [3].

或害。天之所惡。孰知其故。是以聖人猶難
勇於敢。則殺。勇於不敢。則活。此兩者。或利

第七十三章

不自見。自愛不自貴。故去彼取此。
所生。夫惟不厭。是以不厭。是以聖人自知
民不畏威。則大威至。無狹其所居。無厭其

第七十二章

聖人不病。以其病病。是以不病。

Le Saint n'éprouve pas cette maladie, parce qu'il s'en afflige [4].

Voilà pourquoi il ne l'éprouve pas.

CHAPITRE LXXII.

Lorsque le peuple ne craint pas les choses redoutables [1], ce qu'il y a de plus redoutable (la mort) vient fondre sur lui.

Gardez-vous de vous trouver à l'étroit dans votre demeure [2], gardez-vous de vous dégoûter de votre sort [3].

Je ne me dégoûte [4] point du mien, c'est pourquoi il ne m'inspire point de dégoût.

De là vient que le Saint [5] se connaît lui-même et [6] ne se met point en lumière; il se ménage [7] et ne se prise point [8].

C'est pourquoi il laisse ceci et adopte cela [9].

CHAPITRE LXXIII.

Celui qui met son courage à oser, trouve la mort [1]

Celui qui met son courage à ne pas oser, trouve la vie.

De ces deux choses [2], l'une est utile, l'autre est nuisible.

Lorsque le ciel déteste quelqu'un, qui est-ce qui pourrait sonder ses motifs?

C'est pourquoi le Saint se décide difficilement à agir.

Telle est la voie (la conduite) du ciel.

Il ne lutte point [3], et il sait remporter la victoire.

大匠斲。希有不傷手矣。

者殺。夫代司殺者殺。是謂代大匠斲。夫代

而爲奇者。吾得執而殺之。孰敢。常有司殺

民不畏死。奈何以死懼之。若使民常畏死

第七十四章

而自來。繟然而善謀。天網恢恢。疏而不失。

之。天之道。不爭而善勝。不言而善應。不召

Il ne parle point, et (les êtres) savent lui obéir.

Il ne les appelle pas, et ils accourent d'eux-mêmes.

Il paraît lent⁽¹⁾, et il sait former des plans habiles.

Le filet du ciel est immense; ses mailles sont écartées et cependant personne n'échappe.

CHAPITRE LXXIV.

Lorsque le peuple ne craint pas la mort, comment l'effrayer par la menace de la mort⁽¹⁾?

Si le peuple craint constamment la mort, et que quelqu'un fasse le mal, je puis le saisir et le tuer, et alors qui osera (l'imiter)?

Il y a constamment un magistrat suprême qui inflige la mort⁽²⁾.

Si l'on veut remplacer ce magistrat suprême, et infliger soi-même la mort, on ressemble à un homme (inhabile) qui voudrait tailler le bois à la place d'un charpentier.

Lorsqu'on veut tailler le bois à la place d'un charpentier, il est rare qu'on ne se blesse pas les mains.

柔脆。其死也枯槁。故堅強者死之徒。柔弱
人之生也柔弱。其死也堅強。草木之生也

第七十六章

是賢於貴生。
其求生之厚。是以輕死。夫惟無以生爲者。
治。以其上之有爲。是以難治。民之輕死。以
民之饑。以其上食稅之多。是以饑。民之難

第七十五章

CHAPITRE LXXV.

Le peuple a faim ⁽¹⁾ parce que le prince dévore une quantité d'impôts.

Voilà pourquoi il a faim.

Le peuple est difficile à gouverner parce que le prince ⁽²⁾ aime à agir.

Voilà pourquoi il est difficile à gouverner.

Le peuple méprise la mort ⁽³⁾ parce qu'il cherche avec trop d'ardeur les moyens de vivre.

Voilà pourquoi il méprise la mort.

Mais celui qui ne s'occupe pas de vivre ⁽⁴⁾ est plus sage que celui qui estime la vie.

CHAPITRE LXXVI.

Quand l'homme vient au monde ⁽¹⁾, il est souple et faible; quand il meurt, il est roide et fort.

Quand les arbres et les plantes naissent, ils sont souples et tendres; quand ils meurent, ils sont secs et arides.

La roideur et la force sont les compagnes de la mort ⁽²⁾; la souplesse et la faiblesse sont les compagnes de la vie.

C'est pourquoi, lorsqu'une armée est forte ⁽³⁾, elle ne remporte pas la victoire.

Lorsqu'un arbre est devenu fort, on l'abat ⁽⁴⁾.

Ce qui est fort et grand occupe le rang inférieur; ce qui est souple et faible occupe le rang supérieur ⁽⁵⁾.

人爲而不恃。功成而不處。其不欲見賢。

餘。孰能有餘以奉天下惟有道者是以聖

而補不足。人之道則不然損不足以奉有

有餘者損之。不足者補之。天之道損有餘

天之道其猶張弓乎。高者抑之。下者舉之。

第七十七章

大處下。柔弱處上。

者生之徒。是以兵強則不勝。木強則共強

CHAPITRE LXXVII.

La voie du ciel (c'est-à-dire le ciel) est comme l'ouvrier en arcs [1], qui abaisse ce qui est élevé, et élève ce qui est bas; qui ôte le superflu, et supplée à ce qui manque.

Le ciel ôte à ceux qui ont du superflu pour aider ceux qui n'ont pas assez [2].

Il n'en est pas ainsi de l'homme : il ôte à ceux qui n'ont pas assez pour donner à ceux qui ont du superflu.

Quel est celui qui est capable de donner son superflu aux hommes de l'empire? Celui-là seul qui possède le *Tao*.

C'est pourquoi le Saint [3] fait (le bien) et ne s'en prévaut point.

Il accomplit de grandes choses et ne s'y attache point [4].

Il ne veut pas laisser voir sa sagesse [5].

和大怨。必有餘怨。安可以爲善。是以聖人

第七十九章

若反。

謂社稷主。受國之不祥。是謂天下王。正言

莫不知。莫能行。是以聖人云。受國之垢。是

勝。其無以易之。弱之勝強柔之勝剛。天下

天下柔弱。莫過於水。而攻堅強者。莫之能

第七十八章

CHAPITRE LXXVIII.

Parmi toutes les choses du monde⁽¹⁾, il n'en est point de plus molle et de plus faible que l'eau, et cependant, pour briser ce qui est dur et fort, rien ne peut l'emporter sur elle.

Pour cela rien ne peut remplacer l'eau⁽²⁾.

Ce qui est faible⁽³⁾ triomphe de ce qui est fort; ce qui est mou triomphe de ce qui est dur.

Dans le monde⁽⁴⁾ il n'y a personne qui ne connaisse (cette vérité), mais personne ne peut la mettre en pratique.

C'est pourquoi le Saint dit : Celui qui supporte les opprobres du royaume⁽⁵⁾ devient chef du royaume.

Celui qui supporte⁽⁶⁾ les calamités du royaume devient le roi de l'empire.

Les paroles droites paraissent contraires (à la raison)⁽⁷⁾.

CHAPITRE LXXIX.

Si vous voulez apaiser les grandes inimitiés des hommes⁽¹⁾, ils conserveront nécessairement un reste d'inimitié.

Comment pourraient-ils devenir vertueux?

De là vient que le Saint⁽²⁾ garde la partie gauche du contrat⁽³⁾ et ne réclame rien aux autres.

C'est pourquoi celui qui a de la vertu songe à donner⁽⁴⁾, celui qui est sans vertu songe à demander⁽⁵⁾.

8.

聲相聞。民至老死不相往來。

美其服。安其居。樂其俗。鄰國相望。雞犬之

兵。無所陳之。使民復結繩而用之。甘其食。

死而不遠徙。雖有舟輿。無所乘之。雖有甲

小國寡民。使有什佰之器而不用。使民重

第八十章

天道無親。常與善人。

執左契而不責於人。有德司契。無德司徹。

Le ciel n'affectionne personne en particulier. Il donne constamment aux hommes vertueux [6].

CHAPITRE LXXX.

(Si je gouvernais) un petit royaume [1] et un peuple peu nombreux, n'eût-il des armes que pour dix ou cent [2] hommes, je l'empêcherais de s'en servir.

J'apprendrais au peuple à craindre la mort [3] et à ne pas émigrer au loin [4].

Quand il aurait des bateaux et des chars, il n'y monterait pas [5].

Quand il aurait des cuirasses et des lances, il ne les porterait pas [6].

Je le ferais revenir à l'usage des cordelettes nouées [7].

Il savourerait sa nourriture [8], il trouverait de l'élégance dans ses vêtements, il se plairait dans sa demeure, il aimerait ses simples usages.

Si un autre royaume se trouvait en face du mien, et que les cris des coqs et des chiens s'entendissent de l'un à l'autre [9], mon peuple arriverait à la vieillesse et à la mort sans avoir visité le peuple voisin [10].

第八十一章

信言不美。⁵美言不信。善
者不辯。¹⁵不辯者¹⁵不善。知者
不²⁰博。博者不知。²⁵聖人無
積。既²⁰以爲人已愈³⁵有。既
以與人。⁴⁰已愈多。天之⁴⁵道。
利而不害。⁵⁰聖人之道。爲
而不爭。

CHAPITRE LXXXI.

Les paroles sincères [1] ne sont pas élégantes; les paroles élégantes ne sont pas sincères.

L'homme vertueux n'est pas disert [2]; celui qui est disert n'est pas vertueux.

Celui qui connaît (le Tao) n'est pas savant [3]; celui qui est savant ne le connaît pas.

Le Saint n'accumule pas (les richesses.).

Plus il emploie (sa vertu) dans l'intérêt des hommes [4], et plus elle augmente.

Plus il donne aux hommes et plus il s'enrichit.

Telle est la voie du ciel, qu'il est utile aux êtres [5] et ne leur nuit point.

Telle est la voie du Saint, qu'il agit et ne dispute point [6].

NOTES.

LIVRE PREMIER.

CHAPITRE PREMIER.

(1) H: Le second mot *tao* 道 a le sens de *yen* 言, « dire, énoncer » (C): *kheou-tao* 口道, « exprimer à l'aide de la bouche, de la parole. » *Sou-tseu-yeou*: Il y a deux voies (deux Tao), l'une ordinaire, qui est la voie de la justice, des rites, de la prudence; elle peut être énoncée par la parole et son nom peut être nommé. L'autre est la *Voie* (le *Tao*) sublime dont parle *Lao-tseu* (B). Cette *Voie*, qui plane au-dessus du siècle, n'a ni forme, ni couleur, ni nom. Si on la cherche des yeux, on ne la voit pas; si on prête l'oreille, on ne l'entend pas : c'est pourquoi elle n'est pas susceptible d'être énoncée par la parole, ni désignée à l'aide d'un nom.

(2) *Liu-kie-fou*: Tous les objets sensibles ont un nom qui peut être nommé; mais il vient un temps où ce nom, dérivé de leur forme ou de leur nature, vient à disparaître. Ce n'est pas un nom éternel.

(3) G, *Ting-i-tong* dit : Il y a des éditeurs qui mettent un repos après *wou-ming* 無名, *yeou-ming* 有名, « ce qui n'a pas de « nom, ce qui a un nom; » d'autres le mettent après *wou* 無, et *yeou* 有, et entendent le *non-être* et *l'être*. Cependant *Lao-tseu* dit dans le chapitre XXXII : *Tao-tchhang-wou-ming. Chi-tchi, yeou-ming* 道常無名。始制有名。« Le Tao est éternel et sans « nom. Lorsqu'il a commencé à se répandre (E : littéral. « à se

« *divisé* pour former les êtres »), il a eu un nom. On voit par là qu'il faut préférer la première ponctuation.

E : Les expressions *wou-ming* 無名, « ce qui n'a pas de nom, » *yeou-ming* 有名, « ce qui a un nom, » indiquent le Tao (considéré à deux époques différentes). *Ibid.* L'essence du Tao est vide et incorporelle. Lorsque les créatures n'avaient pas encore commencé à exister, on ne pouvait le nommer. Mais lorsqu'une influence divine et transformatrice leur eut donné le mouvement vital, alors ils sont sortis du *non-être* (du Tao) et le *non-être* a reçu son nom des êtres. (Tous les êtres sont venus de lui; c'est pourquoi, dit *Ho-chang-kong*, le plus ancien commentateur, on l'a appelé le *Tao* ou la *Voie*. Cf. ch. xxv). Ce principe vide et immatériel est né avant le ciel et la terre; c'est ainsi qu'il est l'origine du ciel et de la terre. Dès qu'il s'est manifesté au dehors, toutes les créatures sont nées de lui; c'est ainsi qu'il est la mère de tous les êtres.

(4) G, *Ting-i-tong* : Il y a des éditeurs (par exemple H) qui mettent un repos après *tchhang-wou* 常無, *tchhang-yeou* 常有, et entendent *l'éternel non-être, l'éternel être*; d'autres (et c'est le plus grand nombre) lisent *tchhang-wou-yo* 常無欲. « être cons-« tamment sans désirs, » *tchhang-yeou-yo* 常有欲. « avoir cons-« tamment des désirs. » J'ai suivi cette ponctuation. (St. Julien.)

(5) A : Si l'homme est constamment exempt de passions, il pourra voir (B) ce qu'il y a de plus subtil, de plus profond dans le Tao.

(6) Littéralement : « On voit ses bornes, on lui voit des bornes. » H : Le mot *kiao* 徼 veut dire *bornes, limites*, c'est-à-dire les bornes, les limites du Tao. *Pi-ching* : Lorsque les hommes sont constamment aveuglés par les passions, ils prennent l'*être* pour le *non-être*. Ils croient voir le Tao dans les formes grossières et bornées des êtres qui émanent de lui.

NOTES DU LIVRE I, CHAPITRE I. 123

Li-si-tchaï explique un peu autrement ce passage : le mot 妙, « subtil, imperceptible, » désigne la *grande Voie*, le *non-être*; le mot *kiao* 徼 désigne la *petite Voie*, *siao-tao* 小道, c'est-à-dire *l'être* 有. Cette interprétation est conforme à celle de *Tchin-king-youen*, « On appelle *kiao* 徼 un petit chemin, *siao-lou* 小路, qui se trouve à côté d'une grande voie, *ta-tao-pien* 大道邊. »

(7) Les commentateurs (par exemple B) qui lisent *wou, ming-thien-ti-tchi-chi* 無。名天地之始 (le non-être se nomme l'origine du ciel et la terre), au lieu de *wou-ming, thien-ti-tchi-chi* 無名。天地之始 (ce qui est sans nom est l'origine du ciel et de la terre), et *yeou, ming* 有。名, etc. (l'être se nomme la mère de tous les êtres), au lieu de *yeou-ming* 有名 etc. (ce qui a un nom, c'est-à-dire le Tao ayant un nom est la mère de tous les êtres), font rapporter *ces deux choses* à 無 *wou* (au non-être) et à *yeou* 有, (à l'être); d'autres (par exemple F), aux mots *miao* 妙, « ce qui est invisible par sa subtilité, » et à *kiao* 徼, « bornes, limites. » Ils arrivent au même sens, c'est-à-dire qu'ils entendent par *ces deux choses*, le *non-être* et *l'être*.

Wang-pi (D) croit que les mots 此兩者 *thseu-liang-tche*, « ces deux choses, » se rapportent aux mots *chi* 始, « l'origine, » et *mou* 母, « la mère, » qui se trouvent dans le second paragraphe de ce chapitre. Enfin *Ho-chang-kong* (A) les fait rapporter aux expressions *yeou-yo* 有欲, « avoir des désirs, des passions, » *wou-yo* 無欲, « ne pas avoir de désirs, de passions. » Ces deux choses, dit-il, sortent ensemble du cœur de l'homme. L'homme qu'on nomme *sans désirs* se conserve constamment, l'homme qu'on nomme *ayant des désirs* périt infailliblement.

Cette dernière interprétation ne peut s'accorder avec les douze mots qui terminent le chapitre.

CHAPITRE II.

(1) E : Dans la haute antiquité, tous les peuples avaient de la droiture, et ils ne savaient pas qu'ils pratiquassent l'équité. Ils s'aimaient les uns les autres, et ils ne savaient pas qu'ils pratiquassent l'humanité. Ils étaient sincères, et ils ne savaient pas qu'ils pratiquassent l'honnêteté. Ils tenaient leurs promesses, et ils ne savaient pas qu'ils pratiquassent la fidélité dans les paroles. En voici la raison : tous les peuples étaient également bons et vertueux ; c'est pourquoi ils ne savaient pas distinguer les différentes nuances de vertus (littéralement, « ils ne savaient pas que le beau *moral* et le bien, τὸ καλόν, τὸ ἀγαθόν, fussent différents »). Mais, dans les siècles suivants, l'apparition du vice leur apprit, pour la première fois, à reconnaître la beauté morale ; l'apparition du mal leur apprit, pour la première fois, à reconnaître le bien. Quand le siècle fut dépravé davantage, le beau et le bien parurent avec plus d'éclat.

(2) E : Les comparaisons qui suivent ont pour but de montrer que la beauté morale et le vice, le bien et le mal se font ressortir mutuellement par leur opposition (littéralement, « se donnent mu- « tuellement leur forme »), et montrent mutuellement leur inégalité, leur différence.

B : *Lao-tseu* veut dire que, dès qu'on voit le beau moral, on reconnaît l'existence du vice (littéralement, « du laid »). Dès qu'on remarque le bien, on reconnaît l'existence du mal. L'homme doit tenir son cœur dans l'obscurité et renouveler sa nature ; oublier le beau moral et le vice, le bien et le mal. S'il ne songe plus au beau moral, alors il n'y aura plus pour lui d'actions vicieuses ; s'il ne songe plus au bien, alors il n'y aura plus pour lui d'actions mauvaises.

(3) A : En voyant l'être on se fait une idée du *non-être*.
B : Le *non-être* produit l'être ; l'être produit le *non-être*. *Ibid.*

Les *êtres*, ne pouvant subsister éternellement, finissent par retourner au *non-être*.

(4) B : S'il n'y avait pas de choses difficiles, on ne pourrait faire des choses faciles (ce sont les choses difficiles qui font juger des choses faciles); s'il n'y avait pas de choses faciles, comment arriverait-on à faire des choses difficiles? Le facile résulte du difficile; le difficile résulte du facile.

(5) B : On reconnaît qu'une chose est courte en la comparant à une chose longue, *et vice versa*. *Liu-kie-fou*: Lorsqu'on a vu la longueur de la jambe d'une cigogne, on reconnaît combien est courte la patte d'un canard, *et vice versa*.

(6) B : Si je monte sur une hauteur et que je regarde au-dessous de moi, je remarque combien la terre est basse. Si je suis dans une plaine et que je lève les yeux, je suis frappé de la hauteur d'une montagne.

(7) B : Sans la connaissance des tons on ne pourrait faire accorder les voix (on ne pourrait reconnaître l'accord harmonieux des voix); sans la voix on ne pourrait former des tons.

Suivant C, ce passage s'appliquerait à la voix et à l'écho qui y répond du sein d'une vallée profonde.

(8) B : En voyant que cet homme marche devant moi, je reconnais qu'il me précède et que je le suis; en le voyant après moi, je reconnais que je le précède et qu'il me suit. Le rang postérieur résulte du rang antérieur; le rang antérieur résulte du rang postérieur.

(9) E : Le Saint se sert du Tao pour convertir le monde. Ses occupations, il les fait consister dans le *non-agir*; ses instructions, il les fait consister dans le *non-parler*, le silence (c'est-à-dire (C) qu'il instruit par son exemple et non par des paroles). Il cultive

le principal et ne s'appuie point sur l'accessoire. Le monde se convertit et l'imite. Ceux qui ne sont pas vertueux réforment leurs habitudes, et la vertu éminente passe dans les mœurs.

(10) A : Chacun d'eux *se met en mouvement* (pour naître); il ne leur refuse rien et n'arrête pas leur développement. E : Tous les êtres *naissent* en invoquant l'appui du Saint. Il peut leur fournir tout ce dont ils ont besoin, et ne les repousse pas.

(11) E : Il peut les faire naître et ne les regarde pas comme étant sa propriété.

(12) E : Il peut les faire (ce qu'ils sont), mais jamais il ne compte sur eux pour en tirer profit.

(13) E : Quand ses mérites sont accomplis, jusqu'à la fin de sa vie, il les considère comme s'ils lui étaient étrangers, et ne s'y attache pas. — A : Il ne se glorifie pas de sa capacité : 不恃其能.

(14) E : Il ne s'attache pas à son mérite, c'est pour cela qu'il a du mérite. S'il s'attachait à son mérite, s'il s'en glorifiait, il le perdrait entièrement.

Aliter A : Le bonheur et la vertu subsistent constamment; ils ne s'éloignent jamais de lui.

CHAPITRE III.

(1) *Sou-tseu-yeou* : Si l'on accorde une grande estime aux sages, le peuple rougira de ne pas être traité de même, et il en viendra à disputer. Si l'on prise les biens d'une acquisition difficile, le peuple s'affligera de n'en pas avoir, et il en viendra à voler. Si l'on arrête ses regards sur les choses désirables (ce commentateur prend en bonne part les mots *kho-yo*), le peuple se croira malheureux de

ne pas les posséder, et il en viendra à se livrer au désordre. Tous les hommes de l'empire savent que ces trois choses sont une calamité; mais ce serait folie que de vouloir y renoncer tout à fait. Le Saint ne manque jamais d'employer les sages; seulement il ne les exalte pas. Il ne rejette pas les biens d'une acquisition difficile ; seulement il ne les prise pas. Il ne renonce pas aux choses désirables (C : il n'est point insensible comme un arbre desséché ou des cendres éteintes), seulement il n'y arrête pas ses regards.

E : Quoique les Saints de la haute antiquité employassent les sages, jamais ils ne les exaltaient. Les sages de ces temps reculés occupaient leurs charges, mais ils ne les regardaient pas comme un sujet de gloire. Ils en supportaient les fatigues, mais jamais ils n'en tiraient profit. Lorsqu'une chose n'est point une source de gloire ni de profit, comment le peuple se disputerait-il pour l'obtenir? Dans les siècles suivants, les sages jouirent du fruit de leur réputation. La multitude eut de l'estime pour eux et s'étudia à les imiter. L'ambition naquit dans le cœur de l'homme, et l'on vit surgir pour la première fois un esprit de luttes et de combats opiniâtres. C'est pourquoi, en n'exaltant pas les sages, on empêche que le peuple ne se dispute.

(2) E : Les saints rois de la haute antiquité ne manquaient jamais de se servir des richesses pour nourrir le peuple; mais en s'efforçant de faciliter les échanges, par la voie du commerce, ils n'avaient pour but que d'aider le peuple à se procurer des habits et des aliments. Quant aux objets d'une autre sorte, comment le Saint pourrait-il les priser? Il se garde d'estimer les choses rares et de mépriser les choses usuelles. Il s'abstient de faire des choses inutiles, de peur de nuire à celles qui sont réellement utiles. Lorsqu'il a fourni au peuple les moyens suffisants pour s'habiller et se nourrir, le vol et les rapines se trouvent arrêtés à leur source. C'est pourquoi, en ne prisant pas les choses d'une acquisition difficile, on empêche que le peuple ne se livre au vol.

(3) E : Le cœur de l'homme est naturellement calme. Lorsqu'il se trouble et perd son état habituel, c'est qu'il est ému par la vue des choses propres à exciter des désirs. C'est pourquoi, en ne regardant pas les choses propres à exciter les désirs, on empêche que le cœur ne se trouble.

Dans les passages précédents, les mots « ne pas estimer, » *pou-chang* 不尙, « ne pas priser, » *pou-kouei* 不貴, montrent que les mots « ne pas regarder, » *pou-kien* 不見, doivent se rapporter au roi. Ce sens, que je retrouve dans la plupart des commentaires (voyez plus haut, note 1, ligne 5), paraît avoir échappé à *Sie-hoeï* (E); mais, pour le déterminer davantage, il est indispensable d'ajouter, d'après l'édition D (voyez les variantes de l'édition G), le mot *min* 民 « peuple » avant *sin* 心 « cœur » : « On empêche « que le cœur *du peuple* ne se trouble. »

En suivant, au contraire, le commentateur E, on serait obligé de traduire littéralement : *Si homo non aspiciat desiderabilia, efficiet ut (suum) cor non turbetur.*

Par *kho-yo* 可欲 « *desiderabilia,* » C entend la réputation et le profit. A croit qu'il s'agit de la musique voluptueuse et de la beauté des femmes.

(4) E : Quand le Saint gouverne l'empire, il ferme le chemin de la fortune et des honneurs, et il éloigne les objets de luxe; par là il apprend au peuple à étouffer ses inclinations basses et cupides et à conserver sa simplicité primitive. Il reste calme et dégagé de toute pensée, alors son cœur (le cœur du Saint) est vide. C'est pourquoi ses esprits et sa force vitale se conservent dans son intérieur, et *son ventre se remplit.* (Ces derniers mots doivent être pris au figuré.)

A : Il expulse sa cupidité et ses désirs sensuels, et éloigne tout ce qui pourrait troubler son cœur. *Ibid.* « Il remplit son ventre, » c'est-à-dire il renferme dans son sein le Tao et conserve ses cinq esprits.

NOTES DU LIVRE I, CHAPITRE IV.

(5) E : Il est humble et timide, et reste dans une inaction absolue. Alors sa volonté s'affaiblit.

C'est pourquoi sa vigueur physique ne s'use pas et ses os deviennent forts.

A : Il se rend souple et humble; il ne cherche pas à commander aux autres.

(6) E : Le cœur de l'homme est naturellement dénué de connaissance et exempt de désirs; mais le contact des créatures le pervertit et trouble sa pureté primitive. Alors il se compromet et se perd en recherchant une multitude de connaissances et en se livrant à une foule de désirs. Les mots « il fait que le peuple n'ait ni con-« naissances ni désirs » signifient uniquement qu'il le ramène à son état primitif.

(7) E : Celui qui a du savoir aime à créer des embarras qui agitent l'empire. Mais si l'homme connaît les inconvénients de *l'action* et les avantages du *non-agir*, il sera rempli de crainte et n'osera pas agir d'une manière désordonnée.

Le meilleur moyen de procurer la tranquillité aux hommes, c'est le *non-agir*. C'est pourquoi, lorsqu'on pratique le *non-agir* (ceci se dit du roi), tout est bien gouverné.

CHAPITRE IV.

(1) Ce chapitre présente de grandes difficultés; j'ai suivi ici les interprètes D, F, qui expliquent les mots *pou-ing* 不 盈 par « il est inépuisable. » Le même sens se retrouve dans *Li-si-tchaï* (éd. G) : « Le Tao est tellement profond et subtil, que plus on en fait usage et plus il est inépuisable.

Tout en expliquant les mots *pou-ing* 不 盈 par « il est iné-« puisable, » D n'a pas méconnu le sens littéral de ces deux mots : « Toutes les choses du monde ne pourraient, dit-il, remplir, occu-« per complètement son immense capacité. » « C'est un abîme sans

« fond (dit *Hong-fou*, éd. G) ; tous les fleuves de la terre pourraient « se réunir dans son sein sans le remplir jamais. »

(2) A : Le mot 宗 veut dire « premier aïeul, patriarche. » E explique ce mot par *tchou* 主, « maître, souverain. »

(3) *Tsi-te-thsing* (édit. C) pense que le *grand Tao* 大道 est le sujet des quatre verbes *laisser, délier, tempérer, assimiler*. Il et plusieurs autres commentateurs sous-entendent, avant ces verbes, les mots *yeou-tao-tche* 有道者, « celui qui possède le Tao. » Il réprime la fougue de son caractère (sic H), il se dégage des liens (du siècle), il tempère l'éclat (de sa vertu), il s'abaisse au niveau du vulgaire, littéral. « il se rend semblable à leur poussière. »

Ces quatre membres de phrase se retrouvent dans le chapitre LVI, où il paraît difficile de ne pas les rapporter au sage qui possède le Tao.

Peut-être faudrait-il les retrancher dans ce chapitre où ils paraissent déplacés, soit qu'on les rapporte au 'Tao, soit qu'on les applique au sage qui possède le Tao.

(4) La plupart des éditions portent *hoe* 或 avant *thsun* 存. J'ai préféré la leçon *tch'ang* 常, « éternellement, » qui se trouve dans les variantes de l'édition G.

CHAPITRE V.

(1) E : Le mot *jin* 仁 (*vulgo* humanité) veut dire ici « aimer « d'une affection partiale et particulière. »

(2) *Sou-tseu-yeou* : Le ciel et la terre n'ont point d'affection particulière. Ils laissent tous les êtres suivre leur impulsion naturelle. C'est pourquoi toutes les créatures naissent et meurent d'elles-mêmes. Si elles meurent, ce n'est point par l'effet de leur tyrannie ;

si elles naissent, ce n'est point par l'effet de leur affection particulière. De même, lorsqu'on a fait un chien avec de la paille liée, on le place devant l'autel où l'on offre le sacrifice, afin d'éloigner les malheurs (sic *Yen-kiun-ping*); on le couvre des plus riches ornements. Est-ce par affection? C'est l'effet d'une circonstance fortuite. Lorsqu'on le jette dehors, après le sacrifice, les passants le foulent aux pieds. Est-ce par un sentiment de haine? C'est aussi l'effet d'une circonstance fortuite.

(3) E : Telle est la vertu du ciel et de la terre : ils sont grandement justes pour tous, et n'ont aucune affection particulière. Ils laissent les créatures se produire et se transformer elles-mêmes. Le Saint agit de même à l'égard du peuple. Ce passage veut dire que celui qui est grandement bienveillant et affectionné pour tous, n'est bienveillant ni affectionné pour personne en particulier.

(4) E : Entre le ciel et la terre, il y a un être éminemment divin. Ce passage a reçu deux interprétations. Un seul commentateur (E) rapporte au Tao les mots *hiu-eul-pou-khio, tong-eul-iu-tch'ou* 虛而不屈。動而愈出。; dans ce cas on est obligé de le traduire ainsi : « (Cet être, c'est-à-dire le Tao) est vide et ne s'é- « puise pas; plus il se met en mouvement, et plus il se produit « au dehors. »

Tous les autres commentateurs rapportent ces huit mots au soufflet de forge, et ils traduisent : « Il est vide et ne s'épuise pas; plus « on le met en mouvement, et plus il fait sortir, plus il produit « du vent. »

(5) E : Telle est l'essence du Tao. Il est impossible de l'épuiser par des paroles. Si vous cherchez à l'expliquer par des paroles, plus vous les multiplierez, et plus vous serez réduit à un silence absolu (litt. « vous arriverez au comble de l'épuisement »). Mais si vous oubliez les paroles (si vous renoncez aux paroles), et si vous gardez

le milieu (c'est-à-dire, si vous observez le *non-agir*), vous ne serez pas loin d'arriver au Tao.

CHAPITRE VI.

(1) L'expression *kou-chin* 谷神, « l'Esprit de la vallée, » désigne le Tao. G : Le mot *kou* 谷, « vallée, » se prend ici dans un sens figuré. *Sou-tseu-yeou* : Une vallée est vide et cependant elle a un corps, c'est-à-dire elle existe matériellement. Mais l'*Esprit de la vallée* est vide et immatériel (litt. et sans corps). Ce qui est vide et immatériel n'a point reçu la vie ; comment pourrait-il mourir ? L'expression *kou-chin* 谷神, « l'Esprit de la vallée, » est destinée à exprimer sa vertu (la vertu du Tao). Voyez note 7, ligne 7.

L'expression *hiouen-p'in* 玄牝, « la femelle mystérieuse, » sert à exprimer ses mérites. Cette *femelle* produit tous les êtres. On l'appelle *hiouen* 玄, « mystérieuse, » pour dire que si l'on voit naître les êtres, on ne voit pas ce qui les fait naître. Le mot *hiouen* 玄 a le sens de « obscur, profond, impénétrable. » E : Tous les êtres ont reçu la vie, et, en conséquence, ils sont sujets à la mort. L'Esprit de la vallée n'est point né, c'est pourquoi il ne meurt pas.

(2) E : Le mot *p'in* 牝 « femelle » veut dire que le Tao est la *mère* de l'univers.

(3) *Sou-tseu-yeou* : Cette expression veut dire que toutes les créatures sont sorties du Tao.

(4) *Sou-tseu-yeou* : Cette expression veut dire que le ciel et la terre sont nés du Tao.

(5) B : L'expression *mien-mien* 綿綿 veut dire « se continuer « sans interruption. »

(6) *Sou-tseu-yeou* : Il existe et ne peut être aperçu. *Wang-fou-sse* : Direz-vous qu'il existe (matériellement)? Mais vous n'apercevez pas son corps. Direz-vous qu'il n'existe pas? Mais tous les êtres sont nés de lui. C'est pour cela que *Lao-tseu* dit : Il *semble* exister.

(7) *Sou-tseu-yeou* : Si l'homme peut imiter le Tao, quand il en ferait usage tout le jour, il ne se fatiguerait jamais.

Liu-kié-fou : Si nous en faisons usage, et si nous le conservons, nous n'éprouverons jamais aucune fatigue. B : Cette phrase signifie qu'il faut rendre son cœur vide (c'est-à-dire le dépouiller de tout désir, de toute affection sensuelle) et pratiquer le *non-agir*.

Thou-thao-kien : Le philosophe *Lié-tseu* donne aussi ce chapitre. Il ne dit point qu'il l'ait tiré de *Lao-tseu* et l'attribue à l'empereur *Hoang-ti*. On sait que *Lao-tseu* cite beaucoup de passages des livres appelés *Fen-tien*. C'est ce qu'on reconnaît toutes les fois qu'il dit : « C'est pourquoi le Saint. » Par là il rappelle des axiomes ou des actions appartenant à des hommes saints de la haute antiquité.

C'est aussi ce qu'a fait Confucius en rapportant des actions ou des paroles dont il n'était pas l'auteur.

CHAPITRE VII.

(1) *Ho-chang-kong* explique l'expression *tch'ang-khieou* 長久 par « vivre éternellement. » H : L'expression *tseu-sing* 自生 veut dire littéralement « s'approprier sa vie, » *tseu-sse-khi-sing* 自私其生 « ne vivre que pour soi. » E : Le Tao n'a point d'égoïsme. Si celui qui pratique le Tao estimait la vie et voulait en jouir pour lui seul, il ne se conformerait pas au Tao et ne pourrait *nourrir sa vie* (vivre longtemps). La meilleure voie pour *nourrir sa vie*, c'est de ne pas vivre pour soi seul. Celui qui ne tient pas à sa vie pratique le *non-agir*; si vous pratiquez le *non-agir*, vos esprits se fixeront en vous et vous pourrez vivre longtemps. Celui qui tient à la vie, qui vit pour lui seul, *se livre à l'action*. Si vous *vous livrez à*

l'action, vos esprits s'abandonneront à des mouvements désordonnés et ne se reposeront jamais; par là vous détruirez vous même votre vie. Le Saint contemple la voie du ciel et de la terre qui ne vivent point pour eux seuls (mais pour tous les êtres), et il reconnaît que quiconque cherche à vivre nuit à sa propre vie. C'est pourquoi il se met après les autres; il se dégage de son corps, de son individualité, pour imiter le ciel et la terre qui ne vivent point pour eux seuls, et alors il occupe le premier rang et se conserve longtemps.

B : Pourquoi l'homme ne peut-il subsister éternellement comme le ciel et la terre? C'est parce qu'il se laisse aveugler par ce qu'il voit et ce qu'il entend, parce qu'il se laisse séduire par ses sensations et ses perceptions. Son corps, qui n'est qu'une chose illusoire, l'enchaîne comme des ceps de fer; il recherche avec trop d'ardeur les moyens de vivre, et ne sait pas étouffer les passions désordonnées ni les appétits sensuels. De là vient que le Saint déracine et expulse les illusions du siècle; il s'abaisse pour nourrir sa volonté, et il oublie son corps pour conserver sa pureté. Tous les hommes aiment à s'élever; lui seul aime à s'humilier et à s'abaisser. Ils aiment à se faire grands; lui seul cherche à paraître mou et faible. Ils disputent tous le premier rang; il se retire comme par pusillanimité. Il se met lui-même après les autres et les place avant lui. C'est pourquoi les hommes l'honorent et le placent au premier rang.

Les hommes recherchent avidement les affaires; lui seul il diminue ses désirs. Ils estiment leur personne; lui seul oublie son corps. Ils désirent la vie; lui seul apprend à mourir. Il ne fait aucun cas de la vie; c'est pourquoi la mort ne peut l'atteindre.

(2) B : L'expression « placer sa personne après les autres » veut dire « se courber, s'humilier devant eux. » L'expression *waï-khi-chin* 外其身, litt. mettre sa personne en dehors *de soi,* veut dire « oublier son corps (C : oublier *le moi*). » Il s'incline devant les autres et ne prend point le premier rang; c'est pourquoi les autres

lui rendent la place qu'il mérite, et il occupe le premier rang. Il oublie son corps et le regarde comme s'il lui était étranger; c'est pourquoi il peut se conserver longtemps.

(3) C : Il se dépouille de tout intérêt privé et rougirait d'être seul un Saint. Mais cette humilité même fait voir qu'il est un Saint; c'est par là que, sans le vouloir, il peut voir *réussir ses intérêts privés*. E : Le Saint n'a point d'égoïsme; il n'a nul désir de réussir dans ses intérêts privés; c'est pour cela qu'il y réussit. S'il avait ce désir, il aurait de l'égoïsme. Jamais on n'a vu personne qui, ayant de l'égoïsme, ait pu réussir dans ses intérêts privés.

Les mots *tch'ing-khi-sse* 成其私, « réussir dans ses intérêts « privés, » sont l'explication des mots : *il devient le premier, il se conserve longtemps.*

CHAPITRE VIII.

(1) B : Telle est la nature de l'eau. Elle est molle et faible; elle se rend dans les lieux vides et fuit les lieux pleins; elle remplit les vallées et coule ensuite jusqu'à la mer. Elle ne s'arrête ni le jour ni la nuit. Si elle circule en haut, elle forme la pluie et la rosée; si elle coule en bas, elle forme les rivières et les fleuves. Les plantes ont besoin d'elle pour vivre, *sordidæ res ut mundæ fiant*. C'est ainsi que l'eau *excelle* (*chen* 善) à faire du bien, à se rendre utile à tous les êtres. Si on lui oppose une digue, elle s'arrête; si on lui ouvre un passage, elle coule. Elle se prête à remplir un vase circulaire ou un vase carré, etc. Voilà pourquoi l'on dit qu'elle ne lutte point.

Le mot *chen* 善 (*vulgo* bon) a ici le sens de *bonus* dans *bonus dicere versus* « habile à réciter des vers » de Virgile (*Egl.* v, 1). Il est parfaitement expliqué par le commentateur *Te-thsing : choui-tchi-miao-tsaï-li-wan-we* 水之妙在利萬物 « l'excellence de « l'eau consiste en ce qu'elle est utile à tous les êtres. »

(2) B : Les hommes aiment la gloire et abhorrent le déshonneur; ils aiment l'élévation et détestent l'abaissement. Mais l'eau se précipite vers les lieux bas et se plaît à y habiter ; elle se trouve à son aise dans les lieux que la foule déteste.

(3) E : On peut dire que celui qui est comme l'eau (c'est-à-dire l'homme d'une vertu supérieure) approche presque du Tao.
B : Si l'homme peut l'imiter (imiter l'eau), il pourra entrer dans le Tao.
Plusieurs commentateurs (*Sou-tseu-yeou, Liu-kie-fou*) me paraissent avoir commis une erreur grave en rapportant à l'eau ce passage et tous les suivants. J'ai suivi F, H, G et *Hong-fou*.

(4) E : Il fuit l'élévation et aime l'abaissement. Le mot *chen* 善 (vulg. *bonus*) signifie ici « aimer, être content de » (*sic* A : 喜 *hi, lœtatur*). Littéralement, « pour habitation, il aime la terre. »

(5) E : Il cache les replis les plus déliés de son cœur; il est tellement profond qu'on ne pourrait le sonder. C : Il est vide, pur, tranquille et silencieux.

(6) E : Lorsqu'il répand ses bienfaits, il montre de la tendresse à tous les hommes et n'a d'affection particulière pour personne.

(7) Littér. « La fidélité dans les paroles. » E : Ses paroles se réalisent et ne sont jamais en défaut.

(8) E : S'il gouverne un royaume, les hommes deviennent purs, tranquilles, et se rectifient d'eux-mêmes.

(9) E : Quand il rencontre une affaire, il s'y prête et s'en acquitte d'une manière convenable, sans faire acception de personne.

(10) E : Soit qu'il faille s'avancer (pour obtenir un emploi) ou

se retirer (d'une charge), conserver sa vie ou la sacrifier, il se conforme à la voie du ciel.

(11) E : Telle est en général la cause des luttes entre les hommes; ils s'estiment sages et cherchent à l'emporter sur les autres. Si quelqu'un veut l'emporter sur (littér. « vaincre ») les autres, ceux-ci voudront aussi l'emporter sur lui. Pourra-t-il ne pas être blâmé par les autres hommes ? Mais lorsqu'un homme ne songe qu'à être humble et soumis et ne lutte contre personne, la multitude aime à le servir et ne se lasse pas de l'avoir pour roi. Voilà pourquoi il n'est point blâmé.

CHAPITRE IX.

(1) Littér. « tenir des deux côtés et remplir cela : il vaut mieux « s'abstenir; » c'est-à-dire, il vaut mieux ne pas remplir un vase que de vouloir le tenir à deux mains lorsqu'il est plein. Cette construction est recommandée par G, qui ajoute que les anciens livres offrent un grand nombre de ces phrases où l'ordre des mots est renversé. *Ibidem* : Il s'agit ici de l'action de tenir à droite et à gauche un vase plein, de peur qu'il ne déborde.

Sou-tseu-yeou : Si l'on sait qu'un vase plein jusqu'au haut ne manque pas de déborder et qu'on tâche de le maintenir en le tenant de chaque côté, le plus sûr parti était de ne pas le remplir.

B : Tout ce chapitre doit se prendre au figuré. H : *Lao-tseu* veut montrer le danger auquel on s'expose en s'avançant toujours sans savoir s'arrêter. Pour (E) faire mieux ressortir cette vérité, il se sert de comparaisons tirées d'objets faciles à apercevoir.

(2) Littér. « tâter avec la main et aiguiser cela. » Il faut renverser l'ordre des mots (G), comme dans la phrase précédente, et traduire littéralement : « aiguiser et tâter cela, » c'est-à-dire, tâter une lame avec le doigt après l'avoir aiguisée.

G : Le mot *tchouï* 揣 veut dire « tâter la lame avec la main, pour régler la finesse du tranchant de peur qu'il ne s'émousse.

Lieou-sse-youen : Lorsqu'on aiguise une arme, elle ne manque jamais de s'émousser. Il vaut mieux (dit *Sou-tseu-yeou*) ne pas se fier à la précaution qu'on prend de tâter le tranchant avec le doigt; il vaut mieux (dit *Liu-kie-fou*) ne point aiguiser cette arme. E : Si vous augmentez toujours la finesse du tranchant, la lame (deviendra trop mince et) se brisera promptement.

Le commentateur B entend autrement les mots *tch'ang-pao* 長保, « conserver constamment, ou longtemps. » Selon lui, ce passage signifierait que, quand on prendrait la précaution de tâter avec la main une lame qu'on aiguise, on ne pourrait se préserver constamment des coupures et des blessures qu'elle peut faire; il vaut mieux être attentif à ne pas s'en servir. Alors, dit-il, on ne sera point exposé à un tel danger.

(3) B : Il viendra un temps où elle s'épuisera. Est-il possible de garder constamment de telles richesses et de ne pas les perdre ?

(4) E : L'auteur veut dire qu'il ne pourra conserver ses richesses et ses honneurs. Je suis le commentateur B, qui explique *tseu-i* 自遺 par *tseu-thsiu* 自取, « s'attirer quelque chose. »

(5) B : Lorsqu'un héros a fait de grands exploits et obtenu de la réputation, il faut qu'il sache que la vie est comme l'illusion d'un songe, que les richesses et les honneurs sont comme les nuages qui flottent dans l'air. Il doit, quand le temps est venu, trancher les liens d'affection qui l'attachent, s'échapper de sa prison terrestre, et s'élancer au delà des créatures, pour s'identifier avec le Tao.

(6) A : Toutes les choses décroissent et dépérissent lorsqu'elles sont arrivées à leur apogée. La joie extrême dégénère en douleur, et l'on tombe souvent du comble de l'illustration dans la disgrâce et le déshonneur. *Ibid.* Quand le soleil est arrivé au plus haut de sa course, il s'abaisse vers le couchant; quand la lune est pleine, elle décroît.

CHAPITRE X.

(1) Ce passage a beaucoup embarrassé les commentateurs de Lao-tseu. La plupart remplacent le mot *ing* 營 (*vulgo* camp) par le mot *hoen* 魂 (Basile, 12750), « âme spirituelle, » qu'ils placent avant *tsaï* 載. On lit dans *Sou-tseu* : Le naturel du Saint est calme et reposé, la partie spirituelle de son être est invariablement fixée, elle n'est point entraînée ni pervertie par les objets matériels. Quoi-qu'elle ait pris le principe animal pour sa demeure (un autre auteur dit : pour sa coquille, c'est-à-dire son enveloppe), cependant le principe animal, l'âme animale, lui obéit dans tout ce qu'elle veut faire. Alors on peut dire que le principe spirituel *transporte* 載 le principe animal (c'est-à-dire le mène, lui commande). Les hommes de la multitude soumettent leur nature aux objets extérieurs, leur esprit se trouble, et alors l'âme spirituelle obéit à l'âme animale. Lao-tseu apprend aux hommes à conserver leur esprit, à conserver l'âme sensitive, à faire en sorte que ces deux principes ne se séparent pas. E rend *tsaï* 載 par « recevoir » (fol. 13 r°), et les mots *ing-pe* 營魄 par « âme intelligente » (fol. 13 v°, l. 7); ce qui permettrait de traduire « (l'homme) a reçu une âme intel-« ligente. » Le même interprète ajoute, pour expliquer les cinq mots suivants : « S'il emploie sa volonté sans la partager (entre les choses « du monde), son esprit se conservera constamment. » Plus bas, fol. 15 v°, l. 3, il revient au sens généralement reçu et conseille la leçon rapportée plus haut 魂載魄 (voy. pag. 34, lig. 19), au lieu de *tsaï-ing-pe* 載營魄. Seulement il rend le mot *tsaï* 載 d'une manière différente, savoir, par « être porté sur, » ou « être « porté par, » (*Ibid.* fol. 15 r°, lig. 9) : Les sages qui cultivent le Tao font en sorte que l'âme spirituelle (*hoen*) soit constamment unie, attachée à l'âme animale, de même que l'éclat du soleil est *porté sur* 載 le corps opaque de la lune (*Pi-ching* : comme l'homme est

porte sur un char, comme un bateau est porté par l'eau). Il fait en sorte que l'âme animale retienne constamment l'âme spirituelle, de même que le corps opaque de la lune reçoit la lumière du soleil. Alors le principe spirituel ne s'échappe pas au dehors et l'âme animale ne meurt pas.

(2) B : L'expression *pao-i* 抱 —, « conserver l'unité, » veut dire faire en sorte que notre volonté soit essentiellement *une* (c'est-à-dire non partagée entre les choses du monde), afin de procurer la quiétude à notre cœur. Alors, dit *Hong-fou*, l'âme spirituelle et l'âme animale ne se sépareront pas l'une de l'autre.

F explique les mots *pao-i* 抱 — par « conserver le Tao qui est la véritable *unité*. »

(3) H : Le mot *tchouen* 專 veut dire *chi* 制, « dompter, subjuguer. » Si la force vitale avait toute son énergie, toute sa violence, elle l'entraînerait dans le désordre.

(4) B : L'enfant nouveau-né n'ayant encore aucune connaissance (D : aucun désir), sa force vitale est extrêmement souple, son cœur n'a rien de déréglé, et la partie spirituelle de son être se conserve dans toute son intégrité.

(5) *Pi-ching* rend *hiouen-lan* 玄覽 par « vue, intuition des choses merveilleuses. » Si un grain de poudre d'or entre dans l'œil, il pourra gêner la vision. L'intelligence est un obstacle, la perspicacité est un lien; c'est pourquoi il faut les extirper et s'en délivrer. Alors (H) on arrivera à la hauteur sublime du Tao. Cette interprétation se retrouve dans plusieurs autres commentaires estimés. Suivant quelques commentateurs, l'auteur parle ici des fausses lumières de l'esprit, qui entraînent l'homme dans l'erreur et le désordre. Il faut les expulser de notre âme, de peur qu'elles ne deviennent une cause de maladie morale, capable de détruire la pureté de notre nature. D'autres interprètes, comme *Pi-ching*, cité

plus haut, H et B, prennent le mot *lumières* en bonne part, et pensent que *Lao-tseu* conseille de les expulser, afin que l'âme soit entièrement *vide*.

(6) E : Les portes du ciel tantôt s'ouvrent, tantôt se ferment. *Lao-tseu* veut dire que, « lorsqu'il faut s'arrêter, il s'arrête; lorsqu'il « faut marcher (agir), il marche. » Le mot *thse* 雌, « femelle, » indique le repos; il répond au mot *ho* 闔 « se fermer. »

Ibid. Telle est la *voie* du Saint. Quoiqu'on dise que tantôt il se meut, tantôt il reste en repos, cependant il doit prendre la quiétude absolue pour la base de sa conduite. Lorsque le Saint dirige l'administration du royaume, il n'y a rien qu'il ne voie à l'aide de sa pénétration profonde. Cependant il se conforme constamment aux sentiments et aux besoins de toutes les créatures. Il fait en sorte que les sages et les hommes bornés se montrent d'eux-mêmes, que le vrai et le faux se manifestent spontanément; et alors il ne se fatigue pas à exercer sa prudence. Les empereurs *Yu* et *Chun* suivaient précisément cette voie lorsqu'ils régnaient sur l'empire et le regardaient comme s'il leur eût été absolument étranger.

(7) B : Il n'y a que le Saint qui puisse paraître ignorant et borné, lorsqu'il est arrivé au comble des lumières et du savoir. C'est ainsi qu'il conserve ses lumières, de même qu'un homme opulent conserve ses richesses en se faisant passer pour pauvre.

(8) Il est difficile de dire quel est le sujet de ces huit verbes *sing-tchi* 生之, etc. Suivant A, c'est le Tao, suivant B, c'est le Saint (cf. ch. II); C, H croient qu'il faut les rapporter au ciel et à la terre. *Pi-ching* développe ainsi la pensée de B : Le Saint produit les êtres comme s'il était leur père et leur mère; il les nourrit comme s'ils étaient ses fils et ses neveux, etc. Tout cela n'est possible qu'à l'homme qui s'est identifié avec la Vertu profonde, c'est-à-dire, avec le Tao, ou qui possède une vertu profonde comme celle du Tao.

E : Un commentateur pense que ces six membres de phrase se rapportent uniquement à celui qui gouverne le royaume.

(9) A : Il n'attend d'eux aucune récompense.

(10) B explique le mot *tch'ang* 長 par « être placé au dessus « des peuples. » D'autres interprètes (A, C) le rendent par *yang* 養 « nourrir. »

(11) *Li-si-tchaï* : *Wou-tseu-i-weï-tchou* 無自以爲主. «Il « ne se regarde pas comme leur maître. »

CHAPITRE XI.

(1) A : Dans l'antiquité, chaque roue de char se composait de trente rais; cette disposition rappelait (littér. « imitait ») les jours de la lune. Le moyeu (B) étant creux, il reçoit l'essieu qui fait mouvoir les roues à l'aide desquelles le char roule sur la terre. Si le char (E) n'était pas pourvu d'un moyeu creux qui permet à l'essieu de tourner, il ne pourrait rouler sur la terre.

(2) E : Si les vases n'avaient pas une cavité intérieure, ils ne pourraient rien contenir.

(3) E : Si une maison n'avait pas le vide des portes et des fenêtres qui permettent de sortir et d'entrer, et de laisser pénétrer la lumière du jour, on ne pourrait l'habiter.

(4) E : L'utilité des chars, des vases, des maisons, naît, pour tous les hommes de l'empire, de leur existence *ou* de leur possession. L'usage du char dépend du mouvement de l'essieu (dans la cavité du moyeu); l'usage des vases dépend de leur aptitude à contenir; l'usage d'une maison dépend de sa propriété à laisser entrer et sortir les hommes et pénétrer la lumière. Ces différents usages

dépendent eux-mêmes du *vide* (c'est-à-dire des parties creuses du moyeu, des vases et des maisons). C'est pourquoi *Lao-tseu* dit : C'est du *vide* que dépend l'usage. Je remarque, ajoute le commentateur E, que, quoique *Lao-tseu* cite plusieurs fois dans ce chapitre l'être et le non-être (l'existence de ces objets et leur *vide*), si l'on recherche quel est son but, on reconnaîtra qu'il part de l'être (de ce qui existe) pour montrer d'une manière éclatante combien le *non-être* (le vide) est digne d'estime. Or personne n'ignore que l'*être* (ce qui existe) est utile, et que l'usage dépend du *non-être* (du vide). Mais tous les hommes négligent cette vérité et ne se donnent pas la peine de l'apercevoir. C'est pourquoi *Lao-tseu* emploie diverses métaphores pour la mettre dans tout son jour.

CHAPITRE XII.

(1) C : Ce chapitre a pour but de montrer que l'homme doit se délivrer de la séduction des objets extérieurs, pour arriver à se perfectionner intérieurement. Suivant le *Phing-tseu-louï-pien*, liv. xcvii, lig. 1, les cinq couleurs sont : le bleu, le rouge, le jaune, le blanc et le noir.

(2) Littér. « font que les yeux des hommes deviennent aveugles. »

(3) C : Les cinq notes musicales *kong*, *chang*, *kio*, *tchi* et *iu*.

(4) Littér. « font que les oreilles des hommes deviennent sourdes. »

(5) C : Ce qui est doux, piquant, acide, salé, amer.

(6) Littér. « font que la bouche des hommes se trompe. »

(7) Littér. « font que le cœur de l'homme devient fou. »

(8) Je suis *Ho-chang-kong*, qui explique le mot *fang* 妨 par « blesser, nuire. »

(9) C : Il n'y a que le Saint qui connaisse la mesure convenable, qui sache se suffire. Les mots *weï-fo* 爲腹 signifient « remplir son intérieur (littér. « son ventre »), » c'est-à-dire, garder ses cinq natures, expulser ses six affections, modérer sa force vitale, et nourrir (E) ses esprits.

(10) B : L'expression *po-weï-mou* 不爲目, « il ne s'occupe « pas de ses yeux, » veut dire qu'il ne cherche point à réjouir ses yeux par la vue des objets extérieurs, de peur de troubler son cœur. Il renonce aux choses qui n'ont qu'une surface riche et brillante, et il recherche uniquement les richesses intérieures du cœur, qui sont seules vraies et solides.

CHAPITRE XIII.

(1) J'ai construit avec C : *king-tchong-jo-king-jo* 驚寵若驚辱.

(2) C, G : Au lieu de *kouei-ta-hoan-jo-chin* 貴大患若身, il faut construire : *kouei-chin-jo-ta-hoan* 貴身若大患.

H : Ce chapitre montre les maux auxquels on s'expose en recherchant la gloire et le profit. *Lao-tseu* veut apprendre aux hommes à estimer le Tao et à s'oublier eux-mêmes, afin de se dégager des liens qui les enchaînent.

Sou-tseu-yeou : Dans l'antiquité, les hommes éminents redoutaient la gloire autant que l'ignominie, parce qu'ils savaient que la gloire n'est que le précurseur de l'ignominie. Ils supportaient difficilement leur corps (le même commentateur explique plus bas le mot *kouei* 貴, *vulgo* noble, par *nan-yeou* 難有, *œgre ferebant*), comme on supporte difficilement une grande calamité, parce qu'ils savaient que notre corps est la source (littér. « la racine ») des calamités. C'est pourquoi ils renonçaient à la gloire, et l'ignominie ne les atteignait

NOTES DU LIVRE I, CHAPITRE XIII. 145

pas; ils oubliaient leur corps et les calamités n'arrivaient point jusqu'à eux.

Il a entendu le mot *kouëi* 貴 dans le sens ordinaire « honneurs. » Suivant lui, ce mot désigne ici la dignité de roi ou de ministre : les hommes du siècle croient que *les honneurs* sont un sujet de joie; ils ignorent que les honneurs sont *une grande calamité comme le corps. Ibid.* L'auteur compare les honneurs au corps. Il pense que le corps est la source de toutes les amertumes de la vie et la racine de tous les malheurs.

(3) *Sou-tseu-yeou* : La gloire et l'ignominie ne sont pas deux choses distinctes. L'ignominie naît (E : de la perte) de la gloire; mais les hommes du siècle ne comprennent pas cette vérité, et ils regardent la gloire comme quelque chose d'élevé, l'ignominie comme quelque chose de bas. S'ils savaient que l'ignominie naît de la gloire (E : de la perte de la gloire), ils reconnaîtraient que la gloire est certainement quelque chose de bas et de méprisable.

(4) *Sou-tseu-yeou* : Il n'ose goûter la paix au milieu de sa gloire.

(5) E : Si l'homme est lié et embarrassé par les richesses et les honneurs, cela vient de ce qu'il ne sait pas contenir les affections qui sont inhérentes à sa nature. Lorsqu'il est placé au-dessus des autres hommes, pourrait-il ne pas être troublé?

Les phrases *kouëi-i-chin-weï-thien-hia* 貴以身爲天下, littér. « regarder comme une chose lourde l'action de gouverner l'empire, » et *ngaï-i-chin-weï-thien-hia* 愛以身爲天下, signifient : « dédaigner de gouverner l'empire par soi-même. » Conf. fol. 18 v°, lig. 4. D'après ce commentaire, *kouëi* 貴 (*vulgo* noble), a ici le sens de « lourd, pénible, » et verbalement, « regarder comme lourd, pénible. » *Pi-ching*, ibid. *pou-king* 不輕, « ne pas regarder comme une chose légère le soin de gouverner l'empire. »

(6) Littér. « avoir regret » (sic Pi-ching : Basile, si; 2922), c'est-à-dire ne point se soucier de gouverner l'empire.

E : L'homme parfait n'a besoin de nourriture que ce qui lui est nécessaire pour apaiser sa faim (il ne recherche point une abondance de mets exquis), il n'a besoin d'habits que pour couvrir son corps (il dédaigne le luxe des vêtements); le peu qu'il demande aux hommes pour sa nourriture lui suffit amplement. Les richesses de tout l'empire, les revenus de toutes les provinces sont sans utilité pour la vie, et ne sont bonnes au contraire qu'à attirer de grands malheurs. C'est pourquoi il regarde le gouvernement de l'empire comme un lourd fardeau. *Thseu-so-i-tchong-weï-thien-hia* 此所以重爲天下 « Si l'on confie l'empire à un « tel homme, tous les peuples de l'empire seront comblés de ses « bienfaits. » L'expression *weï-thien-hia* 爲天下 est expliquée dans A par « gouverner l'empire, être le maître de l'empire. »

Liu-kie-fou : S'il a obtenu de la gloire et des honneurs, et qu'il n'y fasse pas plus d'attention que s'ils lui étaient étrangers, alors on pourra véritablement lui confier l'empire.

Ibid. Notre corps est un embarras pour nous. Dès que nous nous en sommes dépouillés (c'est-à-dire, B : dès que nous ne nous occupons plus des choses qui flattent les sens et les passions), nous sommes exempts de tout embarras, et nous n'éprouvons plus aucune calamité. Lorsque *Chun* n'était encore qu'un homme du peuple, il devint l'ami (et le ministre) de l'empereur (*Yao*); et cependant il était aussi indifférent à cette gloire que s'il l'eût possédée depuis sa naissance. Il fut élevé ensuite au sublime rang d'empereur : on pouvait dire qu'il était comblé d'honneurs, et cependant il y faisait aussi peu d'attention que s'ils lui eussent été étrangers.

CHAPITRE XIV.

(1) *Ho-chang-kong* : 夷 veut dire « sans couleur, incolore » 無色曰夷; *hi* 希 veut dire « sans son, sans voix » 無

聲曰希 (c'est dans ce sens que j'ai employé le mot *aphone*); *weï* 微 veut dire « sans corps, incorporel » 無形曰微. Cette explication de *Ho-chang-kong* est confirmée par *Te-thsing* (H), B, C, *Li-yong*, etc.

(2) Littér. « *non possunt* interrogationibus penitus investigari. » *Liu-kie-fou* : En général, lorsqu'on ne peut trouver une chose qu'on cherche, quelquefois on la trouve en interrogeant (*tchi-kie*) les autres. Il n'en est pas de même de ces trois choses. On aurait beau interroger les autres jusqu'à la fin de sa vie, on ne pourrait les atteindre, les comprendre. Mais si l'on renonce à ses lumières, si l'on se dépouille de son corps, alors on les comprendra, c'est-à-dire on comprendra le Tao dont elles sont les attributs.

(3) *Ho-chang-kong* : Ces trois choses, c'est-à-dire cette *incolorité* (je suis obligé de former un substantif de l'adjectif *incolore*), cette aphonie (je veux dire la qualité de ce qui n'a pas de son), cette incorporéité, ne peuvent être exprimées par la bouche, ni transmises par l'écriture.

B : On ne peut les scruter à l'aide de la parole ni les distinguer l'une de l'autre. E : Ces trois mots (adjectifs) *i, hi, weï* 夷希微 expriment pareillement l'idée de ce qui est vide et immatériel. En effet, ce qui est invisible ne diffère pas de ce qui est imperceptible à l'ouïe et au toucher. C'est pourquoi ces trois qualités ne peuvent se séparer ni se distinguer l'une de l'autre. On les confond et on les réunit en une seule qualité (qui est le *vide, l'incorporéité*), puisque, comme on l'a vu plus haut, elles donnent séparément et ensemble l'idée de ce qui est vide et immatériel.

Youen-tse : Ces trois qualités ne forment au fond qu'une seule et même chose (par leur réunion, elles montrent l'immatérialité du Tao). Ce sont les hommes qui emploient forcément ces noms, pour dire que le Tao échappe aux organes de la vue, de l'ouïe et du toucher, à l'aide desquels ils veulent le chercher.

(4) *Li-yo* : Toutes les choses matérielles sont éclairées en haut et obscures en bas. Mais le Tao n'a ni partie haute ni partie basse; par conséquent (E) il n'est ni plus éclairé en haut ni plus obscur en bas.

(5) *Fo-koueï-tseu* : L'expression *ching-ching* 繩繩 veut dire « non interrompu, qui n'éprouve pas de cessation, d'interruption. »

(6) A : On ne peut le désigner ni par la couleur, ni par le son, ni par la forme. On ne peut le distinguer par aucune des cinq couleurs; il n'a pas une voix ou un son qui réponde à aucune des cinq notes musicales; il n'a pas un corps dont on puisse mesurer la dimension ou indiquer la forme.

(7) B : On peut le rapporter au *non-être*. D, E : Les formes qui ont une forme, les images qui ont une image sont les êtres matériels. Les mots : *forme sans forme, image sans image*, désignent le Tao. D : Dira-t-on qu'il n'existe pas? Mais les êtres ont besoin de lui pour naître et se former. Dira-t-on qu'il existe (matériellement)? Mais l'on n'aperçoit point son corps. C'est pourquoi *Lao-tseu* l'appelle forme sans forme et image sans image.

(8) B : Il est comme existant et comme non-existant. On (D) ne peut le déterminer.

(9) Littér. « non vides ejus *caput*, non vides *posteriorem* ejus par-« tem. » B : C'est-à-dire : vous ne lui trouvez ni commencement ni fin.

(10) E : Par *kin-tchi-yeou* 今之有 « les existences d'aujour-« d'hui, » Lao-tseu entend les affaires du monde actuel. Pour bien les gouverner, il faut (E) se reposer dans une quiétude absolue qui exclut toute occupation. C'est là ce que l'auteur appelle *observer le Tao des temps anciens*. H : Ce qui constitue le mérite du Saint, c'est qu'il gouverne le siècle, le monde, à l'aide de ce subtil Tao.

NOTES DU LIVRE I, CHAPITRE XV. 149

(11) B : Anciennement toutes les choses ont tiré leur origine de ce qui n'a point d'origine (du Tao) 始 於 無 始. Quelques commentateurs (E, H) croient que l'expression *kou-chi* 古 始 désigne le Tao des temps anciens.

(12) B explique les mots *tao-ki* 道 紀 par *tao-tchi-touan-siu* 道 之 端 緒, littér. « le fil initial du Tao. »

CHAPITRE XV.

(1) B : Ceux qui cultivent aujourd'hui le Tao se montrent au grand jour, et ne craignent rien tant que d'être inconnus des hommes. Mais, dans l'antiquité, ceux qui cultivaient le Tao (c'est le sens que *Youen-tse* donne ici au mot *sse* 士) agissaient tout autrement. Ils (E) s'identifiaient avec le Tao, c'est pourquoi ils étaient déliés et subtils, abstraits et pénétrants. Ils étaient tellement profonds qu'on ne pouvait les connaître ; comme on ne pouvait les connaître, il serait impossible de les dépeindre fidèlement. Je m'efforcerai de donner seulement une idée approximative de ce qu'ils paraissaient être.

(2) C : Ils se décidaient difficilement à entreprendre quelque chose, de même qu'en hiver on se décide difficilement à traverser un torrent.

(3) E : Ils étaient attentifs, se tenaient sur leurs gardes, et (C) n'osaient rien faire de mal.

(4) H : Ils étaient humbles, réservés, et n'osaient se mettre en avant.

(5) *Youen-tse* : Lorsque l'homme commence à naître, il ressemble à un grand vide ; bientôt son être se condense et prend un corps, de même que l'eau devient glace. C'est pourquoi celui qui pratique

le Tao se dégage de son corps pour reprendre son essence primitive, comme la glace se fond pour redevenir eau.

(6) E : Le mot *tun* 敦 veut dire ici « ce qui est entier, » c'est-à-dire (*ibid.*) « ce qui est dans son état naturel, ce qui est simple, « sans ornement, sans élégance. » (Ils avaient leur simplicité native.)

(7) E : Ils étaient vides et dépouillés de tout (littér. « ils ne ren-« fermaient rien). »

(8) E : Ils paraissaient entourés de ténèbres et privés de discernement.

(9) E : Le mot *tcho* 濁 veut dire qu'ils paraissent « ignorants, « stupides. » B : Ils se confondaient avec le siècle et s'abaissaient au niveau de sa poussière; leurs actions ne paraissaient point différer de celles des autres hommes.
C : Ils recevaient sans se plaindre les opprobres et les souillures du monde.

(10) E : Plus haut, le mot *tcho* 濁, « trouble, » s'appliquait au sage qui paraît ignorant et stupide. Mais ici il se dit du cœur de la multitude qui est rempli de trouble et de désordre. L'eau qui est trouble peut s'épurer; mais si on ne la laisse pas reposer et qu'on la trouble sans cesse, elle ne pourra jamais devenir pure. E : L'expression *cho-neng* 孰能, « qui est-ce qui peut? » sert à exhorter les hommes.

(11) E : Si l'on puise souvent de l'eau dans un puits, il ne manque pas de se troubler. Si un arbre est souvent transplanté, il ne manque pas de périr. Il en est de même de la nature et des affections de l'homme. Si nous déracinons nos affections, si nous réprimons nos pensées, alors les souillures et le trouble disparaîtront, et un éclat céleste viendra briller en nous. Si nous concentrons en nous-

mêmes notre faculté de voir et d'entendre, alors nos esprits se calmeront, et nous naîtrons à la vie spirituelle. Si l'homme peut agir ainsi, de grossier qu'il était, il deviendra délié et subtil, et il ressemblera aux sages qui possédaient le Tao dans l'antiquité.

Aliter B : Qui est-ce qui peut calmer ses pensées longtemps agitées et les ramener peu à peu à leur état primitif?

(12) E : Celui qui conserve ce Tao ne veut pas être plein. (Nous avons vu, dans le chapitre iv, que *pou-ing* 不盈 signifie « vide. » Il aime à être *vide*.) En effet, ce qui est plein ne peut durer longtemps (ne tarde pas à déborder). C'est ce que déteste le Tao (il aime à être vide). Le sage estime ce qui est usé, défectueux (au fig. c'est-à-dire aime à paraître rempli de défauts); les hommes du siècle estiment au contraire ce qui est neuf, nouvellement fait. Il ne veut pas être plein, c'est pourquoi il peut conserver ce qu'il a d'usé, de défectueux (en apparence), et ne désire pas d'être (brillant) comme une chose nouvellement faite. B : Le Saint se dépouille de tout ce qu'il avait au dedans de lui, il n'y laisse pas une seule chose qui puisse le rattacher au monde matériel. C'est pourquoi le Saint (cf. chap. lxx) se revêt d'habits grossiers et cache des pierres précieuses dans son sein. Au dehors il ressemble à un homme en démence; il est comme un objet usé : il n'a rien de l'éclat, de l'élégance par lesquels les choses neuves (littér. « nouvellement faites ») attirent les regards de la foule.

Ce passage veut dire que le sage aime mieux paraître rempli de défauts et d'imperfections que de briller par des avantages extérieurs. Par là il conserve le mérite qu'il possède au dedans de lui.

CHAPITRE XVI.

(1) E : Le vide et le repos sont la racine (la base) de notre nature. Après avoir reçu la vie nous nous laissons entraîner par les choses sensibles, et nous oublions notre racine. Alors il s'en faut de beaucoup que nous soyons vides et tranquilles. C'est pourquoi

celui qui pratique le Tao se dégage des êtres (litt. « des existences, « ou de l'être ») pour parvenir au vide; il se délivre du mouvement pour parvenir au repos. Il continue à s'en dégager de plus en plus, et par là il arrive au comble du vide et du repos. Alors ses désirs privés disparaissent entièrement et il peut revenir à l'état primitif de sa nature. Or le vide et le repos ne sont pas deux choses distinctes. On n'a jamais vu une chose vide qui ne fût pas en repos, ni une chose en repos qui ne fût pas vide. Le philosophe *Kouan-tseu* dit : Si l'on se meut, on perd son assiette; si l'on reste en repos, on se possède soi-même. Le Tao n'est pas éloigné de nous, et cependant il est difficile d'en atteindre le faîte. Il habite avec les hommes, et cependant il est difficile à obtenir. Si nous nous rendons vides de nos désirs (c'est-à-dire si nous nous dépouillons de nos désirs), l'esprit entrera dans sa demeure. Si nous expulsons toute souillure (de notre cœur), l'esprit y fixera son séjour.

Le même philosophe dit encore : Le vide n'est pas isolé de l'homme (il n'est pas hors de sa portée); mais il n'y a que le Saint qui sache trouver la voie du vide (qui sache rendre son cœur complétement vide). C'est pourquoi *Kouan-tseu* dit : quoiqu'il demeure avec eux, ils ont de la peine à l'obtenir.

E : L'esprit est l'être le plus honorable. Si un hôtel n'est pas parfaitement nettoyé, un homme honorable refusera d'y habiter. C'est pourquoi l'on dit : Si (le cœur) n'est parfaitement pur, l'esprit n'y résidera pas.

(2) C : L'expression *p'ing-tso* 竝 作 veut dire « naissent tous « ensemble. » (B : mê... ...ns.) *Lao-tseu* ne les voit pas naître, mais il les voit s'en retou... ...xplique le mot *tso* 作 par *tong* 動 « se mettre en mouvement. » *Lao-tseu* veut dire (E) que les êtres se mettent en mouvement (croissent pour atteindre leur développement), et qu'à la fin ils retournent à leur racine, c'est-à-dire à l'origine d'où ils sont sortis (D).

Lao-tseu (E) veut mettre en lumière l'art de (littér. « la voie qu'il

NOTES DU LIVRE I, CHAPITRE XVI. 153

« faut suivre pour ») conserver le repos ; c'est pourquoi il se sert de preuves tirées des objets sensibles pour expliquer sa pensée.

(3) Suivant C, le mot *yun-yun* 芸芸 se dit ici des plantes et des arbres qui végètent avec abondance ; mais il vaut mieux l'appliquer, avec E, à l'activité vitale de tous les êtres. Le mouvement (vital) prend naissance dans le repos. Après avoir été en mouvement, tous les êtres retournent nécessairement au repos, parce que le repos est comme leur racine (c'est-à-dire, est leur origine). C'est pour cela que l'on dit que retourner à sa racine, c'est entrer en repos.

(4) E : En naissant, l'homme est calme (il n'a pas encore de passions) : c'est le propre de la nature qu'il a reçue du ciel. S'il garde le repos, il peut revenir à son état primitif. S'il se met en mouvement, il poursuit les êtres sensibles et le perd (il perd ce calme inné). On voit par là que rester en repos c'est revenir à la vie. (On a dit plus haut que le mouvement (vital) naît du repos.)

Toutes les fois qu'on plante un arbre, dit le commentateur *Ou-yeou-thsing*, au printemps et en été, la vie part de la racine, monte et s'étend aux branches et aux feuilles. Cela s'appelle *tong* 動 ou leur mouvement. En automne et en hiver, la vie descend d'en haut, s'en retourne et se cache dans la racine. Cela s'appelle *thsing* 靜 ou leur repos.

Je pense, dit le commentateur *Sie-hoeï* (E), que plusieurs interprètes ont appliqué ceci (ces mots *mouvement* et *repos*) aux plantes et aux arbres, parce qu'ils ont vu dans le texte les mots *koueï-ken* 歸根, littér. « revenir à sa racine. » Mais ces mots correspondent au passage précédent : « les dix mille êtres croissent ensemble. » L'auteur examine en général le principe de tous les êtres, et il n'est certainement pas permis de dire qu'il désigne particulièrement les plantes et les arbres.

(5) E : Dans le monde, il n'y a que les principes de la vie spirituelle qui soient constants. Toutes les autres choses sont sujettes au changement; elles sont inconstantes. Celui qui possède le Tao conserve son esprit par le repos; les grandes vicissitudes de la vie et de la mort ne peuvent le changer. Celui qui peut revenir au principe de sa vie s'appelle constant. Mais celui qui ne peut revenir au principe de sa vie se pervertit et roule au hasard, comme s'il était entraîné par les flots. Que peut-il avoir de constant?

(6) E : On voit par là que ceux qui ne savent pas être constants sont plongés dans l'aveuglement.

(7) E : Comme ceux qui ne savent pas être constants se livrent au désordre et s'attirent des malheurs, on voit que ceux qui savent être constants sont droits et heureux.

(8) E : Celui qui ne sait pas être constant ne peut rendre son cœur vide pour qu'il contienne et embrasse les êtres. Mais celui qui sait être constant a un cœur immensément vide (littér. « comme le « grand vide »). Il n'y a pas un seul être qu'il ne puisse contenir et endurer. Mais celui qui ne peut les contenir et les endurer a des voies étroites (littér. « son Tao est étroit »). Il peut accorder de petits bienfaits, et ne peut montrer une grande équité. Celui qui peut contenir et endurer les êtres est immensément juste et équitable, et il est exempt des affections particulières qu'inspire la partialité.

Être juste, équitable et impartial, c'est posséder la voie du roi, ou l'art de régner en roi. C'est pourquoi *Lao-tseu* dit : *Kong-naï-wang* 公 乃 王 (Justus est, et tunc rex evadit).

(9) E : La voie du ciel est extrêmement juste. Le roi étant extrêmement juste, sa voie peut s'associer au ciel ou à la voie du ciel.

(10) E : Le Tao nourrit également tous les êtres; le ciel seul peut l'imiter. La voie du roi peut s'associer au ciel, et alors il peut imiter le Tao.

NOTES DU LIVRE I, CHAPITRE XVII.

(11) E : Celui qui possède le Tao étend ses mérites (ses bienfaits) sur tous les êtres, sur toutes les créatures. Ses esprits sont brillants, vides, tranquilles et immobiles.

(12) C'est le sens de B, qui explique les mots *mo-chin* 沒身 par *tchong-chin* 終身, « usque ad vitæ finem. »

CHAPITRE XVII.

(1) *Lo-hi-ching* : Les princes vertueux de la haute antiquité pratiquaient le *non-agir*, et ne laissaient voir aucune trace de leur administration. C'est pourquoi le peuple connaissait seulement leur existence. A cette époque (C) d'innocence et de simplicité, l'amour ni la haine n'avaient pas encore germé au fond de son cœur.

(2) B : Ceux qui vinrent après eux, et qui (E) leur étaient inférieurs en mérite, gouvernaient par l'humanité et la justice. Ils (C) gouvernaient d'une manière active (ils faisaient connaître leur présence par des actes multipliés ; c'est ce que blâme *Lao-tseu*), et ils avaient besoin de s'attacher le peuple par des bienfaits. Le peuple commença à les aimer et à les louer. On était (E) déjà loin de l'administration qui s'exerçait par le *non-agir*.

(3) B : Ceux qui succédèrent aux seconds et qui leur étaient inférieurs en mérite. C : Ils voulurent contenir le peuple par les lois pénales. Le peuple se corrigea extérieurement (littér. « changea son « visage »), mais il ne changea point son cœur. Il ne sut que les craindre. E : Quand l'humanité et la justice furent épuisées (c'est-à-dire se furent évanouies du cœur des rois), ils se mirent à gouverner par la force et la prudence.

(4) B : Ceux qui succédèrent aux troisièmes et qui leur étaient encore (E) inférieurs. Leurs sujets les regardèrent avec mépris,

parce qu'à cette époque la prudence et la force avaient perdu leur empire.

(5) C : Lorsque le prince n'a pas confiance dans son peuple, le peuple à son tour n'a point confiance en lui, et (A) le trompe. *Aliter* B : Lorsque les rois renoncent à la sincérité, font usage d'une fausse prudence et ne méritent plus qu'on ait foi dans leurs actes, le peuple commence à éprouver des doutes et ne croit plus en eux.

(6) E : *Lao-tseu* revient aux princes d'un mérite sublime (B : aux princes de la haute antiquité). Le mot *yeou* 猶 veut dire « lentement, sans se presser. » Le mot *kouei* 貴 veut dire « lourd, grave. » Les princes d'un mérite sublime (B : les princes de la haute antiquité) étaient graves et réservés dans leurs paroles; ils n'osaient laisser échapper aucune expression légère et inconsidérée. Si telles étaient leurs paroles, on peut juger de ce qu'était leur conduite.

(7) *Lo-hi-ming* : Ils conformaient leur conduite aux temps où ils vivaient. Ils faisaient en sorte que tout le peuple pût suivre son naturel simple et candide. Les cent familles (le peuple) ne songeaient point à les aimer, à les louer, à les craindre ou à les mépriser (dispositions que *Lao-tseu* présente, au commencement de ce chapitre, comme des signes certains de l'affaiblissement graduel de la vertu chez les princes et les peuples).

Sou-tseu-yeou : Le peuple se portait au bien et s'éloignait du crime sans s'en apercevoir. Il disait (*Liu-kie-fou*) : « Je suis mon naturel, » et personne ne savait quels étaient les auteurs de cet heureux résultat. Comment auraient-ils pu les aimer ou les louer?

Ou-yeou-thsing : Ils faisaient en sorte que le peuple reçût en secret leurs bienfaits et que chacun fût content de son sort. Le peuple croyait obtenir de lui-même tous ces avantages; il ignorait qu'il en fût redevable à ses rois!

CHAPITRE XVIII.

(1) E : Quand la grande Voie était fréquentée, les hommes du peuple ne s'abandonnaient pas les uns les autres. Où était l'humanité ? (c'est-à-dire l'humanité ne se remarquait pas encore.) Les peuples ne s'attaquaient point les uns les autres. Où était la justice? (c'est-à-dire la justice ne se remarquait pas encore.) Mais, quand le Tao eut dépéri, l'absence de l'affection fit remarquer l'humanité ; l'existence de la désobéissance ou de la révolte fit remarquer la justice (ou l'accomplissement des devoirs des sujets).

(2) C, H : Les mots « prudence et perspicacité » se rapportent à ceux qui gouvernent.

(3) C : Dès que la prudence et la perspicacité se furent une fois montrées, il y eut de grandes trahisons sous le masque du dévouement, il y eut de grandes hypocrisies sous le masque de la sincérité.

H : Si ceux qui gouvernent ont recours à la prudence et à la ruse, le peuple suivra leur exemple et emploiera les ressources de son esprit pour violer impunément les lois.

(4) G : Cette expression désigne le père et le fils, les frères ainés et les frères cadets, le mari et la femme.

(5) H : Dans la haute antiquité, les noms de piété filiale et d'affection paternelle étaient inconnus, et cependant ces vertus existaient dans le cœur des pères et des enfants. Mais, quand la voie du siècle eut dépéri, on vit une foule de pères qui manquèrent d'affection pour leurs enfants, et alors on mit en avant l'affection paternelle pour donner l'exemple aux pères ; il y eut beaucoup d'enfants qui manquèrent de piété filiale. C'est pourquoi on mit en avant la piété filiale pour l'enseigner aux enfants de tout l'empire. On voit par là que les noms d'affection paternelle et de piété filiale ont pris naissance dans la désunion et la discorde des parents.

(6) *Sou-tseu-yeou* : Yao n'a pas manqué de piété filiale, et cependant l'histoire vante uniquement la piété filiale de Chun. C'est qu'Yao n'avait pas un Kou-seou pour père (la méchanceté de Kou-seou fit ressortir la piété filiale de Chun). I-yn et Tcheou-kong n'ont pas manqué de loyauté envers leur souverain, et cependant l'histoire vante uniquement la loyauté de Long-fong et de Pi-kan (la cruauté des empereurs Kie et Tcheou fit ressortir leur vertu).

CHAPITRE XIX.

(1) Cf. chap. III et XLV. H : Ce sont les sages de la moyenne antiquité qui ont fait usage de la prudence, de l'humanité, de la justice pour gouverner le peuple. Mais l'exercice de ces vertus suppose une activité que blâme Lao-tseu et dont l'abus peut donner lieu au désordre. Si l'on veut faire revivre l'administration de la haute antiquité, il faut pratiquer le *non-agir*, et l'empire se purifiera de lui-même. *Sou-tseu-yeou* : L'humanité et la justice enseignent la piété filiale et l'affection paternelle. Mais quand elles eurent dépéri, on emprunta le masque de l'humanité et de la justice en vue d'un intérêt méprisable. On vit des fils désobéir à leurs pères et des pères tyranniser leurs fils. Si vous renoncez à les enseigner, le peuple reviendra naturellement à la piété filiale et à l'affection paternelle que le ciel a mises en lui. Il en est de même de la prudence et de l'habileté qui sont destinées à contribuer à la paix et au profit des hommes. Lorsque leur véritable caractère a dépéri, l'on s'en sert pour violer impunément les lois ou pour voler adroitement les autres. Suivant *Li-si-tchaï*, *Lao-tseu* ne blâme pas la possession de ces diverses qualités tant qu'elles sont concentrées au dedans de nous. Il réprouve seulement le vain étalage et l'abus qu'en font certains hommes; il pense que ceux qui les possèdent véritablement ne les montrent pas au dehors, et que ceux qui les font paraître n'en ont que l'apparence et non la réalité.

(2) E et tous les commentateurs suppléent les mots *il faut renon-*

cer (à ces trois choses) qui sont (C) : 1° la sagesse et la prudence ; 2° l'humanité et la justice ; 3° l'habileté et le lucre. Il faut (*ibid.*) renoncer à tout ce qui n'a qu'une apparence spécieuse.

(3) Littéralement : *Jubeo homines habere (id) cui adhæreant*, c'est-à-dire (C) : Je veux que les hommes s'attachent uniquement à la simplicité et à la pureté, et s'appliquent (B) à avoir peu de désirs.

E : Pourquoi le Saint renonce-t-il à ces trois choses lorsqu'il gouverne ? C'est parce qu'elles sont le contraire de la réalité (ici *réalité* veut dire la possession réelle de ces qualités). La réalité est le principal, l'apparence (c'est-à-dire l'apparence extérieure de ces qualités) n'est que l'accessoire. Celui qui s'applique à (montrer) l'apparence (d'une qualité) en perd la réalité ; celui qui court après l'accessoire perd le principal. Quiconque estime le principal et la sincérité a une vertu solide qui peut subsister longtemps. L'arbre qui ne donne que des fleurs et ne produit pas de fruits n'offre qu'un avantage faible et passager ; il est presque inutile. Tout ce qu'on vient de dire montre clairement que les apparences ne suffisent pas (*Pi-ching*) pour bien gouverner l'empire.

(4) E : Le mot *sou* 素 veut dire « simple, sans ornements. » Le mot *po* 樸 signifie « bois qui n'est pas encore dégrossi, travaillé. » Ces deux mots sont employés ici au figuré. *Hien-sou* 見素, « montrer « au dehors la réalité (de sa vertu), ne pas y ajouter d'ornements « (c'est-à-dire la faire paraître dans toute sa simplicité) ; » *pao-po* 抱樸, « conserver intérieurement sa pureté (la pureté de sa « vertu), ne pas permettre qu'elle se dissipe au dehors. »

(5) Suivant la plupart des commentateurs, ces deux membres de phrase sont, comme les deux suivants, dans la dépendance du mot *tcho* 屬 « s'attacher à. » Mais l'interprète *Pi-ching* regarde les deux dernières idées comme la conséquence des deux précédentes : s'ils laissent voir leur simplicité, s'ils conservent leur pureté, *alors* ils auront peu d'intérêts privés et peu de désirs.

Le commentateur E rapporte le mot *sse* 私, « intérêts privés, » aux calculs de l'ambition ou de la cupidité, et le mot *yo* 欲 « désirs » aux appétits sensuels.

CHAPITRE XX.

(1) C : *Lao-tseu* ne veut pas dire qu'il faut renoncer à toute espèce d'étude. Il parle des études vulgaires qui occupent les hommes du monde. B : Ceux qui étudient la littérature et les sciences craignent toujours que leurs connaissances ne soient pas assez étendues. Ils cherchent la science en dehors, et s'affligent constamment de l'insuffisance de leurs progrès. Mais le Saint trouve en lui-même tout ce dont il a besoin, et il n'y a rien qu'il ne sache; c'est pourquoi il est exempt de chagrins.

E : Les sages de l'antiquité étudiaient pour rechercher les principes intérieurs de leur nature. A l'exception de ces principes, ils n'appliquaient leur esprit à rien. C'est ce qu'on appelle pratiquer le *non-agir*, et faire consister son étude dans l'absence de toute étude. Mais quand les hommes eurent perdu ces principes, ils se pervertirent et se livrèrent aux études du monde. Une apparence spécieuse éteignit et remplaça la réalité. L'étendue des connaissances corrompit (litt. « noya ») leur cœur. Au fond, ces études (du monde) n'ont aucune utilité et ne font au contraire qu'augmenter leurs chagrins. Le but le plus noble de l'étude est de nourrir notre nature (de la conserver dans sa pureté primitive); le meilleur moyen de nourrir sa nature est de se dégager de tout embarras. Mais aujourd'hui les études du monde nous appliquent aux choses extérieures qui enchaînent nos dispositions naturelles. N'est-ce pas comme si l'on prenait des médicaments qui ne feraient qu'augmenter la maladie?

Que l'homme renonce à ces études mondaines et ne les cultive pas; alors il pourra être exempt de chagrins.

(2) B : *Wei* 唯 signifie un *oui* prononcé rapidement (lorsqu'on reçoit un ordre et qu'on va l'exécuter sur-le-champ); ce mot est

respectueux. Le mot 'o 阿 signifie un *oui* prononcé d'une voix lente (lorsqu'on reçoit un ordre et qu'on ne se presse pas de l'exécuter); ce mot annonce un manque de respect. Ce sont tous deux des sons employés pour répondre, et sous ce rapport ils diffèrent légèrement l'un de l'autre; mais si l'on considère que l'un est respectueux et que l'autre annonce un manque de respect, ils diffèrent immensément.

On voit par là que certaines choses, qui ne diffèrent entre elles que de l'épaisseur d'un cheveu, peuvent cependant différer immensément sous le rapport des avantages qu'elles procurent ou des malheurs qu'elles peuvent causer. Si l'homme veut échapper au mal, il ne peut se dispenser d'être sur ses gardes et de craindre les fautes les plus légères.

Aliter B : Quand on suit la raison, on fait le bien; quand on se révolte contre elle, on fait le mal. Ces deux choses émanent également du même cœur, et sous ce rapport il n'y a qu'une petite distance entre elles. Mais si l'on compare leur nature particulière, on reconnaît qu'elles diffèrent immensément.

Ibid. B : *Lao-tseu* veut montrer par là que le Saint et l'homme vulgaire se livrent également à l'étude, et que sous ce rapport ils diffèrent légèrement entre eux. Mais si l'on compare la sainteté de l'un au caractère vulgaire de l'autre, on reconnaît qu'ils sont séparés par une distance immense.

Suivant les commentateurs B, E, les mots *ki-ho* 幾何 signifient « combien peu! » (c'est-à-dire, sans interjection, ils diffèrent fort peu, *pou-to* 不多); les mots *ho-jo* 何若 signifient « combien grand! » (c'est-à-dire, sans interjection, ils diffèrent beaucoup).

(3) Les commentateurs ne sont pas d'accord sur les choses que *Lao-tseu* recommande de craindre. Suivant A, il faut craindre (d'avoir) un prince qui n'ait pas renoncé à l'étude (aux études du monde); suivant *Li-si-tchaï*, il faut craindre la vie et la mort.

D : Il craint les lois et les supplices.

H : La musique, la volupté, les richesses et le luxe sont des choses qui usent notre vie et blessent le Tao. Ce sont des choses que les hommes du siècle doivent craindre. Moi aussi je dois les craindre et m'en éloigner.

Sou-tseu-yeou : Quoique le Saint ne s'attache pas aux choses du monde, cependant il ne méprise pas les lois du siècle, il ne manque pas aux devoirs de sa condition, il ne viole pas les principes de la raison. Quelque rang qu'il occupe dans le monde ou dans l'administration, tout l'empire ne saurait voir en quoi il diffère des autres hommes.

(4) Je suis le commentaire de *Ho-chang-kong* et H. Le mot *yang* 央 (*vulgo* milieu) veut dire ici « s'arrêter, cesser. » Ce sens se trouve aussi dans le dictionnaire *Pin-tseu-tsien*. (Cf. Morrison, *Dictionnaire chinois-anglais*, Ire partie, pag. 585.)

(5) Ce sens est tiré du commentaire E.

(6) Littéralement : « Sicut ille qui *fruitur bove*, id est, bovis carne « epulatur. » B : Les hommes désirent avidement la chair du bœuf pour réjouir leur palais ; au printemps, ils montent sur une tour élevée pour contenter leurs yeux.

(7) A : Mes affections et mes désirs ne se sont pas encore montrés. E : Le mot *tchao* 兆 veut dire « le mouvement le plus léger, le plus « faible, et, dans un sens verbal, avoir, montrer un mouvement « faible et presque imperceptible, apparaître faiblement, » comme les fissures déliées qui se montrent sur l'écaille de la tortue (que l'on brûle pour en tirer des présages).

(8) E : Lorsqu'un nouveau-né peut sourire, ses affections naissent et son cœur commence à s'émouvoir. *Lao-tseu* veut dire que la multitude des hommes désire avidement les objets extérieurs et ne peut contenir ses transports de joie ; lui seul a un cœur calme qui n'a

pas encore commencé à éprouver la plus légère émotion ; il ne sait pas se réjouir de la joie de la multitude.

(9) E : Les mots *ching-ching* 乘乘 signifient « ne pas s'arrêter et « ne pas s'attacher (aux choses du monde). » H : Mon cœur ne désire rien ; il est dégagé de tous liens. Je me promène dans le monde avec un cœur vide, je suis comme un bateau dont le câble est brisé.

(10) E : Les hommes de la multitude ont beaucoup acquis ; tous ont du superflu. Mais moi, je ne possède pas une seule chose. Seul entre tous, je suis comme un homme qui a perdu ce qu'il possédait. Mais la possession est une chose illusoire ; c'est lorsqu'on ne possède rien qu'on possède de véritables richesses. (L'expression « ne « posséder rien » s'entend des choses du monde ; « posséder de véri- « tables richesses » se dit des richesses intérieures du sage qui s'est complétement dépouillé des choses sensibles.)

(11) E : L'expression *chun-chun* 沌沌 signifie « dépourvu de « connaissances, ignorant. »

(12) H, E : Les mots *men-men* 悶悶 (*vulgo* triste) signifient ici « troublé, confus. »

(13) A : Je suis vague comme les fleuves et les mers ; personne ne connaît mes limites. C : Le cœur de l'homme parfait n'a point de bornes ; il est (dit *Sou-tseu-yeou*) comme une mer dont on ne peut découvrir les lointains rivages.

(14) C : Je suis comme un navire vide qui flotte au gré des eaux, comme une feuille d'arbre qu'emporte le vent.

(15) Le mot *i* 以 (*vulgo* se servir) est rendu dans le commentaire B, et dans plusieurs autres, par *neng* 能 « capacité. »
Aliter E : I 以 veut dire *weï* 爲 « agir. » Tous les hommes se livrent à l'action (l'opposé du *non-agir*).

(16) E : Je suis comme un homme des champs, un homme qui a des dehors rudes et agrestes (par opposition avec les hommes polis des villes).

(17) C'est-à-dire, le Tao. Suivant E, G, le mot *chi* 食, « manger, » doit se lire ici *sse*, « nourrir. »

E : L'expression *sse-mou* 食母 a le même sens que *jeou-mou* 乳母, « nourrice. » *Ibid.* Tous les êtres ont besoin de l'assistance du Tao pour naître (et vivre). C'est pourquoi on l'appelle la mère de tous les êtres. De là lui vient la dénomination de *sse-mou* 食母, « la nourrice par excellence. »

Je révère (*ibid.*) la nourrice des êtres (le Tao). Voilà ce que la multitude des hommes ne fait pas, et ce que j'aime à faire. C'est en cela que je suis différent d'eux.

Li-si-tchaï : Ce n'est pas qu'en réalité je sois un homme stupide. Si je diffère de la multitude, c'est que je connais le principal (la chose essentielle), je pénètre jusqu'à la source, je ne me laisse pas entraîner par le torrent des choses mondaines. Voilà ce que j'appelle « révérer la mère qui nourrit tous les êtres. »

CHAPITRE XXI.

(1) C'est-à-dire, tous les êtres visibles. E : Le mot *kong* 孔 veut dire « grand. » Depuis le ciel et la terre jusqu'aux dix mille êtres, toutes les choses qui ont un corps, une figure, et qui peuvent être vues, toutes ces choses, dis-je, sont les formes visibles (littéral. « le corps et la figure ») de la grande Vertu (c'est-à-dire du Tao). C'est uniquement du Tao qu'elles sortent.

Sou-tseu-yeou : Le Tao n'a pas de corps. Quand il s'est mis en circulation (dans l'univers), il est devenu la Vertu, et alors il a pris une figure. C'est pourquoi la Vertu est la manifestation du Tao. On peut conclure de là que les figures (les formes sensibles) de tous les êtres sont la manifestation du Tao dans les créatures.

(2) E : Les quatre épithètes *hoang* 恍, *ho* 惚, *yao* 窈, *ming* 冥, « vague, confus, profond, obscur, » renferment également l'idée d'*invisible*.

(3) A, C : Il est lui-même le modèle et l'image de tous les êtres.

(4) E : Le Tao n'a ni corps ni forme visible. Mais, quoiqu'on le dise incorporel, au dedans de lui il renferme réellement des êtres. C : Il fournit la substance de tous les êtres.

(5) B : 其中有靈 « In medio ejus est *spiritus*. » C : Il est pur, il est un et sans mélange; il est sans fard et sans ornements. E : Il est parfaitement vrai et exempt de fausseté.

(6) E : Les mots *yeou-sin* 有信 signifient « avoir, renfermer « en soi un témoignage vrai, et ne pas faillir. » 有信驗而不忒. Aliter *Sou-tseu-yeou* : (Il est fidèle) et ne nous trompe pas. *Liu-kie-fou* : Il est fidèle et ne faillit pas; il est éternel et immuable.

(7) E : Parmi tous les êtres, il n'y en a jamais eu un seul qui n'ait pas passé, c'est-à-dire qui n'ait pas eu une fin. Le Tao est le seul être dont on dise qu'il ne passe pas (littéral. « qu'il ne s'en va pas »).

B : Dans le passé, il n'a pas eu de commencement; dans le futur, il n'aura point de fin. De tout temps il a été invariable. Il ne change point et se conserve éternellement; c'est pourquoi *Lao-tseu* dit : Son nom n'a point passé.

(8) E : Le mot *youe* 閱 veut dire compter un à un des hommes qui sortent par une porte. *Lao-tseu* compare le Tao à une porte par laquelle passent tous les êtres pour arriver à la vie. Ce mot indique que tous les êtres sont venus l'un après l'autre par la Voie (par le Tao); mais le Tao ne s'en va pas avec eux. C'est pourquoi *Lao-tseu* dit :

Depuis les temps anciens jusqu'à nos jours, son nom n'a pas passé.

Ibid. L'expression *tchong-fou* 衆甫 désigne le ciel et la terre ainsi que tous les êtres. *Li-si-tchaï* et quelques autres interprètes ont expliqué *youe* 閱 par « voir, » et le mot *fou* 甫 par « commen-
« cement. » — « Voici comment le Saint peut voir (*youe*) le com-
« mencement (*fou*) de tous (*tchong*) les êtres, et connaître d'où ils
« viennent..... »

Le lecteur remarquera que cette explication de *youe* 閱 l'obligerait de faire rapporter ce verbe au Saint, et non au Tao, comme nous l'avons fait d'après l'exemple de *Sie-hoeï* (E).

(9) E : Par quel art le sais-je ? Je le sais uniquement par le Tao. En effet, comme ils émanent tous ensemble du Tao, dès que je possède la mère, je connais ses enfants. — Le mot *mère* désigne le Tao, et le mot *enfants*, les êtres qui émanent de lui.

CHAPITRE XXII.

(1) E : Les six premières phrases (jusqu'à *de là vient que*) sont toutes des locutions empruntées aux anciens.

Suivant E, le mot *khio* 曲 (*vulgo* courbé) a ici le sens de *kioue* 缺, « ce à quoi il manque quelque chose pour être entier, » par exemple, la lune qui n'est pas encore dans son plein. Cette locution et la suivante doivent se prendre au figuré. (Conf. chap. XLI, XLV.) E : Les six premières phrases sont expliquées plus bas par *Lao-tseu*, lorsqu'il dit : Il conserve l'Unité et il est le modèle du monde ; il ne se met pas en lumière, c'est pourquoi il brille, etc.

(2) E : Par exemple, le ver, *tchi-ho* 尺蠖, qui marche en se courbant et en s'allongeant.

(3) C : Lorsque la terre est basse et creuse, l'eau s'y amasse. Cette phrase veut dire (E) que celui qui s'humilie se voit bientôt élevé (littéral. « reçoit de l'augmentation »).

NOTES DU LIVRE I, CHAPITRE XXII. 167

(4) E : C'est-à-dire celui qui recherche l'obscurité brille davantage de jour en jour.

(5) E : *Chao-tse-te* 少則得, c'est-à-dire : Il se fait une loi de chercher le résumé (l'essentiel). *To-tse-hoe* 多則惑, c'est-à-dire : Celui qui a de vastes connaissances possède peu de choses importantes.

Par *koua* 寡 « choses peu nombreuses, » et *to* 多 « choses nom-
« breuses, » C entend les richesses, ou les connaissances qu'on acquiert par l'étude. Dans la pratique du Tao, dit-il, on n'a pas beaucoup de désirs, parce que le grand nombre de choses cause de la confusion. Si vous avez beaucoup de richesses, elles vous éblouissent ; si vous avez beaucoup acquis par l'étude, l'excès du savoir vous jette dans l'aveuglement.

H : Le Saint oublie la prudence, renonce à l'étude et applique son cœur à une seule chose ; c'est pourquoi il arrive au Tao. Aussi l'auteur dit : « Avec peu de désirs on acquiert (le Tao) ; leur grand
« nombre nous égare. »

Les hommes du siècle cherchent à connaître et à voir beaucoup de choses, mais ils ne font que s'éloigner du Tao. Voilà pourquoi l'auteur dit : « Le grand nombre (des choses ou des désirs) nous
« égare. »

(6) C : Il s'identifie avec le Tao, et alors il désire que tous les hommes suivent son exemple.

(7) E : Il ne se vante point et ne se met point en évidence.

(8) C : Il a du mérite et ne se glorifie pas, c'est pourquoi le monde lui renvoie (lui attribue) le mérite des grandes choses.

(9) B : Il est placé au-dessus des hommes et ne se prévaut point de sa prééminence.

(10) B : Il s'abaisse (littéralement, « se plie ») pour suivre les avis des autres.

E : Nous disputons, parce que nous avons le *moi* (en allemand *das Ich*), c'est-à-dire notre individualité. Le Saint ne dispute point, parce qu'il est dégagé du *moi*. La plus belle vertu est d'être dégagé du *moi*; et alors quel est l'homme de l'empire qui pourra disputer ou lutter contre nous?

(11) *Aliter* B : Les hommes se réjouissent du fond du cœur et se soumettent sincèrement à lui. C'est au Saint qu'il faut en rapporter (*kouei* 歸) le mérite.

Aliter C : Ils reviennent (*kouei* 歸) à leur simplicité native.

CHAPITRE XXIII.

(1) H : L'auteur veut dire, dans ce chapitre, que le Saint oublie les paroles (ou renonce aux paroles) pour s'identifier au Tao. On a vu plus haut : « Celui qui parle beaucoup finit par être réduit « au silence; il vaut mieux garder le milieu. » Celui qui se laisse aller à la violence de son caractère et aime à discuter, s'éloigne de plus en plus du Tao. Plus bas *Lao-tseu* compare ces hommes qui aiment à discuter, et dont la loquacité ne peut se soutenir longtemps, à un vent rapide qui ne peut durer toute la matinée, et à une pluie violente qui ne peut durer tout le jour. Or le goût immodéré de la discussion vient d'une agitation intérieure de notre âme, de même qu'un vent rapide et une pluie violente sont produits par l'action désordonnée du ciel et de la terre. Si donc le trouble du ciel et de la terre ne peut durer longtemps, il en sera de même, à plus forte raison, de la loquacité de l'homme.

(2) E : *Hi-yen* 希言, c'est-à-dire 無言 « ne pas parler. » Il explique cette locution par *koua-yen* 寡言 « parler peu. »

E : *Tseu-jen* 自然, c'est-à-dire *wou-weï* 無為 « pratiquer

« le *non-agir*. » Le *non-parler*, c'est-à-dire le silence absolu, paraît une chose aisée et de peu d'importance, et cependant *Lao-tseu* le regarde comme la voie qui mène au *non-agir*. Si ceux qui étudient (le Tao) peuvent y réfléchir profondément, ils ne manqueront pas d'en voir bientôt les effets.

(3) *Fo-koueï-tseu* (*Edit*. B) : L'homme doit rester calme et tranquille; il ne doit pas imiter le vent fougueux ni la pluie impétueuse, qui, à cause de leur violence même, ne peuvent durer longtemps. Voyez la fin de la note 1.

(4) Suivant *Ho-chang-kong*, il faut entendre ici, non la durée du ciel et de la terre, mais la durée des choses qu'ils produisent. Le ciel et la terre sont doués d'une vertu divine. Cependant, lorsqu'ils se sont unis ensemble pour produire un vent rapide et une pluie violente, ils ne peuvent les faire durer toute la matinée ou tout le jour. A plus forte raison l'homme ne pourra-t-il subsister longtemps, s'il se livre à des actes violents et désordonnés. E : les mots 不能久 « ne pas durer longtemps » correspondent aux mots précédents : « ne pas durer toute une matinée, ne pas durer tout un jour. »

Ibid. Le vent rapide et la pluie violente sont ici le symbole de la force, de la violence, de l'activité (que blâme *Lao-tseu*). Ce commentateur paraît penser qu'il s'agit ici du peu de durée qu'auraient le ciel et la terre, s'ils venaient à perdre leur assiette. Dans cette hypothèse, *Lao-tseu* supposerait qu'ils sont dans un repos absolu, et que ce repos est le gage de leur durée. On lit dans le chapitre II, 2ᵉ partie : Si la terre n'était pas en repos, elle se briserait.

(5) E : Celui qui est vide, calme, silencieux, *non-agissant*, est celui qui se livre à la pratique du Tao.

(6) E : Il subsiste longtemps comme le Tao.

(7) Le texte chinois des lignes 8 à 10 (nᵒˢ 41 à 74 incl.) me pa-

raît presque inexplicable, sous le rapport de la syntaxe et des acceptions reçues. Les mots *te-tche* 德者 et *chi-tche* 失者 se prêtent difficilement à signifier *celui qui se livre à la vertu, celui qui se livre au crime*. Les quatre mots *chi-i-te-tchi* 失亦得之 sont encore plus douteux que les précédents. J'ai cependant mieux aimé suivre *Sie-hoeï* (E) et *Sou-tseu-yeou* que de laisser trente-quatre mots sans traduction. E : Celui qui est doué de piété filiale, de respect pour ses aînés, qui aime à faire le bien sans jamais se lasser, celui-là, dis-je, se livre à la vertu.

(8) E : Il est estimable et entouré de félicités comme la vertu.

(9) E : Les excès blâmables s'appellent *chi* 失. Celui qui se révolte contre le Tao, qui se met en opposition avec la vertu et se croit en sûreté au milieu des dangers, ou lorsqu'il touche à sa perte, celui-là, dis-je, se livre au crime.

(10) E : Il devient odieux et en butte aux calamités, comme le crime.

(11) *Sou-tseu-yeou* regarde le mot *tao* 道 comme le régime direct du mot *te* 得 « acquérir. » Celui qui se conforme au Tao obtient le Tao.

(12) Je suis encore *Sou-tseu-yeou*, qui explique le mot *te* 德 « vertu, » comme régime du verbe *te* 得 « obtenir. »

(13) La construction des quatre mots *chi-i-to-tchi* 失亦得之 étant exactement la même que celle de *tao-i-te-tchi* 道亦得之, *te-i-te-tchi* 德亦得之, j'ai cru pouvoir regarder le mot 失 « faute, crime, » comme le régime direct du verbe *te* 得 « acquérir, gagner ; » mais je suis loin de garantir une telle explication des quatre mots *chi-i-te-tchi* 失亦得之 qui ont embarrassé tous les commentateurs de *Lao-tsen*.

NOTES DU LIVRE I, CHAPITRE XXIV. 171

Il explique autrement *te-tchi* 得之 : « Ceux qui imitent la « corruption du siècle 同於俗 aiment aussi (plusieurs édi- « tions portent *lo* 樂) à se posséder eux-mêmes » 亦樂自 得. Cette explication de *te-tchi* 得之 n'est pas admissible.

Aliter Sou-tseu-yeou: Si par malheur il échoue (*chi* 失), quoi- qu'il échoue dans ses entreprises 雖失於所為, il ne peut manquer de réussir dans le Tao et la vertu 必有得於 道德. Mais ce sens ne s'accorde point avec les mots précédents : *chi-tche-thong-iu-chi* 失者同於失 « S'il se livre au crime, « il s'identifie au crime. »

(14) *Sou-tseu-yeou* : Celui qui ne connaît pas le Tao n'a pas une foi solide dans le Tao, et alors son défaut de foi s'augmente de jour en jour.

Aliter A : Si le prince n'a point assez de confiance dans ses infé- rieurs, ceux-ci lui rendront la pareille.

Aliter B : Celui qui a une véritable confiance en lui-même obtient la confiance des hommes du siècle, lors même qu'il ne parle pas. Mais ceux qui aiment à discuter, qui s'abandonnent sans cesse à l'intempérance de leur langue, plus ils parlent et moins on les croit. Cette incrédulité vient uniquement de ce qu'ils n'ont pas assez de confiance en eux-mêmes.

CHAPITRE XXIV.

(1) B : Celui qui se dresse sur la pointe des pieds veut s'exhausser pour voir plus loin; celui qui étend les jambes en marchant veut allonger son pas. Ces deux comparaisons ont pour but de montrer que celui qui s'élève, qui cherche à se faire grand (en se vantant), ne pourra subsister longtemps.

II : Ce chapitre est la suite du précédent. Si ceux qui aiment à discuter ne peuvent subsister longtemps, de même ceux qui se tiennent sur la pointe du pied, ou allongent le pas, ne peuvent ni se tenir longtemps debout, ni marcher longtemps. L'auteur veut par là faire ressortir la faute de ceux qui cherchent à l'emporter par leur prudence.

G : Celui qui se dresse sur ses pieds ne cherche qu'à dépasser les autres de la tête, il ne sait pas qu'il ne peut se tenir ainsi debout pendant longtemps. Celui qui allonge le pas en marchant ne cherche qu'à dépasser les autres; il ignore qu'il ne pourra marcher ainsi pendant longtemps.

E : L'auteur se sert de comparaisons faciles à saisir pour démontrer les axiomes qu'il rapporte plus bas.

(2) B : Il s'imagine que les autres hommes de l'empire ne le valent pas. Alors il ne peut profiter de leurs qualités ou de leurs talents. C'est pourquoi il n'est pas éclairé.

(3) B : Celui qui s'approuve lui-même avec une sorte de partialité (E : et qui blâme les autres) s'imagine que tous les autres hommes n'ont pas autant de capacité que lui; alors il ne peut profiter de leurs talents. C'est pourquoi il ne brille pas.

(4) B : Celui qui se vante de son mérite craint encore de n'être pas connu et estimé des hommes, et les hommes, au contraire, le méprisent. Voilà pourquoi il n'a pas de mérite (ou perd son mérite).

(5) B : Celui qui se glorifie (H : Celui qui se prévaut de sa capacité) s'imagine que tous les autres hommes ne l'égalent pas.

(6) H : De tels hommes aiment à vaincre les autres. Non-seulement ils n'acquièrent aucun mérite, mais en outre ils s'attirent promptement la mort.

(7) J'ai traduit les mots *khi-iu-tao* 其於道 d'après l'explication de *Sie-hoeï* E : 以道而論之. G : Le mot *hing* 行 (*vulgo* marcher, ou agir) doit être lu comme s'il y avait *hing*

形 « corps. » Anciennement ces deux mots se prenaient l'un pour l'autre. Cette lecture est également conseillée par le commentateur C. *Ibidem* : « Sicut *cibi reliquiæ* (*chi-tchi-iu* 食之餘), sicut cor-« poris *bronchocele* (*hing-tchi-tchouï* 形之贅). » Ce sont là des choses pour lesquelles les hommes ont tous du dégoût (*cibi reliquiæ* et *bronchocele* sunt res quas homines simul oderunt).

(8) Dans la seconde phrase du chapitre IV, *Ho-chang-kong* rend le mot *hoe* 或 (*vulgo* peut-être, quelqu'un) par « constamment. »

(9) C : L'homme qui possède le Tao persévère dans l'humilité; nécessairement il ne s'attache pas à (il ne suit pas) cette conduite que blâme *Lao-tseu*.

CHAPITRE XXV.

(1) Le mot *un* est emprunté aux commentaires C et H (*yeou-i-we* 有一物 « existit *unum ens* »); il détermine le sens et la construction de ce passage difficile qui a embarrassé la plupart des interprètes.

B : Les mots *hoen-tchhing* 混成 ont le sens de *hoen-lun* 渾淪, c'est-à-dire « confus, ce qu'il est impossible de distinguer clai-« rement. » *Ibidem* : Si par hasard on m'interroge sur cet être (le Tao), je répondrai : Il n'a ni commencement, ni fin (littéralement : *neque caput neque caudam habet*), il ne se modifie point, il ne change point; il n'a pas de corps, il n'a pas une place déterminée; il ne connaît ni le superflu, ni la pénurie, la diminution ni l'accroissement; il ne s'éteint pas, il ne naît pas; il n'est ni jaune ni rouge, ni blanc ni bleu; il n'a ni intérieur ni extérieur, ni son ni odeur, ni bas ni haut, ni image ni éclat, etc.

(2) C : Il n'a pas de voix qu'on puisse entendre.

(3) A : Le mot *liao* 寥 veut dire « vide et incorporel. » Le commentaire E explique les adjectifs *tsi* 寂 et *liao* 寥 par « incorporel. » Plusieurs interprètes m'autorisent à conserver à *tsi* 寂 le sens de « calme, tranquille. »

(4) E : Tout être qui s'appuie sur quelque chose a une force solide; s'il n'a rien qui l'aide et le soutienne, il fléchit et succombe. De là vient que ce qui est seul et isolé est sujet au changement. Tout être qui reste dans sa place est tranquille; dès qu'il sort de ses limites, il rencontre des obstacles. De là vient que celui qui circule partout est exposé aux dangers. Le Tao n'a point de compagnon dans le monde. Il se tient seul au delà des limites des êtres et n'a jamais changé. En haut, il s'élève jusqu'au ciel; en bas, il pénètre jusqu'aux abîmes de la terre. Il circule dans tout l'univers et n'est jamais exposé à aucun danger.

(5) C : Il subsiste éternellement.

(6) A : La chaleur du soleil ne le brûle point; l'humidité ne l'altère (littéral. « ne le moisit ») point; il traverse tous les corps et n'est exposé à aucun danger.

(7) B : Il se répand au milieu du ciel et de la terre et dans le sein de tous les êtres; il est la source de toutes les naissances, la racine de toutes les transformations. Le ciel, la terre, l'homme et toutes les autres créatures, ont besoin de lui pour vivre. (A) Il nourrit tous les êtres comme une mère nourrit ses enfants; (B) c'est pourquoi *Lao-tseu* dit : On peut le regarder comme la mère de tous les êtres.

(8) A : Ne voyant ni son corps, ni sa figure, je ne sais quel nom lui donner. Comme je vois « que tous les êtres arrivent à la vie par « lui, je le qualifie du titre de *Tao* ou de *Voie*. » 見萬物皆從道所生。故字之曰道也。

(9) A : Il est tellement élevé que rien n'est au-dessus de lui; il enveloppe le monde et ne voit rien en dehors de lui. C'est pourquoi je l'appelle *grand*.

(10) B : De l'idée de *grand* je passe à une autre idée pour le chercher, et je l'appelle *fugace*. A : Il n'est point comme le ciel qui reste constamment en haut, ni comme la terre qui reste constamment en bas. Il vous échappe et s'enfuit toujours, sans rester constamment dans le même lieu.

(11) B : De l'idée de *fugace*, je passe à une autre idée pour le chercher, et je l'appelle *éloigné*. En effet, plus on le cherche et plus il paraît *éloigné*. (C) Il ne connaît aucune limite.

Pour bien traduire le mot *youen* 遠 , on aurait besoin d'un adjectif français signifiant *qui s'éloigne, qui va au loin,* comme les adjectifs grecs τηλέπορος, μακρόπορος.

(12) Le mot *fan* 反 signifie littéralement *qui revient*. La langue française n'a point d'adjectif correspondant. On rendrait d'une manière heureuse l'idée de *Lao-tseu*, s'il était permis d'emprunter au grec l'épithète *palindrome* (παλίνδρομος).

C : Il revient dans le palais de l'intelligence (dans l'homme) et s'y enfonce de plus en plus. Après avoir fait le tour du monde, il le recommence; après s'être éloigné immensément, il se rapproche. *Il revient*, et il suffit de le chercher dans le cœur de l'homme.

E. *Lao-tseu* change souvent les mots dont il se sert. Il montre par là que la vertu du Tao est sans bornes, et qu'une multitude de mots ne suffit pas pour l'exprimer complétement.

Ibidem : Le Tao est la mère de l'univers, il nourrit également tous les êtres, et le ciel et la terre l'aident par la vertu combinée du principe *in* 陰 « femelle, » et du principe *yang* 陽 « mâle. » Voilà pourquoi ces trois choses sont grandes. Quoique ces trois choses subsistent, s'il n'y avait pas un roi, il leur serait impossible de gouverner les dix mille êtres. C'est pourquoi il a été nécessaire de donner le commandement à un homme, pour qu'il devînt le maître des peuples. De là vient que le roi aussi est grand.

(13) H : Les hommes du siècle savent seulement que le roi est grand, et ils ne savent pas que le Saint prend le ciel et la terre pour modèles. On voit par là que le ciel et la terre sont plus grands que le roi. Ils savent que le ciel et la terre sont grands ; ils ne savent pas que le ciel et la terre sont sortis du sein du Tao, et le prennent pour modèle. Aussi le Tao est-il plus grand que le ciel et la terre. Quoique le Tao soit certainement grand, il a cependant un nom, un titre, des attributs. Mais si l'on supprime son nom, si l'on efface son titre, ses attributs, il devient alors inaccessible aux sens et conforme à sa nature. C'est pourquoi *Lao-tseu* dit : Le Tao imite sa nature.

(14) E : Dans le monde il n'y a que quatre grandes choses, et le roi en fait partie : n'est-ce pas le comble de la gloire ? Mais il faut absolument qu'il porte jusqu'à la perfection les qualités qui constituent sa grandeur, s'il veut être mis au nombre des quatre grandes choses. *Lao-tseu* s'exprime ainsi pour encourager puissamment les rois (à suivre la doctrine du Tao).

(15) E : Le mot *jin* 人 « homme » indique le roi. La terre produit les dix mille êtres, et le roi les gouverne et les nourrit. Il imite la vertu de la terre.

(16) E : Le ciel couvre les dix mille êtres, et la terre les contient et les supporte ; elle répand sur eux les dons qu'elle reçoit du ciel. Le Tao conçoit, comme une mère, les dix mille êtres ; le ciel leur ouvre la voie et les amène à la vie. Il seconde ainsi les transformations opérées par le Tao. Le grand Tao est vide, immatériel, pur, tranquille et constamment inerte. Il se conforme à sa nature. C :

Pour imiter (c'est-à-dire suivre) sa nature, il n'a qu'à rester ce qu'il est.

Liu-kie-fou : Le Tao trouve en lui-même son fondement, sa racine; (A) il n'a rien à imiter en dehors de lui.

CHAPITRE XXVI.

(1) Les commentateurs ne sont pas d'accord sur le sens de *tchong* 重 et de *king* 輕. Les uns (E, B) rendent le premier par « grave, » et le second par « léger, » au figuré; les autres (A, *Sou-tseu*), par « lourd » et « léger. » E : *Lao-tseu* ne veut pas seulement montrer la différence qui existe entre le principal et l'accessoire, entre ce qui est noble et ce qui est vil; il veut surtout montrer la différence qui existe entre les causes de la paix et du danger, du salut et de la mort. B : *Lao-tseu* veut que l'homme maîtrise ses passions à l'aide du calme et de la gravité. Celui qui est intérieurement grave est exempt de la légèreté des passions; celui qui a le cœur calme n'est point sujet à l'emportement de la colère. *Han-feï* dit : Celui qui sait se contenir est grave, celui qui garde son assiette est en repos. L'homme grave peut soumettre l'homme léger, l'homme qui est en repos peut soumettre l'homme emporté.

Aliter *Sou-tseu-yeou* : Ce qui est léger ne peut porter ce qui est lourd, les petits ne peuvent subjuguer les grands, celui qui ne marche pas commande à celui qui marche, ce qui est immobile arrête ce qui est en mouvement; c'est pourquoi le lourd est la racine du léger, le repos est le maître du (c'est-à-dire, maîtrise le) mouvement. A : Les fleurs des plantes et des arbres se dispersent parce qu'elles sont légères, leurs racines durent longtemps parce qu'elles sont pesantes.

Il pense, contre l'opinion de tous les autres interprètes, que le mot *tchong* 重 désigne notre personne, *chin* 身, et que le mot *king* 輕 désigne les objets qui sont en dehors de nous, 身外之物. E, que je préfère suivre ici, regarde la gravité et le calme (dans la conduite) comme le principal, *pen* 本, comme des choses estimables, *kouei* 貴, et la légèreté, les mouvements désordonnés, comme l'accessoire, *mo* 末, comme des choses dignes de mépris, *tsien* 賤. Dans quelque situation que se trouve le sage, il ne pêche jamais par légèreté ni par emportement, 未嘗失於輕躁也.

(2) C'est-à-dire : Ce qui est calme maîtrise ce qui est impétueux. A : Si le prince des hommes n'est pas calme, il perd de son autorité imposante ; s'il ne gouverne pas son corps avec calme, son corps est en butte aux dangers. Le dragon peut se transformer parce qu'il est calme (*sic*) ; le tigre périt de bonne heure, parce qu'il s'abandonne à son impétuosité.

(3) A : Le mot *tse* 輜 (*vulgo* char de bagages) veut dire ici *tsing* 靜 « calme. »

A : Le Saint marche toujours dans la Voie (le Tao) et ne s'écarte point du calme et de la gravité.

(4) H : *Yen-tchu* 燕處, c'est-à-dire *thien-than* 恬澹 « être calme. » A explique l'expression *tchao-jen* 超然 par « Il fuit au loin et n'y habite pas. »

(5) A : Les mots *naï-ho* 奈何 sont une expression de douleur, née de la haine que *Lao-tseu* portait aux princes de son temps.

H : Les mots « maître de dix mille chars » désignent l'empereur.

(6) Je suis la construction et le sens de E, qui ajoute *iu* 於 « dans » avant les mots *thien-hia* 天下 « empire. » *Ibidem* : Si le maître des hommes se conduit légèrement dans l'empire (c'est-à-dire, A : s'abandonne au luxe, à la volupté), des calamités et des malheurs ne manqueront pas de fondre sur lui.

(7) E : Si le maître des hommes agit avec'légèreté et négligence, ceux de ses ministres qui le savent, s'affligent en voyant qu'il est indigne de leur assistance et de leurs conseils, et ils forment le projet de le quitter. Alors il ne peut garder ses ministres.

(8) E : S'il se laisse entraîner et agiter sans relâche par une multitude de désirs, les inférieurs abandonnent sa cause (ou se révoltent contre lui), et alors il est exposé à de graves dangers et même à la mort. Ainsi il ne peut garder la possession de ses états.

CHAPITRE XXVII.

(1) *Li-si-tchaï* : Il est impossible aux hommes vulgaires de marcher sans laisser des traces, de parler sans commettre des fautes, de compter sans instruments de calcul, de fermer une porte sans verrou, de lier quelque chose sans faire usage de cordes.

Mais il n'y a que l'homme en possession du Tao qui marche sans le secours de ses pieds, qui parle sans l'intermédiaire de sa bouche, qui calcule sans faire usage des facultés de son esprit. On ne peut ouvrir ce qu'il a fermé, ni détacher ce qu'il a lié (A : Il emprisonne ses passions, il enchaîne les désirs de son cœur), parce qu'il s'est identifié avec le Tao.

(2) E : Les mots *tcheou-thse* 籌策 signifient « des fiches de bambou dont on se servait (anciennement) pour calculer. »

(3) Les mots *kouan-kien* 關鍵 signifient « une traverse de bois « qui sert à fermer une porte à deux battants. » Cette expression (dont la seconde syllabe peut s'écrire avec la clef 75) veut dire aussi « verrou, pêne. » *Hou-meou-tchi-ji-pin-tche* 戶牡之八牝者. (Cf. Dict. *Pin-tseu-tsien*.)

(4) E : Un homme vulgaire peut fermer une porte, mais on peut l'ouvrir ; il peut lier quelque chose, mais on peut le détacher.

(5) E : Ceux que le monde appelle sages n'ont que des voies étroites. Ils donnent avec partialité et ne connaissent point la justice qui est large et libérale pour tous. Si un homme est vertueux, ils se réjouissent de le voir semblable à eux et le sauvent. Si un homme n'est pas vertueux, ils savent le haïr et ne savent pas l'aimer. De là vient qu'il y a beaucoup d'hommes et de créatures qu'ils abandonnent. Mais le Saint a le cœur exempt de partialité, et il instruit les hommes sans faire acception de personne (littéral. « sans choisir l'espèce »). Il excelle constamment à sauver tous les hommes et toutes les créatures du monde; c'est pourquoi il ne s'est pas encore trouvé un seul homme, une seule créature qu'il ait rejetés et qu'il ait refusé de sauver.

(6) E : Le mot *si* 襲 a le sens de *tchong* 重, « double; » comme si l'on disait *tchong-ming* 重明, « doublement éclairé. » Lao-tseu dit que la prudence du Saint est (littéralement) éclairée et encore éclairée.

(7) E : L'homme vertueux ne l'est pas pour lui seul; il est destiné à être le modèle des hommes. Si les hommes qui ne sont pas vertueux peuvent imiter sa conduite, alors ils peuvent corriger leurs mauvaises qualités et arriver à la vertu. C'est en cela que l'homme vertueux est le maître (le précepteur) de ceux qui ne sont pas vertueux.

(8) E : Le mot *tse* 資 a le sens de *tsou* 助, « aide, secours. » Ibidem : L'homme dénué de vertu n'est pas nécessairement condamné à persévérer jusqu'à la fin dans le mal. (Son amélioration) dépend uniquement d'une bonne éducation. Si l'homme vertueux peut l'accueillir avec bienveillance et l'instruire, alors chacun d'eux acquerra du mérite, et l'homme vertueux en retirera à son tour un avantage marqué. C'est ainsi que l'homme qui n'est pas vertueux devient le secours de l'homme vertueux.

(9) E : L'homme vertueux est le maître (le précepteur) de celui qui n'est pas vertueux. Si ce dernier se sépare entièrement du Saint, s'il ne sait pas s'approcher de lui et s'attacher à sa personne pour profiter de ses avis ou de son exemple, c'est ne pas estimer son maître.

(10) E : L'homme qui n'est pas vertueux est le secours de l'homme vertueux. Si ce dernier rejette et abandonne entièrement l'homme qui n'est pas vertueux, s'il ne sait pas l'affectionner et l'instruire, c'est ne pas aimer celui qui est son secours.

(11) E : En agissant ainsi, l'un et l'autre tiennent une conduite blâmable; quand on pourrait les dire doués de prudence, il serait impossible de ne pas les regarder comme frappés d'aveuglement.

(12) E : Voilà ce qu'on appelle la voie la plus importante; elle est déliée et subtile; aussi il y a bien peu de personnes qui la connaissent.

Le philosophe *Lie-tseu* dit : Le rôle du Saint est d'instruire et de convertir les autres. Si donc la mission des saints et des sages est uniquement d'instruire et de convertir, l'occupation principale des hommes vulgaires doit être d'écouter et de suivre leurs instructions. Il n'y a rien au monde de plus important.

CHAPITRE XXVIII.

(1) E : Le mot *hiong* 雄 , « mâle, » désigne la dureté et la force; le mot *thse* 雌 , « femelle, » la souplesse et la faiblesse; le mot *pe* 白 , « blanc, » les lumières; le mot *he* 黑 , « noir, » les ténèbres et l'obscurité (de l'esprit); le mot *yong* 榮 , les honneurs, l'élévation; le mot *jo* 辱 , « déshonneur, » la bassesse, l'avilissement.

Les mots *hi* 谿 et *kou* 谷 (50) signifient les vallées profondes où vont se déverser toutes les eaux.

Les mots *thien-hia* 天下, « *vulgo* univers, » sont employés ci par emphase pour désigner l'empire. Tous les hommes roides (inflexibles) et forts, ceux qui tiennent à leurs vues, ceux qui ont une haute idée d'eux-mêmes, cherchent à vaincre les hommes; mais les hommes ne font que leur résister de plus en plus.

Les sages, qui savent que la roideur et la force ne peuvent durer, aiment à conserver leur souplesse et leur faiblesse (c'est-à-dire persévèrent à vouloir paraître souples et faibles); ils savent que les lumières éclatantes ne peuvent se conserver, et ils aiment à garder les ténèbres (c'est-à-dire à paraître constamment enveloppés de ténèbres); ils savent que les honneurs et la gloire ne peuvent se conserver, et ils aiment à rester dans l'humiliation et l'abaissement. Mais parce qu'ils se sont mis après les autres hommes, ceux-ci les placent avant eux; parce qu'ils se sont abaissés, les hommes les élèvent. Aussi l'empire vient se soumettre à eux (de même que les eaux se précipitent vers les vallées); l'empire les prend pour modèles.

(2) E : Les mots *tchang-te* 長德, « vertu constante, » désignent la souplesse et la faiblesse, les ténèbres et l'obscurité (de l'esprit), l'abaissement et l'avilissement; certes ce sont des qualités qui durent constamment.

(3) Les mots *ing-eul* 嬰兒, « l'état d'enfant, » désignent ici la simplicité primitive.

E : Cette simplicité native, cette pureté sans bornes, l'homme les avait reçues dès l'origine, c'est-à-dire au moment de sa naissance. C'est pourquoi *Lao-tseu* dit qu'on doit y revenir (lorsqu'on s'en est éloigné).

(4) A : Quoique l'homme se sache éclairé, il doit conserver ses lumières en paraissant ignorant et comme enveloppé de ténèbres (de même qu'un homme riche conserve ses richesses en paraissant pauvre et dénué de tout).

(5) A explique le mot *tch'ang* 長, « constant, » dans le sens adverbial : Si l'homme peut être le modèle de l'empire, la vertu restera constamment en lui et ne lui fera pas défaut.

D'après la position des mots, j'ai mieux aimé rendre le mot *tch'ang* 長 adjectivement. (Voyez la note 2.)

(6) E : Les mots *wou-ki* 無極 signifient « sans bornes. » Il n'est pas aisé de voir ce que *Lao-tseu* entend par « revenir à ce qui est « sans bornes. » E les rapporte à la pureté et à la simplicité infinies de l'enfance, 嬰兒無極樸寶。 Suivant le commentateur *Chun-fou*, ces mots signifient qu'il est vide (*yen-khi-hiu* 言其虛), c'est-à-dire (B) qu'il ramène son cœur à l'exemption complète des désirs (*fo-sin-iu-wou-yo* 復心於無欲). Il croit qu'il s'agit d'arriver à une connaissance ou une science sans bornes.

(7) A : Celui qui sait qu'il possède la gloire et les honneurs doit les conserver au moyen des opprobres (c'est-à-dire en paraissant couvert d'opprobres et de déshonneur). (Voyez la note 4.)

(8) A : Alors tous les hommes de l'empire viennent se soumettre à lui, de même que les eaux qui coulent des lieux élevés se précipitent dans les vallées profondes.

(9) E : Le mot *tso* 足 (*vulgo* suffire) signifie ici « complet, par- « fait. »

(10) E (fol. 44 r. l. 1) : Le mot *po* 樸 veut dire ici « la pureté « parfaite du 'Tao. »

(11) E : Les mots *san-eul-weï-khi* 散而爲器 (littéralement : « être dispersé et devenir vase ») veulent dire que le 'Tao se cache dans de petites œuvres. Or le 'Tao ne contient pas un seul être

(matériel), et cependant il n'y a pas un seul des dix mille êtres qui ne sorte de lui. Une pièce de bois non taillé (B : c'est le sens primitif de *po* 樸) ne renferme pas un vase ou un ustensile (de bois), et cependant il n'y a pas un vase ou un ustensile (de bois) qui ne soit fabriqué avec ce bois (lorsqu'il a perdu sa rudesse et sa grossièreté extérieure).

(12) A : Le Tao s'est répandu et il a formé les esprits (*chin-ming* 神明); il a coulé dans l'univers et il a formé le soleil et la lune; il s'est divisé et il a formé les cinq éléments.

(13) J'ai suivi le sens de *Ho-chang-kong* : sa glose *ching-yong* 升用 signifie « être élevé aux emplois. »

(14) A : Il gouverne (*iu* 御) l'empire par le grand Tao et ne fait de mal à personne.

CHAPITRE XXIX.

(1) E : Le mot *thsiu* 取 (*vulgo* prendre) veut dire ici 致 « por-« ter au comble, conduire à la perfection. » *Lao-tseu* dit que les rois désirent porter à la perfection le gouvernement de l'empire, mais qu'ils ignorent la voie qu'il faut suivre pour y réussir. En effet, ils se livrent à l'action (le contraire du *non-agir*); c'est ne pas posséder l'art de bien gouverner l'empire.

D'après *Liu-kie-fou* et *Sou-tseu-yeou*, j'ai regardé le mot *i* 巳 comme une particule finale.

(2) E : Littéralement : « Imperium est res hujusmodi : est sicut « divinum vas, etc. » Voici quelle espèce de chose c'est que l'empire : c'est comme un vase divin qu'il n'est pas au pouvoir de l'homme de faire (de fabriquer). S'il travaille pour le perfectionner, il arrive au contraire à le détruire; s'il le saisit pour le posséder, il arrive au contraire à le perdre.

(3) A : Le mot *hiu* 呵 veut dire « réchauffer, » le mot *tchoui* 吹 signifie « refroidir. »

(4) E : Telle est l'opposition mutuelle et l'inégalité naturelle des êtres. Ceux qui marchent (en avant), on ne peut faire qu'ils suivent; ceux qui réchauffent (ou apportent de la chaleur, comme l'été), on ne peut faire qu'ils refroidissent (ou apportent du froid, comme l'hiver), c'est-à-dire on ne peut changer leur nature. C'est pourquoi on réussit sans peine à gouverner les êtres en se conformant à leur nature (c'est-à-dire en pratiquant le *non-agir* et en les laissant suivre leur impulsion innée). Mais si l'on contrarie leur nature et si l'on agit, on se donne beaucoup de peines et de tourment, et les créatures ne font que se troubler davantage.

(5) A : C'est pourquoi le Saint renonce à la musique et à la volupté (*chin* 甚), à l'éclat et à la richesse des habits, aux délices de la table (*che* 奢), à la magnificence des palais, des tours, des belvédères (*thaï* 泰). Après avoir réprimé ces trois choses (les excès, le luxe, la magnificence), il pratique le *non-agir*, et l'empire se convertit de lui-même.

Aliter *Sie-hoeï*. Cet interprète pense que les mots *chin* 甚, *che* 奢, *thaï* 泰, ne signifient pas ici « le luxe, la volupté, les folles « dépenses » (sens que ces mots ont reçu dans les siècles suivants), mais « une activité superflue et blâmable pour exécuter les choses « les plus aisées et les plus simples qui peuvent se faire naturelle-« ment. »

CHAPITRE XXX.

(1) C : Le maître des hommes doit pratiquer le *non-agir;* mais d'ordinaire ceux qui l'aident (ses ministres) se livrent à l'*action*.

(2) B : Les armes sont des instruments de malheur. On ne doit

186 LE LIVRE DE LA VOIE ET DE LA VERTU.

en faire usage que lorsqu'on ne peut s'en dispenser, par exemple, pour effrayer ceux qui oppriment ou immolent le peuple.

(3) E : Cette phrase a le même sens que celle-ci (conf. *Meng-tseu*, liv. I, p. 38) : « Ce qui vient de vous, vous reviendra; » c'est-à-dire les hommes vous rendront le bien ou le mal que vous leur aurez fait. (C'est-à-dire ici : Si vous avez vaincu les hommes, ils chercheront à vous vaincre à leur tour.) Si vous (B) aimez à tuer les hommes, les hommes à leur tour vous tueront.

E : La guerre est le plus grand malheur qui puisse arriver à l'empire. Celui qui détruit la vie des hommes, qui ruine les royaumes, s'attire la colère des peuples et la haine des démons. Il ne manque jamais d'éprouver les châtiments que mérite sa conduite.

(4) E : Quand les soldats séjournent longtemps dans les champs sans les quitter, on abandonne les travaux agricoles, et (B) les ronces y croissent en abondance.

(5) E : Il livre une bataille décisive et s'arrête; il n'ose pas chercher à devenir, par la force, le maître de l'empire. *Liu-kie-fou* : Ce mot *ko* 果 (décider, frapper un coup décisif) a le sens de « vaincre les « ennemis. » Si quelqu'un (B) tue son prince et excite une révolte, le sage ne peut se dispenser d'être l'instrument du ciel pour le punir de mort. Si quelqu'un envahit les frontières et trouble le peuple, il ne peut s'empêcher de prendre les armes pour l'arrêter. Mais il se contente de montrer une seule fois sa force invincible et termine aussitôt la lutte.

(6) B, E : Il n'ose poursuivre le cours de ses succès, ni s'appuyer sur la multitude, pour devenir par la force le maître de l'empire.

(7) B : Après avoir châtié les coupables et rétabli la paix, il ne doit pas se vanter de son habileté ni se glorifier de ses exploits.

(8) B : S'il s'appuyait sur la supériorité de sa puissance pour consolider le royaume, on ne pourrait pas dire qu'il « aide par le Tao, le « maître des hommes. » Celui qui a vaincu sera nécessairement subjugué à son tour; ce qui est florissant ne manque pas de dépérir. Telle est la nature des choses.

(9) E : C'est parce que le Tao est mou et faible qu'il peut subsister longtemps. C'est pourquoi, quand les êtres (par exemple, les arbres) sont arrivés au plus haut degré de leur force, ils commencent à vieillir.

On voit par là que celui qui est devenu puissant par les armes ne pourra subsister longtemps. C'est pourquoi celui qui sait faire la guerre doit (dans l'occasion) prendre un parti décisif; mais il ne faut pas qu'il cherche à dominer par la force des armes.

(10) B : Si l'homme se prévaut de sa supériorité, c'est ce qu'on appelle se mettre en opposition avec le Tao (qui veut que l'on soit mou et faible). Celui qui se met en opposition avec le Tao ne tarde pas à périr.

CHAPITRE XXXI.

(1) E : *Sse-ma-wen-kong* dit : Plus une arme est excellente (tranchante), plus elle blesse (ou tue) d'hommes.

(2) B : On les appelle ainsi parce qu'elles sont destinées à tuer les hommes.

(3) Le commentaire B explique le mot *we* 物 (*vulgo* chose) par « homme. » Les hommes les détestent. Aucun commentaire n'a donné le sens de *hoe* 或 (*vulgo* quelqu'un, peut-être). Dans la seconde phrase du chap. IV (liv. I), *Ho-chang-kong* l'explique par « constam-« ment 常 . »

(4) B : Il ne fait pas usage des armes.

(5) Ce sens est tiré de *Liu-kie-fou* qui explique *kiu* 居 par les mots *phing-kiu* 平居.

(6) E : Le mot *tso* 左 « côté gauche » se rapporte au principe actif, *yang* 陽 ; il est le symbole de la vie; aussi (B), dans les événements heureux (par exemple, dans les mariages), on préfère la gauche. Le mot *yeou* 右 « côté droit » se rapporte au principe inerte, *in* 陰 ; il est le symbole de la mort; aussi, dans les événements malheureux (par exemple, dans les funérailles), on préfère la droite.

(7) B : Les mots *thien-tan* 恬澹 signifient « le calme, le repos, « le *non-agir*. » Comme il songe constamment au calme, au non-agir, il s'abstient de livrer bataille. Celui qui croit que le meilleur plan est de ne pas livrer bataille montre qu'il fait le plus grand cas de la vie des hommes.

(8) E : Les mots *pou-mei* 不美 signifient littéralement : « ne « pas regarder comme beau, comme louable; » c'est-à-dire, il n'approuve pas la victoire qu'il a remportée. E : Quoique les armes aient servi à remporter la victoire, elles ont tué nécessairement beaucoup d'hommes; c'est pourquoi, au fond de son cœur, le sage ne se réjouit pas de sa victoire (E, II). — Quelques commentateurs font rapporter le mot *mei* 美 aux armes, et l'expliquent par : « il « ne les estime pas (les armes). »

(9) E : Si quelqu'un se réjouit de sa victoire, c'est qu'il est dépouillé de tout sentiment de pitié et qu'il aime à tuer les hommes.

(10) E : Si un prince aime à tuer les hommes, le ciel l'abandonne à jamais et les peuples se révoltent contre lui. Jamais un tel homme n'est parvenu à régner longtemps sur l'empire.

(11) E : En cet endroit l'auteur revient sur la pensée exprimée plus haut : en temps de paix, le sage estime la gauche ; celui qui fait la guerre estime la droite. (Voyez plus haut, note 6.)

B : Le général en second est en réalité au-dessous du général en chef; pourquoi le place-t-on à gauche (c'est-à-dire, à la place qui répond au principe actif *yang* 陽 et qui est le symbole de la vie)? Pourquoi place-t-on le général en chef à droite (c'est-à-dire à la place qui répond au principe inerte *in* 陰 et qui est le symbole de la mort)? En voici la raison. L'emploi des armes est une cause de deuil. Si ce dernier remporte la victoire et qu'il ait tué un grand nombre d'hommes, on se conforme aux rites des funérailles et on le place à droite. Le général en second occupe la gauche, parce qu'il (A) n'a pas le droit de présider au carnage, ni même de tuer un ennemi de son autorité privée.

(12) A : Dans l'antiquité, quand un général avait remporté la victoire, il prenait le deuil. Il se mettait (dans le temple) à la place de celui qui préside aux rites funèbres, et, vêtu de vêtements unis, il pleurait et poussait des sanglots.

CHAPITRE XXXII.

(1) E : Si on l'appelle Tao, c'est uniquement parce qu'on s'est efforcé de donner un nom à ce qui n'a pas de nom.

(2) E : Le corps (sic) du Tao est extrêmement délié; mais, dès qu'on en fait usage, il devient immensément grand.

(3) E : *Lao-tseu* veut dire que le Tao est infiniment honorable et ne voit rien au-dessus de lui.

Liu-kie-fou : Le ciel et la terre ont eu besoin de lui pour commencer à naître; tous les êtres se reposent sur lui pour vivre. Qui oserait subjuguer celui de qui il tient son origine et sa vie?

(4) E : Le ciel et la terre, les hommes et les êtres tirent leur origine du Tao. C'est pourquoi ils peuvent s'influencer mutuellement et se correspondre tour à tour. Si les vassaux et les rois peuvent véritablement conserver le Tao, tous les êtres viendront se soumettre à eux; le ciel et la terre entreront d'eux-mêmes en bonne harmonie, et les cent familles (les peuples) se pacifieront spontanément.

(5) E : Les mots *chi-tchi* 始制 (ici, commencer à se diviser) répondent au mot *po* [5] 樸 (nature simple) de la seconde phrase, et les mots *yeou-ming* [40] 有名 (avoir un nom) répondent aux mots *wou-ming* [3] 無名 (il n'a pas de nom) de la première.

E : La nature simple (*po* 樸) du Tao n'a pas de nom. Après qu'elle eut commencé (*chi* 始) à être divisée (sic E *infra*), alors le Tao a eu un nom.

Ibid. Le mot *tchi* 制 (vulgo faire) veut dire ici que sa nature simple (*po* 樸) a été (pour ainsi dire) taillée, divisée, fractionnée pour former les êtres.

Le Tao, dit *Sie-hoeï* (chap. 1), est de sa nature vide et immatériel. A l'époque où les êtres n'avaient pas encore commencé à exister, on ne pouvait lui donner un nom. Mais lorsque son influence divine eut opéré des transformations, et que l'être fut sorti (*ou que les êtres furent sortis*) du *non-être*, alors il a reçu son nom des êtres. En effet, dès que le ciel et la terre eurent reçu l'existence, alors tous les êtres naquirent du Tao; c'est pourquoi il est regardé comme la mère de tous les êtres.

Le sens de « il faut, » donné à *tsiang* 將, se trouve aussi dans *Meng-tseu*, liv. I, pag. 91, lig. 7.

(6) Le Tao n'a eu un nom qu'après qu'il se fut manifesté dans le monde par la naissance des êtres. Ainsi cette phrase : « Ce nom étant « une fois établi, » semble renfermer implicitement celle-ci : « Les

« êtres étant une fois créés. » Alors il faut savoir s'arrêter, c'est-à-dire suivant C et *Pi-ching*, il ne faut pas se laisser entraîner et séduire par les choses sensibles, il faut rester dans une quiétude parfaite et se suffire à soi-même ; alors on ne sera exposé à aucun danger.

(7) Voyez la dernière phrase de la note 6.

(8) B : Le Tao est répandu dans l'univers ; il n'y a pas une créature qui ne le possède, pas un lieu où il ne se trouve.
La phrase : « De même que l'eau des rivières retourne nécessai-
« rement vers la mer, » signifie que, dans l'univers, toutes choses retournent nécessairement au Tao.
Sou-tseu-yeou : Les rivières et les mers sont le lieu où se réunissent les eaux ; les rivières et les ruisseaux des montagnes sont des portions et comme des subdivisions des eaux.
Le Tao est l'origine de tous les êtres ; tous les êtres sont des ramifications du Tao.
Toutes les rivières et les ruisseaux des montagnes reviennent au point central où se réunissent les eaux, et de même tous les êtres vont se rendre à leur origine (c'est-à-dire, rentrent dans le Tao d'où ils sont sortis).

(9) E : Ce dernier passage a pour but d'inculquer fortement aux vassaux et aux rois l'obligation de conserver le Tao, dont la pratique leur assurera la protection du ciel et la soumission des hommes.
J'ai ajouté les mots « les êtres retournent à lui, » pour mettre ma traduction en harmonie avec les meilleurs commentaires. Du reste, sans ce sous-entendu, il serait impossible de donner un sens à la dernière phrase de ce chapitre.

CHAPITRE XXXIII.

(1) E : Celui qui a assez de perspicacité pour connaître les hommes et les distinguer les uns des autres, peut s'appeler doué

de prudence; mais cela n'est pas aussi difficile que de se connaître soi-même. Celui-là seul qui peut connaître sa nature, mérite d'être regardé comme l'homme le plus éclairé du monde.

Celui qui a assez de courage pour vaincre les hommes et les subjuguer, peut s'appeler doué de force; mais cela n'est pas aussi difficile que de se vaincre soi-même.

Celui-là seul qui peut vaincre ses passions, mérite d'être appelé le plus fort de tout l'univers.

C : Celui qui connaît les hommes est prudent; il voit les choses extérieures. Son savoir se borne à connaître les bonnes ou les mauvaises qualités des hommes, la supériorité ou l'infériorité de leurs talents. Celui qui se connaît lui-même est éclairé; il est doué d'une vue intérieure. Celui-là seul est capable de se connaître lui-même, qui concentre en lui-même son ouïe pour entendre ce qui n'a pas de son (le Tao), et sa vue pour voir ce qui n'a pas de corps (le Tao).

(2) E : Celui qui ne sait pas se suffire, a des désirs insatiables; quand il aurait des richesses surabondantes, il serait constamment dans le besoin (littéral. « comme n'ayant pas sa suffisance »). Un tel homme ne peut s'appeler riche. Celui-là seul mérite ce nom, qui se suffit à lui-même, qui reste calme et exempt de désirs, et qui est riche du peu qu'il possède.

(3) E : « Celui qui ne peut agir avec énergie (pour arriver au Tao), « échoue souvent dans ses desseins. Sa volonté ne mérite pas d'être « citée. Mais le sage qui agit avec énergie, avance sans cesse (dans le « Tao); plus le Tao lui paraît éloigné, et plus sa volonté s'anime à « le chercher. On peut dire qu'il est doué d'une forte volonté. »

Cette explication paraîtrait contraire au système de *Lao-tseu*, si l'on ne se rappelait qu'il ne blâme l'usage de la force et de l'énergie qu'autant qu'on les applique à la recherche des choses mondaines.

(4) E : Chaque être a son essence particulière. Celui qui s'en écarte

périt promptement; celui qui la conserve subsiste longtemps. S'il en est ainsi des êtres, à plus forte raison du cœur. Ne point s'écarter de la pureté, c'est ce que *Lao-tseu* appelle *pou-chi-khi-so* 不失其所, c'est-à-dire, « ne point perdre sa nature. »

(5) Ce passage difficile a beaucoup embarrassé les commentateurs. Je rapporterai les principales interprétations qu'il a reçues.

C pense que le mot *sse* 死 « mourir » s'applique à la mort du corps, et *pou-wang* 不亡 « ne pas périr » à l'immortalité de l'esprit (de l'âme). Il s'appuie du passage suivant de l'ouvrage intitulé *Tan-king* : « Le cœur meurt, mais l'esprit (l'âme) vit toujours. L'âme « sensitive s'éteint, mais l'âme spirituelle conserve sa lumière. »

Nong-sse : Les expressions *pou-hoa* 不化 « ne point se trans- « former » du philosophe *Lie-tseu*, *pou-sse* 不亡 « ne pas mourir » du philosophe *Tchouang-tseu*, *pou-mie* 不滅 « ne pas s'éteindre » des Bouddhistes, ont absolument le même sens. Le corps humain est comme l'enveloppe d'une cigale ou la dépouille d'un serpent. Nous n'y faisons qu'un séjour passager. Or, lorsque la peau de la cigale est desséchée, la cigale n'est pas encore morte ; lorsque l'enveloppe du serpent est décomposée (littéral. « putréfiée »), le serpent n'est pas encore mort.

E : La vie animale se dissipe, mais l'âme subsiste toujours.

Sou-tseu-yeou : Malgré les grands changements qu'on appelle la vie et la mort, sa nature (la nature du sage) conserve sa pureté et ne périt point. C'est ainsi que les hommes parfaits de l'antiquité ont pu échapper aux changements de la vie et de la mort.

Li-si-tchaï : Le sage regarde la vie et la mort comme le matin et le soir. Il existe et ne tient pas à la vie ; il meurt et ne périt pas. C'est là ce qu'on appelle la longévité.

CHAPITRE XXXIV.

(1) E : Le mot *fan* 汎 (littéral. « flotter ») veut dire ici que le Tao coule (s'étend) partout sans être arrêté par aucun obstacle.

Le commentateur C a pris de même le mot *fan* 汎 dans le sens de *fan-lan* 汎泛 « inundare. » Le Tao déborde partout, il n'y a pas de lieu où il n'arrive. B : Il coule partout, dans le ciel et la terre et dans le sein des dix mille êtres; il est à droite, il est à gauche; il n'a point de corps, point de nom déterminés.

(2) E : Cette expression veut dire que rien ne lui est impossible.

(3) E : Toutes les fois que les créatures commencent à naître, elles ont nécessairement besoin de l'assistance du Tao pour arriver à la vie. Le Tao leur fournit tout ce qu'elles lui demandent et ne les repousse jamais.

(4) E : Lorsque les créatures sont nées et formées, c'est au Tao qu'appartient le mérite de les avoir produites et nourries.

Lorsqu'enfin elles sont parvenues à leur entier développement, le Tao ne s'attache pas au mérite qui en découle, et ne les regarde pas comme son bien (littéral. « ne les nomme pas son avoir »).

(5) E : Dans l'origine, il leur a donné la vie, et à la fin il les conduit à leur entier développement; on peut dire qu'il aime et nourrit de la manière la plus parfaite tous les êtres de l'univers. Cependant, quoiqu'il comble les êtres de ses bienfaits, jamais il ne se regarde comme leur maître. En général, lorsqu'un homme s'est livré à un travail, il ne manque pas de se fatiguer. Qui pourrait, comme le Tao, suffire complètement au travail qu'exige la production des êtres, et ne refuser à aucun d'eux l'assistance dont il a besoin ?

Lorsqu'un homme a acquis du mérite, il ne manque pas de s'y attacher (et de s'en faire gloire). Qui pourrait, comme le Tao, parvenir au comble du mérite et le regarder comme s'il lui était étranger?

Si quelqu'un nourrit lui-même un enfant, il devient nécessairement son maître. Qui pourrait, comme le Tao, porter au suprême degré la vertu qui fait aimer et nourrir les êtres, et ne pas les regarder comme son bien particulier? C'est par là que le Tao est grand.

(6) A : Le Tao voile sa vertu et cache son nom. Il est constamment inerte ; il semble extrêmement petit et délié. E : Le Tao est calme et sans désirs ; il existe et il paraît comme n'existant pas ; il est plein et il paraît vide. On peut presque l'appeler *petit*.

(7) E : Quand tous les êtres se sont soumis au Tao, à la fin il se détache d'eux comme s'ils lui étaient étrangers. On peut l'appeler *grand*.

(8) E : Le cœur du Saint ressemble au Tao. Quoique sa vertu soit extrêmement grande, jamais il ne se regarde comme grand. C'est par là qu'il est grand.

CHAPITRE XXXV.

(1) E : Le mot *tchi* 執 veut dire « garder, conserver. » La grande image, c'est le Tao. Le Saint conserve le Tao ; il pratique le *non-agir*, et tout l'empire vient se soumettre à lui. L'empire s'étant soumis à lui, le Saint à son tour peut lui procurer de grands avantages, et le faire jouir de la paix, du calme et de la quiétude. Suivant *Liu-kie-fou*, les mots *ngan* 安 , *p'ing* 平 et *thaï* 泰 , expriment différents degrés de repos ; *p'ing* 平 est le superlatif de *ngan* 安 , et *thaï* 泰 le superlatif de *p'ing* 平 . La langue française ne possède pas de mots qui puissent rendre ces différentes nuances.

(2) E et *Sou-tseu-yeou* : Si l'on fait entendre de la musique, si l'on sert des mets exquis, cela suffit pour arrêter le voyageur qui passe.

Mais (B) lorsque la musique a cessé, lorsque les mets exquis sont consommés, le voyageur se retire à la hâte. Cette comparaison montre que les jouissances du siècle sont illusoires et n'ont qu'une faible durée.

Il n'en est pas de même du Tao. Quoiqu'il ne puisse réjouir nos oreilles ni flatter notre goût (*sic* et *Pi-ching*) comme la musique et les mets exquis, (E) dès qu'on l'a adopté et qu'on en fait usage, il peut s'étendre au monde entier et à la postérité la plus reculée.

La musique et les mets sont quelque chose de trop chétif pour être mis en comparaison avec le Tao.

CHAPITRE XXXVI.

(1) G : Le mot *hi* 歙 (*vulgo* aspirer) veut dire ici « se contracter, se resserrer; » *tchang* 張 signifie « se développer, s'agrandir. »

(2) E : Le mot *kou* 固 (*vulgo* solide) veut dire ici « dès l'origine. » — Voyez ma traduction de *Meng-tseu*, I, 90, 2; II, 84, 5.

B : Si vous voyez une créature extrêmement développée dès sa naissance, vous reconnaissez à ce signe qu'elle se rapetissera. Si vous la voyez montrer sa force, vous reconnaissez qu'elle s'affaiblira. Si vous la voyez, dès sa naissance, dans un état florissant, vous reconnaissez qu'elle dépérira, etc.

(3) E : Quoique ces principes soient évidents (pour le sage), en réalité ils sont abstraits et comme cachés (au vulgaire qui est incapable de tirer de telles conséquences de l'état apparent des choses ou des créatures).

(4) E : Si les choses les plus florissantes dépérissent, etc. il est évident que les choses molles peuvent triompher des choses dures (cf. chap. LXXVIII), et que les choses faibles peuvent triompher des choses fortes. *Ibidem* : La dureté et la force sont la voie qui conduit au danger et à la mort; la mollesse et la faiblesse sont la voie de la

paix et du salut. Celui qui gouverne un royaume pourrait-il se prévaloir de sa puissance et de sa force? Si le poisson peut se cacher au fond des eaux, il conserve sa vie. Il ne doit pas se livrer à des mouvements violents et s'élancer sur la terre; car il tomberait au pouvoir de l'homme et ne tarderait pas à périr. Mais (A) lorsque le poisson (que le pêcheur avait pris) quitte l'élément dur (la terre) et qu'il possède l'élément mou (l'eau), personne ne peut plus se rendre maître de lui. De même, si un royaume peut conserver la faiblesse (c'est-à-dire se montrer faible quoiqu'il soit puissant), il restera constamment en paix. Il ne doit pas se glorifier de sa puissance et de sa force (suivant E, l'expression « arme acérée du royaume » désigne la puissance, l'autorité), ni l'étaler aux yeux de tout l'empire. Autrement sa puissance s'épuiserait, sa force fléchirait, et il ne pourrait conserver ses états.

(5) Ordinairement les mots *kho-i* 可以 signifient « il peut, » et montrent que le verbe suivant est actif; mais ici (voyez, à la fin de mon édition de *Meng-tseu*, Tractatus, etc. p. 67 et suiv.) il faut regarder le mot *i* 以 (*vulgo* se servir) comme synonyme du mot *tsiang* 將 (*capere*) en style moderne, lorsqu'il désigne l'accusatif, et construire comme s'il y avait : *pou-kho-tsiang-koue-tchi-li-khi-chi-jin* 不可將國之利器示人 « Il ne faut pas (littéralement) *prenant* l'arme acérée du royaume (la) montrer aux « hommes, » c'est-à-dire il ne faut pas montrer aux hommes l'arme acérée du royaume.

Le commentateur *Li-si-tchaï* a adopté cette construction : *koue-tchi-li-khi-i-pou-kho-chi-jin* 國之利器不可示人 « L'arme « acérée du royaume ne doit pas être montrée aux hommes; » *i-thseu-chi-jin* 以此示人, comme s'il y avait *tsiang-thseu-chi-jin* 將此示人 (*si capiens illud, ostendas hominibus, id est, si illud ostendas hominibus*), si vous la montrez aux hommes, alors, etc. Cette construction se retrouve aussi dans B et plusieurs autres commentaires.

CHAPITRE XXXVII.

(1) E: Le Tao pratique constamment le *non-agir*, et cependant il n'y a pas un seul être du monde qui n'ait été produit par le Tao.

Le philosophe *Lie-tseu* dit : Il est sans connaissance, sans capacité, et cependant il n'y a rien qu'il ne connaisse, rien qu'il ne puisse faire. Cette pensée est la même que celle de *Lao-tseu*.

(2) A : Si les rois peuvent conserver le Tao, c'est-à-dire (B) l'imiter et (C) pratiquer le *non-agir,* tous les êtres (A) se convertiront à leur exemple, c'est-à-dire (E) pratiqueront le *non-agir.*

(3) E : Le mot *tso* 作 veut dire « se remuer, se mettre en mouve-« ment. » Le mot *tchin* 鎮 signifie « maintenir une chose en repos, « l'empêcher de remuer. » Longtemps après que le peuple se sera converti, ses affections, ses désirs recommenceront à se remuer au fond de son cœur, et les mœurs s'altéreront. Les uns voudront embellir ce qui est naturel et vrai, les autres voudront compliquer les choses les plus simples, et peu à peu on attachera du prix à de spécieuses apparences. Mais le Saint peut apercevoir de bonne heure ce grave défaut et le prévenir dans ses plus faibles commencements. Alors il le réprime à l'aide de la substance simple qui n'a pas de nom (à l'aide du Tao; c'est-à-dire qu'en pratiquant le *non-agir* et en le faisant pratiquer au peuple, il dompte la fougue de ses passions désordonnées). Mais si l'homme était disposé à le désirer (à désirer le Tao), ce serait encore avoir des désirs ; c'est pourquoi il est absolument nécessaire de ne pas le désirer. Alors (c'est-à-dire lorsqu'on ne désire pas même le Tao), on est parvenu au comble du calme et de la quiétude. Dès que le cœur de l'homme n'a plus aucune espèce de désirs, il se rectifie de lui-même. Cette absence de désirs étant étendue à tout l'empire, l'empire se rectifie de lui-même.

(4) Le mot *tsiang* 將 (*vulgo* marque du futur) signifie ici « il faut,

« il est nécessaire (E : *pi* 必). » (Cf. mon édition de *Meng-tseu*, I, 91, 7; et *Lao-tseu*, chap. XXXII, not. 5.)

(5) Suivant F, il faut construire *i-pou-yo-tsing* 以不欲靜, mot à mot : « par le *non-désirer*, (on) devient calme. »

LIVRE SECOND.

CHAPITRE XXXVIII.

(1) Le sens que j'ai donné aux mots *chang-te* 上德 littéralement, « haute vertu, » est celui de la plupart des interprètes. Il croit qu'ils désignent les Saints de la haute antiquité.

(2) E : *Pou-tseu-te* 不自德, c'est-à-dire : « Ils ne se regardent pas comme vertueux. » A explique *pou-te* 不德 par « ils ne laissent pas paraître leur vertu. »

(3) Il rend les mots *pou-tchi* 不失, littéral. « ne pas perdre, » par « ne pas oublier. » D'autres interprètes ont donné à ces deux mots leur sens accoutumé. E : Tout ce qu'ils peuvent faire, c'est de ne point *perdre* leur vertu. *Sou-tseu-yeou* : Les hommes d'un mérite inférieur savent que la vertu est honorée. Ils s'efforcent de l'acquérir et ne la *perdent* pas.

(4) *Wou-weï-eul-wou-i-weï* 無爲而無以爲, c'est-à-dire (B), *wou-yeou-sin-iu-te* 無有心於德 : « Ils ne songent point à pratiquer la vertu, ils la pratiquent naturellement. »

II : Ce qui fait que les hommes d'une vertu supérieure ont de la vertu, c'est que leur vertu émane du *non-agir* (c'est-à-dire qu'ils la pratiquent à leur insu et sans intention) et qu'ils ne s'en prévalent point. Cet interprète explique le mot *i* 以 par *chi* 恃, « s'appuyer « sur, se prévaloir de (la pratique de la vertu). » Quoiqu'il analyse la phrase autrement que B, il arrive au même sens. E rend les mots *wou-i-weï* 無以為 par *nihil agendo agit illud*, c'est-à-dire : « il pratique la vertu sans rien faire pour cela. »

(5) *Weï-tchi-eul-yeou-i-weï* 為之而有以為, c'est-à-dire (B), *yeou-sin-iu-te* 有心於德 : « Ils ont l'intention « de pratiquer la vertu. »

Il explique le mot *i* 以 par « se prévaloir de (*chi* 恃), » comme dans la phrase précédente. Ce qui fait, dit-il, que les hommes d'une vertu inférieure n'ont pas de vertu, c'est que leur vertu émane d'une intention formelle, c'est qu'ils se glorifient de leur mérite 矜功, et se prévalent de la pratique de la vertu.

E : *Yeou-i-weï* 有以為, c'est-à-dire *yeou-weï-weï-tchi* 有為為之 « Ils font des efforts pour la pratiquer. »

(6) *Sou-tseu-yeou* : Après avoir parlé de la vertu supérieure et de la vertu inférieure, *Lao-tseu* se contente de mentionner l'humanité supérieure, l'équité supérieure, et ne dit rien de l'humanité *inférieure*, de l'équité *inférieure*. En voici la raison. La vertu *inférieure* tient le milieu entre l'humanité et la justice, mais le degré *inférieur* de l'humanité et de l'équité ne mérite pas d'être cité.

(7) *Liu-kie-fou* : L'homme d'une humanité supérieure la pratique sans s'y appliquer et comme à son insu. Mais il n'en est pas de même de la justice ; pour la suivre, il faut examiner auparavant ce qui est bien ou mal, juste ou injuste. D'où il suit qu'on ne peut la pratiquer sans agir, c'est-à-dire sans y songer, sans intention.

(8) A : Les princes d'une urbanité supérieure créent les rites, établissent des règlements et déterminent la nature et l'ordre des cérémonies qui peuvent rehausser la majesté royale. Mais lorsque les fleurs de l'urbanité sont abondantes et que son fruit a dépéri (c'est-à-dire lorsque l'urbanité ne se compose que de dehors spécieux et que la sincérité des sentiments s'est affaiblie), on fatigue les autres par des démonstrations trompeuses, et à chaque acte on s'éloigne du Tao. Il est impossible qu'ils y répondent par des marques de respect.

(9) A : Alors les supérieurs se mettent en guerre avec les inférieurs. C'est pourquoi ils emploient la violence (littéral, « ils étendent « un bras menaçant ») pour les forcer à leur rendre hommage.

(10) A : Dès que le Tao se fut affaibli, la vertu naquit dans le monde ; dès que la vertu se fut affaiblie, l'humanité et l'affection apparurent ; dès que l'humanité se fut affaiblie, l'équité se montra avec éclat. Dès que l'équité se fut affaiblie, on commença à témoigner une politesse étudiée et à envoyer en présent du jade et des étoffes de soie.

(11) E: *Lao-tseu* n'arrive à l'urbanité qu'après être descendu quatre fois au-dessous du Tao. En effet, il descend du Tao à la vertu, de la vertu à la justice, de la justice à l'équité, de l'équité aux rites ou à l'urbanité. L'urbanité est ce qu'il y a de plus faible dans les vertus sociales ; il est impossible de descendre plus bas. Si l'on descend plus bas, on entre dans la voie du désordre.

Ibid. On ne peut pas dire que l'urbanité exclut nécessairement la droiture et la sincérité ; mais elle n'en est que la partie la plus faible, la plus superficielle. Elle n'est pas un désordre, mais elle est le principe du désordre. En effet, si l'on veut montrer son respect par une attitude humble, sa sincérité par des paroles bienveillantes, lorsqu'on multiplie ces démonstrations, le sentiment de la droiture et de la sincérité s'affaiblit de jour en jour.

(12) A : Ne pas savoir et dire que l'on sait, cela s'appelle *thsien-tchi* 前識.

E explique la même expression par *thsien-tchi* 前知, « la faculté « de connaître *les choses* d'avance. » Cette faculté n'exclut pas nécessairement le Tao, mais elle n'en est que la fleur; ce n'est pas de l'ignorance, mais c'est le commencement de l'ignorance. La véritable étude du Tao consiste à nourrir ses esprits. Quoique l'éclat (de la vertu du Saint) puisse illuminer l'univers, il le renferme dans son intérieur. Quant à ces hommes qui font usage de leurs facultés intellectuelles pour prévoir la paix ou le désordre des états, pour prédire le malheur ou le bonheur, ils peuvent, il est vrai, exciter l'admiration du siècle; mais lorsqu'ils se replient sur eux-mêmes, cette faculté ne leur sert de rien. Ils fatiguent leurs esprits en s'occupant des choses extérieures; de là naissent le trouble et l'erreur. C'est pourquoi *Lao-tseu* dit : C'est le commencement de l'ignorance.

(13) *Sou-tseu-yeou* : L'homme saint pénètre tous les êtres à l'aide d'une intuition merveilleuse. Le vrai et le faux, le bien et le mal brillent à sa vue comme dans un miroir. Rien n'échappe à sa perspicacité. Les hommes vulgaires ne voient rien au delà de la portée de leurs yeux, n'entendent rien au delà de la portée de leurs oreilles, ne pensent rien au delà de la portée de leur esprit. Ils cheminent en aveugles au milieu des êtres; ils usent leurs facultés pour acquérir du savoir, et ce n'est que par hasard qu'ils en entrevoient quelques lueurs. Ils se croient éclairés et ne voient pas qu'ils commencent à arriver au faîte de l'ignorance. Ils se réjouissent d'avoir acquis ce qu'il y a de plus bas, de plus vil au monde; et ils oublient ce qu'il y a de plus sublime. Ils aiment le superficiel et négligent le solide; ils cueillent la fleur et rejettent le fruit. Il n'y a qu'un grand homme qui sache rejeter l'une et adopter l'autre.

E : Plusieurs auteurs raisonnent ainsi : L'humanité, la justice, les rites, les lois, sont les instruments dont se sert un homme saint (c'est-à-dire un prince parfait) pour gouverner l'empire. Mais *Lao-*

tseu veut qu'on abandonne l'humanité et la justice, qu'on renonce aux rites et aux lois. Si une telle doctrine était mise en pratique, comment l'empire ne tomberait-il pas dans le désordre? En effet, parmi les lettrés des siècles suivants, on en a vu qui, séduits par le goût des discussions abstraites, négligeaient les actes de la vie réelle; d'autres qui, entraînés par l'amour de la retraite, mettaient en oubli les lois de la morale. L'empire imita leur exemple, et bientôt la société tomba dans le trouble et le désordre. C'est ce qui arriva sous la dynastie des Tsin. Ce malheur prit sa source dans la doctrine de *Lao-tseu*.

Ceux qui raisonnent ainsi ne sont pas capables de comprendre le but de *Lao-tseu*, ni de pénétrer la véritable cause des vices qui ont éclaté sous les Tsin. Les hommes des Tsin ne suivaient pas la doctrine de *Lao-tseu;* les troubles de cette époque ont eu une autre cause. Ce n'est point sans motif que *Lao-tseu* apprend à quitter l'humanité et la justice, à renoncer aux rites et à l'étude. Si les hommes doivent quitter l'humanité et la justice, c'est pour révérer le Tao et la Vertu; s'ils doivent renoncer aux rites et à l'étude, c'est pour revenir à la droiture et à la sincérité. Quant aux hommes des Tsin, je vois qu'ils ont abandonné l'humanité et la justice; je ne vois pas qu'ils aient révéré le Tao et la Vertu. Je vois qu'ils ont renoncé aux rites et à l'étude; je ne vois pas qu'ils soient revenus à la droiture et à la sincérité.

Depuis la période *Thaï-kang* (l'an 280 après J. C.) jusqu'à la fuite sur la rive gauche du fleuve Kiang, les lettrés s'appliquaient en général à acquérir une réputation éminente; ils s'abandonnaient mollement au repos; ils couraient après le pouvoir et la fortune, et se passionnaient pour la musique et les arts. Le goût des discussions abstraites et l'amour de la solitude n'étaient rien en comparaison de ces excès coupables qui ont troublé la famille des Tsin, et dont il serait impossible de trouver la cause dans l'ouvrage de *Lao-tseu*.

CHAPITRE XXXIX.

(1) *Sou-tseu-yeou* : L'Unité, c'est le Tao. C'est du Tao que tous les êtres ont obtenu ce qui constitue leur nature. Les hommes de l'empire voient les êtres et oublient le Tao; ils se contentent de savoir que le ciel est pur, que la terre est en repos, que les esprits sont doués d'une intelligence divine; que les vallées sont susceptibles d'être remplies, que les dix mille êtres naissent, que les princes et les rois sont les modèles du monde. Mais ils ignorent que c'est du Tao qu'ils ont obtenu ces qualités. La grandeur du ciel et de la terre, la noblesse des princes et des rois, c'est l'Unité qui les a produites. Mais qu'est-ce donc que l'Unité? Vous la regardez et ne pouvez la voir; vous voulez la toucher et ne l'atteignez pas. On voit que c'est la chose la plus subtile du monde.

(2) J'ai rendu le mot *tching* [40] 正 par « modèle. » E : Les princes et les rois sont placés au-dessus des hommes. L'empire les révère et les prend pour *modèles*. Il l'explique par *tchang* 長, « supérieur, chef. »

(3) E : L'expression *thien-wou-i-thsing* 天無以清, littéral. « si le ciel n'avait pas de pureté, » signifie « si le ciel perdait son « Unité, » c'est-à-dire ce qui constitue sa nature.

H : Le ciel, la terre et tous les êtres tirent leur origine de l'essence du Tao. C'est parce que le ciel a obtenu cette Unité, cette essence, qu'il est pur et s'élève sous forme d'éther au-dessus de nos têtes, etc. Si le ciel ne possédait pas cette Unité, c'est-à-dire s'il ne tenait pas du Tao cette pureté qui constitue sa nature, il se fendrait et ne pourrait s'arrondir en voûte. Si la terre ne possédait pas cette Unité, elle serait entraînée par un mouvement rapide (plusieurs interprètes expliquent le mot *fa* 發 par « se mettre en mou- « vement 動 ») et ne pourrait rester en repos pour supporter les êtres; si les hommes ne la possédaient pas, leurs moyens de vivre s'épuiseraient et ils ne pourraient se perpétuer sans fin dans leurs fils et leurs petits-fils. Si les dix mille (c'est-à-dire tous) les êtres ne la possédaient pas, ils s'éteindraient et cesseraient d'exister. Si les princes et les rois ne la possédaient pas, ils seraient renversés, et ne pourraient rester en paix sur leur trône noble et élevé. C'est sur ce dernier point que *Lao-tseu* insiste particulièrement, parce qu'il désire que les rois s'attachent au Tao et gouvernent par le *non-agir*.

En général, tout homme qui est soumis aux autres et n'agit que d'après leurs ordres, s'appelle *hia-tsien* 下賤, « bas et abject. » C'est une comparaison qui s'applique au Tao. Le Tao est sans nom et tous les êtres du monde peuvent en faire usage, de même qu'on emploie un homme d'une condition basse et abjecte. Si les princes et les rois restaient sur leur trône noble et élevé sans posséder le Tao, ils seraient bientôt renversés. N'est-il pas évident que le Tao est leur fondement et leur racine?

(4) Plusieurs éditions portent: *heou-wang-wou-i-weï-tching-eul-kouei-kao* 侯王無以爲正而貴高, « Si les princes « et les rois cessaient d'être les modèles (du monde) et s'énorgueil- « lissaient de leur noblesse et de leur élévation... » La construction que j'ai adoptée, d'après la glose de *Liu-kie-fou*, m'a paru plus régulière et plus logique. « Être noble (dit cet interprète) et oublier « sa noblesse, être élevé et oublier son élévation, c'est le moyen d'être « le modèle de l'empire et de ne pas être détrôné. »

(5) E : Dans l'ordre de la nature, les princes et les rois sont de la même espèce que l'humble homme du peuple. Si les peuples se soumettent à eux, de simples particuliers qu'ils étaient, ils deviennent princes et rois. Si les peuples les abandonnent, de princes et de rois qu'ils étaient, ils descendent dans la classe des simples particuliers. On voit par là que la noblesse et l'élévation des princes et des rois ont pour base la classe abjecte et roturière du peuple. Quand les princes et les rois s'appellent eux-mêmes par humilité *orphelins, hommes de peu de mérite, hommes dénués de vertu*, ils em-

ploient les dénominations qui servent à désigner le pauvre peuple et les gens d'une condition basse et ignoble. S'ils se désignent ainsi eux-mêmes, au lieu d'employer des titres pompeux, c'est qu'ils n'ont pas oublié leur humble origine.

(6) Suivant *Sie-hoeï* (E), le sens du mot *tchi* 致 n'a pas encore été expliqué d'une manière satisfaisante; il le regarde comme redondant.

(7) B et *Sie-hoeï:* Avec une multitude de matériaux, vous formez un char. *Char* est un nom collectif des différents matériaux dont un char se compose. Si vous les comptez un à un (si vous décomposez le char), vous aurez un moyeu, des roues, des rais, un essieu, un limon, etc. si vous donnez à ces différentes parties leurs noms respectifs, le nom de char disparaîtra; si vous en faites abstraction, il n'y aura plus de *char*.

De même, c'est la réunion et l'ensemble du peuple qui forment un prince ou un roi. *Prince, roi,* sont des noms collectifs de peuple.

Si vous faites abstraction du peuple, il n'y aura plus ni prince ni roi.

Quelque beau que soit un char, il ne l'est devenu que par la réunion d'une multitude de petits matériaux. Quelque noble que soit un prince ou un roi, il n'a pu le devenir que par la réunion d'une foule d'hommes d'une basse condition.

Il est donc à désirer que les princes et les rois sachent s'abaisser au milieu de leurs honneurs, et (C) devenir simples et humbles comme le Tao. Dès qu'un prince possède le Tao, il n'est pas au pouvoir des hommes de le rehausser ni de l'avilir. Il ne veut pas être estimé comme le jade, ni méprisé comme la pierre. Or (E) si les princes et les rois perdent leur peuple, c'est parce qu'ils ont perdu l'*Unité* (le Tao). S'ils perdent l'*Unité,* c'est parce que, fiers de leur noblesse et de leur élévation, ils s'abandonnent, sur le trône, aux plus coupables excès. *Lao-tseu* explique ici la cause de la noblesse et de l'élévation, pour détourner les hommes de les rechercher.

CHAPITRE XL.

(1) C'est-à-dire : Dès que les êtres sont retournés au *non-être*, le Tao leur donne (de nouveau) le mouvement vital.

Pi-ching : Le mot *fan* 反 veut dire *fan-iu-wou* 反於無, « retourner au *non-être*. »

E : Le mouvement du Tao, c'est-à-dire l'impulsion que le Tao donne aux êtres, a pour racine, pour origine, leur retour (au *non-être*). S'ils ne retournaient pas au *non-être*, (le Tao) ne pourrait les mettre en mouvement. Il faut qu'ils se condensent, qu'ils se resserrent (qu'ils décroissent), pour pouvoir atteindre ensuite toute la plénitude de leur développement. C'est pourquoi le retour au *non-être* permet au Tao de mettre les êtres en mouvement, c'est-à-dire de les faire renaître.

B : Parmi tous les êtres de l'univers, il n'en est pas un seul qui n'ait besoin de retourner au *non-être* pour exister de nouveau. Ce n'est que lorsqu'ils sont rentrés dans un repos absolu, que le Tao les met de nouveau en mouvement et les ramène à la vie. Ainsi le repos est la base et le principe du mouvement.

(2) Littéralement : « La faiblesse - du Tao - usage. » A explique les mots *tao-tchi-yong* 道之用 par 道之所常用, c'est-à-dire : « (La faiblesse est) ce dont le Tao fait constamment usage. » C'est pourquoi il peut subsister éternellement. E a adopté le même sens : La faiblesse est l'état constant du Tao ; s'il n'était pas faible, il ne pourrait subsister longtemps.

D'autres commentateurs ont entendu que la *faiblesse* était le moyen de *faire usage* du Tao, c'est-à-dire d'observer, d'imiter le Tao. B : Si ceux qui cultivent le Tao savaient que le retour au vide, au repos, est la base, le principe du mouvement, ils affaibliraient leur volonté, ils rendraient leur cœur vide. Dès que la volonté est affaiblie, le cœur devient vide ; lorsque ce vide est porté à son comble, on entre dans une quiétude parfaite et l'on retourne à sa racine. Voilà le plus puissant moyen de renouveler sa nature.

Pi-ching : Par la faiblesse on ressemble en quelque sorte au Tao. *Tchao-tchi-kien* : Avoir le cœur vide et tranquille intérieurement, être mou et faible extérieurement, c'est le moyen de retourner à sa racine (au Tao). *Li-si-tchaï* : En se développant, les êtres deviennent forts. Si l'on revient de la force à la faiblesse, on pourra arriver peu à peu au Tao.

(3) A : Les dix mille choses sont nées du ciel et de la terre, qui ont une place déterminée dans l'univers. C'est pourquoi *Lao-tseu* dit : « Elles sont nées de l'*être*. »

(4) B : D'où sont nés le ciel et la terre? Ils sont nés du *non-être* (du Tao). Le Tao (A) n'a point de forme, c'est pourquoi *Lao-tseu* dit : « L'*être* est né du *non-être*. »

CHAPITRE XLI.

(1) *Hi-ching* : Les lettrés supérieurs comprennent ce qui est caché comme ce qui est brillant dans le Tao ; ils pénètrent au delà des limites du corps. C'est pourquoi, dès qu'ils entendent parler du Tao, ils y ont foi et le pratiquent avec zèle.

Les lettrés du second ordre sont sur les limites du caché et du brillant (c'est-à-dire de ce qui est inaccessible et accessible aux sens); ils sont placés entre le Tao et la matière; aussi, dès qu'ils en entendent parler, ils restent à moitié dans la foi et à moitié dans le doute. C'est pourquoi tantôt ils conservent (pratiquent) le Tao, tantôt ils le perdent (l'abandonnent).

Les lettrés inférieurs voient le brillant (c'est-à-dire ce qui est accessible aux sens) et ne voient pas le caché ; ils restent enveloppés dans la matière. C'est pourquoi, dès qu'ils entendent parler du Tao, ils le tournent en dérision et le calomnient.

Or le Tao est caché, subtil, profond, inscrutable. Les lettrés inférieurs, dit *Liu-kie-fou*, le tournent en dérision parce qu'ils le cherchent à l'aide des sens et ne peuvent l'atteindre. S'ils pouvaient l'atteindre, le saisir dans sa sublimité à l'aide des sens, ils ne le tourneraient pas en dérision; mais, en devenant accessible à leur vue grossière, il perdrait toute sa grandeur et ne mériterait plus le nom de Tao!

E : Le Tao est profond, éloigné. C'est l'opposé des choses matérielles. Quand les lettrés supérieurs entendent parler du Tao, ils peuvent le pratiquer avec zèle, parce qu'ils le comprennent clairement et y croient avec une forte conviction.

Les lettrés du second ordre conservent des doutes sur le Tao, parce qu'ils sont incapables de le connaître véritablement et d'y croire avec une forte conviction.

Quant aux lettrés inférieurs, ils se bornent à le tourner en dérision. S'ils ne le tournaient pas en dérision, le Tao ressemblerait aux idées, aux vues des lettrés inférieurs. Il ne mériterait pas le nom de Tao.

Yen-kiun-ping : Ce qu'entendent les lettrés du second ordre n'est point ce qu'il y a de plus beau ; ce que voient les lettrés inférieurs n'est pas ce qu'il y a de plus excellent.

Ce qui éblouit les lettrés du second ordre, ce que les lettrés inférieurs tournent en dérision, est ce qu'il y a de plus beau et de plus excellent parmi les choses les plus belles et les plus excellentes du monde.

(2) H : Ces douze phrases sont des axiomes empruntés aux anciens. Le commentateur E pense que ces axiomes vont jusqu'à la dernière phrase inclusivement.

(3) H : L'homme vulgaire fait usage de la prudence, il s'en glorifie et se croit doué de capacité. Le Saint a des lumières, mais il ne les laisse pas briller au dehors ; il a de la prudence, mais il ne s'en sert pas.

E : Celui qui connaît le Tao arrive à une intelligence profonde.

Alors il se dépouille de ses lumières et de sa pénétration, et il paraît comme un homme obtus et environné de ténèbres.

(4) E : Celui qui pratique le Tao arrive au comble de la perfection ; mais il diminue sans cesse son propre mérite, et il ressemble à un homme qui n'a fait que marcher en arrière.

H : L'homme vulgaire se vante lui-même, il s'élance en avant avec une ardeur insatiable. Le Saint se conserve dans l'humilité, se dirige d'après le sentiment de sa bassesse et de son indignité.

(5) H : L'homme vulgaire s'élève et s'exalte lui-même. Le Saint s'unit de cœur au Tao, il se rapproche de la poussière du siècle ; il se plie aux usages et ne les adopte pas.

A : L'homme qui possède le sublime Tao ne se distingue pas de la foule. Cet interprète explique le mot *i* 夷 dans le sens de *ta* 大, « grand. »

(6) *Sou-tseu-yeou :* Il se tient constamment dans le rang le plus bas. *Aliter* H : L'homme vulgaire a une âme étroite ; elle ne contiendrait pas un atome. Le Saint embrasse dans son cœur le ciel et la terre. Il n'y a rien que sa vertu ne contienne. Elle est comme la mer, qui reçoit tous les fleuves.

(7) H : L'homme vulgaire est rempli intérieurement de vices et de souillures, et il se pare de dehors spécieux pour paraître pur et sans tache. Le Saint est droit et simple, il est pur et blanc comme la neige. Sa vertu n'a jamais reçu un atome de la poussière du siècle ; c'est pourquoi il peut endurer la honte et supporter les opprobres. A le voir, on le prendrait pour un homme du commun.

(8) H : L'homme vulgaire ne laisse pas oublier la plus petite de ses vertus. Il se prévaut du bien qu'il fait et exige qu'on le paye de retour. Le Saint répand sa vertu et ses bienfaits sur toutes les

créatures, et ne s'en fait point un mérite ; c'est pourquoi sa grande vertu paraît *insuffisante.*

(9) E donne au mot *teou* 偷 le sens de « paresseux, dépourvu « de zèle. »

(10) E : L'homme simple et vrai retranche les ornements et supprime les dehors spécieux. Il ressemble à un objet qui s'est détérioré et qui n'a plus rien de neuf.
Le mot *iu* 渝 signifie « changer en mal, se détériorer, » et « sale, « repoussant. » A le rend par l'adjectif « superficiel. »

(11) A, H, *Hi-ching* et *Youen-tse*, rapportent ces quatre comparaisons au Saint ; E les rapporte au Tao. Le reste du chapitre ne présente aucune difficulté.

CHAPITRE XLII.

(1) *Li-si-tchaï* : Tant que le Tao était concentré en lui-même, *Un* n'était pas encore né. *Un* n'étant pas encore né, comment aurait-il pu y avoir *deux* ? *Deux* n'existait pas parce que *Un* ne s'était pas encore divisé, répandu (dans l'univers pour former les êtres). Dès qu'il y a eu *Un* (c'est-à-dire dès que le *Tao* se fut produit au dehors), aussitôt il y a eu *deux*.

(2) E : *Un* a produit *deux*, c'est-à-dire, *un* s'est divisé en principe *in* 陰, « femelle, » et en principe *yang* 陽, « mâle. »

(3) E : *Deux* a produit *trois* (c'est-à-dire, *deux* ont produit un *troisième* principe) : le principe femelle et le principe mâle se sont unis et ont produit *l'harmonie.*

(4) *Trois*, c'est-à-dire ce troisième principe. E : Le souffle d'harmonie s'est condensé et a produit tous les êtres. Voyez note 6.

(5) Plusieurs interprètes expliquent le mot *fou* 負 par « tourner « le dos à, fuir, » et le mot *pao* 抱 par « se tourner vers, chercher. » Suivant E, le mot *in* 陰 désigne ici « le repos, » *tsing* 靜, et *yang* 陽, « le mouvement, » 動.

Tong-sse-tsing rapporte ce passage aux plantes et aux arbres, et rend les mots *in* 陰 et *yang* 陽 par « le froid » et « la chaleur. » Les plantes, dit-il, se détournent du froid et se dirigent vers la chaleur, et un souffle vide (un principe vital) circule au dedans d'elles. (Cette application paraît trop restreinte.)

(6) Le mot *khi* 氣, « souffle, » a en partie l'extension du mot latin *anima*, qui signifie à la fois « souffle » et « principe vital; » mais il ne se dit pas, comme *anima*, de l'âme intelligente de l'homme. »

H : Le mot *tchong* 冲 veut dire « vide, *hiu* 虛, immatériel. » *Ibid.* Ce souffle d'harmonie est la racine de tous les êtres; mais il est vide, mou et faible; il n'est point de la même espèce que les êtres.

(7) *Yen-kiun-p'ing* : Ce qui est petit, exigu, mou et faible (le Tao), a été l'origine du ciel et de la terre, et la mère de tous les êtres; mais les hommes détestent la faiblesse, l'exiguïté, l'imperfection; et cependant les princes et les rois en tirent les noms qu'ils se donnent eux-mêmes. (H) N'est-ce pas parce qu'ils regardent l'humilité, la faiblesse, comme les plus puissants ressorts du monde!

(8) H : Ces noms que se donnent les rois sont des termes d'humilité. Si les princes et les rois ne s'abaissaient pas (littéral. « ne « se diminuaient pas »), l'empire ne se soumettrait pas à eux. C'est pourquoi les empereurs *Yao* et *Chun* occupèrent le trône et le regardèrent comme s'il leur eût été étranger (ils oubliaient leur élévation); leurs bienfaits ont eu une étendue sans bornes, et jusqu'aujourd'hui on célèbre leur vertu. Aussi quiconque s'abaisse est élevé par les hommes (littéral. « quiconque se diminue, les hommes l'aug- « mentent »).

Liu-kie-fou : Ceux qui ont créé, dans l'antiquité, les dénominations humbles par lesquelles les princes devaient se désigner eux-mêmes, les ont empruntées aux conditions que les hommes méprisent généralement. Ils ont voulu par là que, malgré leur noblesse et leur élévation, les rois n'oubliassent pas la condition abjecte et roturière d'où ils sont sortis.

B : Les rois s'appellent ainsi, parce que la *diminution* est la racine de l'*augmentation*, parce que, en s'appauvrissant et en s'abaissant extérieurement, on s'enrichit et on s'élève intérieurement.

(9) H : *Kie* et *Tcheou* n'ont employé que pour eux seuls les richesses et la puissance de l'empire; ils ont tyrannisé le peuple et assouvi leurs passions; ils ne songeaient qu'à eux, sans prendre soin des autres hommes; aussi, quoiqu'ils occupassent le trône, tout l'empire les abandonna. On voit par là que ceux qui s'élèvent eux-mêmes sont abaissés par les hommes (littér. « de là vient que ceux « qui s'augmentent eux-mêmes, les hommes les diminuent »).

(10) H : Ce que les hommes enseignent, je n'ai jamais manqué de l'enseigner. Mais les hommes ordinaires ne savent pas enseigner les autres. Ils ne songent qu'à augmenter leurs connaissances (les connaissances des autres); ils les rendent orgueilleux, arrogants; et cette présomption les pousse à des actes violents. Ils ignorent que les hommes violents (G : qui cherchent à subjuguer les autres) ne meurent jamais d'une manière naturelle. Mais, moi, j'enseigne aux hommes à diminuer chaque jour leurs désirs, à se maintenir dans l'humilité et la modestie, pour conserver la vertu d'*harmonie* qui est la base et le soutien de leur vie.

A, B : Les hommes de la multitude enseignent à quitter la faiblesse pour la force, la douceur pour la fermeté; moi, j'enseigne à quitter la force pour la faiblesse, la fermeté qui résiste pour la douceur qui sait céder aux obstacles.

D'après les interprètes A, B, il semble qu'il devrait y avoir dans le texte : « J'enseigne le contraire de ce qu'enseignent les hommes vul- « gaires. »

Plusieurs commentateurs ont omis ce passage, à cause de l'impossibilité où ils se trouvaient, sans doute, de faire disparaître la contradiction qu'il présente. Peut-être vaut-il mieux adopter la leçon d'un ancien texte cité dans les variantes de G : 人之所以教我。亦我之所以教人。 « Ce que les hommes « m'ont enseigné, je l'enseigne à mon tour aux autres hommes. » Mais ce passage aurait des conséquences graves. Il nous autoriserait à faire remonter plus haut que *Lao-tseu* la doctrine dont on le regarde comme l'auteur. J'ajouterai, à cette occasion, que, depuis les *Han*, les historiens chinois emploient souvent l'expression *Hoang-lao-tchi-yen* 黃老之言, « La doctrine de l'empereur *Hoang-ti* « et de *Lao-tseu*, » pour désigner les principes exposés dans le *Tao-te-king*. Ils écrivent aussi : *hio-Hoang-Lao, sse-Hoang-Lao* 學黃老。事黃老 « étudier, servir *Hoang-ti* et *Lao-tseu*, » pour dire : étudier, professer cette même doctrine. (Cf. *Pien-i-tien*, liv. LV, fol. 1 r. et *Hio-tong*, liv. L.) Or on sait que l'empereur *Hoang-ti* commença à régner l'an 2698 avant J. C. Malheureusement les circonstances de sa vie et de son règne ne sont pas exemptes de cette obscurité qui est inséparable des époques primitives de l'histoire du monde.

(11) E : *Kiao-fou* 教父 : C'est comme s'il disait : 眾教之先。 « *La première de toutes (mes) instructions.* » On voit que E rend *fou* 父 *vulgo* « père, » par *sien* 先, « ce qui passe avant, » ce qui précède, *la chose première.* (A : *Fou* 父, c'est-à-dire *chi* 始, « commencement. » Même sens.) *Lao-tseu* dit que « Les hommes « violents n'obtiennent pas une bonne mort. » Quoique les hommes de son temps professassent cette doctrine, ils n'en saisissaient pas le sens, et ne la regardaient pas comme très-importante. L'auteur la prend pour base de ses instructions, parce qu'il en comprend toute la portée.

Il explique le mot *fou* 父 par *mo-to* 木鐸 (cf. Morrison, *Dict. chin.* part. II, n° 10305), « sorte de clochette dont on se ser-« vait pour appeler le peuple à venir recevoir l'instruction. » Ici ce mot se prendrait au figuré pour désigner celui qui annonce, qui prêche une doctrine. H : « Je serai le prédicateur de la doctrine. »

Un seul commentateur (G) rend les mots *kiao-fou* 教父 au sens propre : « Je serai le père de la doctrine. »

CHAPITRE XLIII.

(1) *Sic* E : 役使. B : L'eau est extrêmement molle, et cependant elle peut renverser les montagnes et les collines.

(2) A : *Wou-yeou* 無有 le *non-être*, c'est-à-dire le Tao. Le Tao n'a pas de corps; c'est pourquoi il peut pénétrer les esprits et la multitude des êtres.

Sou-tseu-yeou pense que l'expression *non-être* s'applique aux esprits. *Liu-kie-fou* la rapporte au *khi* 氣, à l'éther, qu'il regarde comme immatériel, *wou-tchi* 無質.

(3) B : L'expression *wou-kien* 無閒 signifie « ce qui n'a point « d'interstices » (ce qui est impénétrable). Il n'y a pas de corps plus délié, plus fin que la poussière, et cependant elle ne peut entrer dans un corps sans interstices. Mais l'être d'une subtilité ineffable traverse le duvet d'automne (qui pousse aux animaux en automne) et trouve de la place de reste ; il pénètre sans difficulté les pierres et les métaux les plus durs.

(4) E : Le Saint ne parle pas, et le peuple se convertit ; il pratique le *non-agir*, et les affaires sont bien gouvernées. C'est par là que sa sincérité parfaite accomplit naturellement de grands mérites. Mais les autres hommes ont besoin de répandre des instructions pour qu'on leur obéisse ; ils ont besoin d'agir pour réussir dans leurs desseins. Ils se donnent beaucoup de peine, et n'obtiennent que de minces résultats. Ils sont bien loin de la voie du Saint!

E : *Yen-kiun-ping* dit : Celui qui agit d'une manière active peut faillir et perdre le mérite qu'il ambitionne; celui qui *agit sans agir* obtient des succès sans bornes. C'est ainsi qu'opèrent le ciel et la terre; c'est par là que surgissent les hommes et les êtres.

La voix qui s'exprime par des sons s'entend à peine jusqu'à cent lis; la voix qui est dénuée de son pénètre au delà du ciel et ébranle tout l'empire.

Les paroles humaines ne sont pas comprises des différentes espèces d'hommes; mais, à la parole de l'être qui ne parle pas, le *In* et le *Yang* (le principe femelle et le principe mâle) répandent leurs influences fécondes, le ciel et la terre s'unissent pour produire les êtres. Or le Tao et la Vertu n'agissent pas, et cependant le ciel et la terre donnent aux créatures leur entier développement. Le ciel et la terre ne parlent pas, et cependant les quatre saisons suivent leur cours. C'est (A) par là que je vois que le *non-agir* est utile aux hommes.

(5) Littéralement : « L'instruction du *non-parler*, l'utilité du *non-agir*, dans le monde peu d'hommes atteignent cela. »

H : Les hommes ne savent pas enseigner les autres, parce qu'ils parlent. Alors ils se fient à leur prudence, s'estiment, se vantent et aiment à agir. Celui qui aime à agir est facile à renverser. On voit par là que l'instruction qu'accompagnent les paroles, la conduite qui se manifeste par l'action, sont des choses inutiles. D'où il résulte que, dans le monde, peu d'hommes sont en état d'instruire sans faire usage de la parole, et d'obtenir les avantages du *non-agir*.

CHAPITRE XLIV.

(1) C'est-à-dire, sans interrogation : « Notre personne nous touche « de plus près que notre gloire (II), notre personne nous est plus « précieuse que les richesses; c'est un plus grand malheur d'acquérir « la gloire et les richesses que de les perdre. » B : La gloire et les richesses sont des choses extérieures. Méritent-elles que nous nous réjouissions après les avoir acquises, que nous nous affligions après les avoir perdues?

Liu-kie-fou : Ce que les guerriers recherchent avec ardeur, c'est la gloire; et, pour l'obtenir, ils vont jusqu'à faire le sacrifice de leur vie. Ainsi ils ignorent que leur personne les touche de plus près que la gloire.

Ce que les hommes cupides recherchent avec ardeur, ce sont les richesses; et, pour les acquérir, ils vont jusqu'à exposer leur vie; ils ignorent que leur personne est plus précieuse que les richesses. Ils acquièrent les richesses, et ils perdent leur noblesse intérieure et leur richesse innée (leur vertu)!

Celui qui possède la vertu sait que la plus belle noblesse réside en lui-même, et il n'attend rien de la gloire; c'est pourquoi il sait se suffire et ne connaît point le déshonneur. Il sait que la richesse la plus précieuse réside en lui-même, et il n'attend rien des biens que procure l'opulence. C'est pourquoi il sait s'arrêter et ne périclite pas. N'étant exposé ni au déshonneur, ni au danger, il peut subsister longtemps.

Yen-kiun-ping : La gloire est le plus grand artisan des malheurs et des désordres; pour l'obtenir, l'homme s'aliène le ciel et la terre, et court à sa perte. Les richesses l'enflent d'orgueil; pour les obtenir, il accable le peuple de fatigues, il appauvrit le royaume, il trouble ses esprits, il expose son cœur à une foule de désirs, il se met en révolte contre le Tao, il se livre au vol et au brigandage ; l'univers le déteste, le monde lui déclare la guerre; c'est souvent un malheur de les acquérir (la gloire et les richesses), un bonheur de les perdre. En effet, celui qui a acquis de la gloire ou de la fortune ne persévère pas dans le Tao et la Vertu. Les esprits l'abandonnent, et il tranche lui-même sa vie; le ciel même ne pourrait le sauver. Mais dès qu'un homme est délivré de la gloire et des richesses, le Tao et la Vertu le favorisent, et les esprits le protégent. Sa gloire éclate d'elle-même, et ses richesses égalent celles du ciel et de la terre.

(2) A : Celui qui aime beaucoup la volupté consume ses forces;

celui qui aime beaucoup les richesses tombe dans le malheur. Ce qu'il aime est peu de chose, ce qu'il perd est immense!

Liu-kie-fou : Celui qui aime la gloire désire s'anoblir; mais, par son amour immodéré de la gloire, il la perd ainsi que sa *noblesse innée* (sa vertu)! Celui qui amasse des richesses désire se rendre opulent; mais, en les enfouissant en grande quantité, il les perd ainsi que ce qui fait sa véritable richesse (sa vertu).

(3) A : Si, pendant votre vie, vous cachez beaucoup de richesses dans vos coffres, on viendra vous attaquer et vous piller. Si, après votre mort, on dépose de grandes richesses dans votre tombeau, les voleurs violeront votre sépulture et fouilleront votre cercueil.

(4) A : L'homme qui sait se suffire renonce au profit, se dépouille de ses désirs, et ne s'expose pas au déshonneur pour les contenter.

(5) A : Il ne se compromet point pour obtenir les richesses et le profit; la musique, la beauté des femmes ne troublent point ses oreilles ni ses yeux. C'est pourquoi il n'est exposé à aucun danger.

(6) A : Si un homme sait s'arrêter, se suffire, il trouvera en lui-même le bonheur et la fortune. En se gouvernant lui-même, il n'usera pas ses esprits; en gouvernant le royaume, il ne tourmentera pas le peuple. C'est pourquoi il pourra subsister longtemps.

CHAPITRE XLV.

(1) E : La perfection se détruit promptement, la plénitude s'épuise rapidement, parce que l'homme se glorifie de sa perfection et de sa plénitude, et ne sait pas les maintenir par le Tao. Pour conserver constamment sa perfection, il faut nécessairement paraître imparfait; pour garder constamment sa plénitude (la plénitude de sa vertu ou de ses richesses), il faut nécessairement paraître vide.

A : Le prince qui possède la perfection du Tao et de la Vertu

NOTES DU LIVRE II, CHAPITRE XLV. 219

efface sa gloire et cache les louanges qu'il reçoit. Le prince qui possède la plénitude du Tao et de la Vertu paraît vide, c'est-à-dire qu'il est comblé d'honneurs et n'ose s'enorgueillir, qu'il est riche et n'ose se livrer au luxe et à la prodigalité.

(2) B : Ce passage s'applique au jugement du Saint. En voici le mot à mot en latin : (vir) *magnopere rectus* (est) *veluti curvus*.

(3) A : Il possède beaucoup de talents, mais il n'ose les laisser voir.

(4) *Li-si-tchaï* : Le mouvement peut triompher du froid (en produisant de la chaleur), mais il ne peut triompher de la chaleur (c'est-à-dire produire du froid); le repos peut triompher de la chaleur (en produisant du froid), mais il ne peut triompher du froid (le froid naît de la cessation du mouvement, c'est-à-dire du repos). Chacune de ces deux choses a une propriété limitée. Mais lorsque l'homme est pur, tranquille, *non-agissant*, quoiqu'il ne cherche point à triompher des êtres, aucun être du monde ne peut triompher de lui. C'est pourquoi *Lao-tseu* dit : L'homme pur et calme devient le modèle de l'empire.

Aliter *Ho-chang-kong* (A). Il a cru que le mot *ching* 勝, « vaincre, » signifiait ici « arriver au faîte, au comble. » Au printemps, l'air vivifiant, la chaleur du principe *Yang* circule rapidement dans les régions supérieures, et les plantes croissent et grandissent. Quand cette chaleur est arrivée à son comble, elle est suivie du froid, et alors elles dépérissent et meurent. *Lao-tseu* enseigne à renoncer à la force et au mouvement qui amènent la mort.

En hiver, les plantes restent en repos au bas de la fontaine jaune (c'est-à-dire dans l'inertie de la mort); quand ce repos est arrivé à son comble, il est suivi de la chaleur (le printemps succède à l'hiver). La chaleur est la source de la vie. Il faut donc se tenir dans une quiétude absolue.

CHAPITRE XLVI.

(1) H : *Lao-tseu* veut montrer dans ce chapitre les malheurs qui naissent de la multitude des désirs et de l'*activité* (du contraire du *non-agir*), et le bonheur du sage qui sait se conserver par la modération.

Dans la haute antiquité, les princes qui possédaient le Tao étaient purs, calmes et exempts de désirs; ils convertissaient les hommes par le *non-agir*. C'est pourquoi le peuple vivait en paix et se plaisait dans sa condition. On laissait 棄却 les chevaux, qui auparavant étaient destinés aux combats, et on ne les employait plus qu'à cultiver les champs. Aussi, chaque famille, chaque homme avait tout ce qui lui était nécessaire. Depuis que le siècle s'est corrompu et que le Tao a dépéri, les Saints ne surgissent plus dans le monde. Les vassaux s'abandonnent à la violence et au désordre. Chacun d'eux s'applique à enrichir son royaume et à dominer par la force des armes; leur ambition est insatiable. Ils se livrent des combats continuels. C'est pourquoi les chevaux de guerre naissent sur les frontières. Voyez note 2.

E explique ce passage d'une manière générale : « Quand l'empire « suit la droite voie, on renvoie les chevaux (de l'armée) et l'on n'en « fait aucun usage. Les hommes s'appliquent uniquement à cultiver « les champs. — Quand l'empire ne suit pas la droite voie, etc. » Il rend les mots *khio-tseou-ma* 却走馬 par « renvoyer les che- « vaux dans l'intérieur du royaume; il rapporte aux hommes le mot *fen* 糞, et lui donne le sens de « cultiver les champs. »

走馬 Par *tseou-ma*, C entend les chevaux de l'armée, *tchen-ma* 戰馬.

(2) C, E : La guerre se prolongeant, les chevaux ne reviennent plus dans l'intérieur du royaume, et restent si longtemps en dehors des frontières, qu'ils peuvent y propager leur race.

Le reste du chapitre ne présente aucune difficulté.

CHAPITRE XLVII.

(1) E : Tous les hommes de l'univers tendent au même but, quoique par des voies diverses. Leurs sentiments ne diffèrent pas des miens. C'est pourquoi, sans sortir de ma maison (littéral. « de ma « porte »), je peux connaître l'univers; sans regarder par ma fenêtre, je peux connaître les voies du ciel. *Ibidem :* Ce qu'il y a de plus important pour l'homme réside dans son intérieur, et par conséquent très-près de lui. S'il le cherche au dehors, il s'en éloigne de plus en plus.

Sou-tseu-yeou : Telle est l'essence de la nature humaine, qu'elle embrasse et parcourt tout l'univers; elle ne connaît pas l'éloignement ni la proximité du temps ou de l'espace. Le Saint connaît tout sans sortir de sa porte et sans ouvrir sa fenêtre, parce que sa nature est d'une perfection absolue; mais les hommes du siècle sont aveuglés par les choses matérielles, leur nature est bornée par les limites des sens; ils sont troublés par leur corps et leur cœur. Extérieurement ils sont arrêtés par les montagnes et les eaux, ils ne voient pas au delà de la portée des yeux, ils n'entendent pas au delà de la portée de leurs oreilles. La plus faible clôture peut paralyser l'exercice de ces deux facultés.

Liu-kie-fou : L'univers est immense. Il est nécessaire de sortir pour le connaître. Mais l'espace que nous pouvons en parcourir par la force de nos pieds est infiniment peu de chose; ce que nous pouvons en connaître est très-borné.

Les voies du ciel ont une étendue incommensurable; il faut absolument le regarder pour les juger; mais l'éloignement que nous pouvons atteindre par la force de notre vue est bien limité; ce que nous pouvons apercevoir est bien exigu. Le Saint connaît la nature de l'univers; il comprend les voies du ciel, parce qu'il possède tout au dedans de lui-même.

(2) Un seul commentateur (C) entend par *thien-tao* 天道

(les voies du ciel) les opérations des deux principes *In* et *Yang* (femelle et mâle), et les mouvements du soleil et de la lune.

(3) H : Les hommes du monde sont aveuglés par l'intérêt et les passions. Ils s'élancent au dehors pour les satisfaire. L'amour du lucre trouble leur prudence. C'est pourquoi, de jour en jour, ils s'éloignent davantage de leur nature. La poussière des passions s'épaissit davantage de jour en jour, et leur cœur s'obscurcit de plus en plus. C'est pourquoi, plus ils s'éloignent, et plus leurs connaissances diminuent. Mais le Saint reste calme et sans désirs; il ne s'occupe point des choses sensibles, et, en restant en repos, il comprend tous les secrets de l'univers.

(4) Les éditions B, E, donnent *pou-hing-eul-tchi* 不行而至 (*non incedit et pervenit*). J'ai préféré ce sens à celui des textes de A et de G, qui portent : *pou-hing-eul-tchi* 不行而知 (*non incedit et cognoscit*). Suivant A, qui lit *tchi* 知 (*cognoscit*), le Saint n'a pas besoin de monter au ciel ou de descendre dans les abîmes pour connaître le ciel et la terre. Il les connaît par son propre cœur.

CHAPITRE XLVIII.

(1) B : Celui qui étudie craint toujours que ses connaissances ne soient incomplètes; c'est pourquoi il travaille sans relâche pour faire des progrès. Celui qui pratique le Tao craint toujours de ne pouvoir se dégager de ses passions; c'est pourquoi il s'applique sans relâche à déraciner ses désirs.

(2) E : Le mot *sun* 損 veut dire « *diminuer* ses passions et revenir « au *non-agir*. » Les désirs de l'homme sont très-nombreux. Quoiqu'il les diminue chaque jour, il ne peut les détruire promptement; c'est pourquoi il faut qu'il les diminue sans relâche. Ensuite ses

désirs s'épuisent peu à peu, et il parvient au *non-agir*. Dès qu'il est parvenu au *non-agir*, il est semblable au Tao. Intérieurement il devient un saint, extérieurement il devient le maître de tout l'empire.

(3) E: L'expression *wou-sse* 無事 veut dire ici *wou-weï* 無爲 « pratiquer le *non-agir*. »

H : Celui qui pratique le *non-agir* est exempt de désirs. Si le roi est exempt de désirs, le peuple se rectifie de lui-même. Lorsque le peuple s'est rectifié de lui-même, l'affection de tout l'empire est acquise au roi. Alors il lui est aussi aisé de bien gouverner l'empire que de regarder dans sa main. On voit par là qu'il suffit de pratiquer le *non-agir* pour se rendre maître de l'empire.

(4) B : Les hommes de l'empire aiment le repos et la quiétude; ils abhorrent le trouble et le désordre. Ils se soumettent aux princes justes et humains; ils abandonnent ceux qui sont violents et cruels. Lorsque le roi se dégage de toute occupation (E : c'est-à-dire lorsqu'il pratique le *non-agir*), le peuple goûte la paix, et l'empire se soumet à lui. Lorsqu'il se livre à l'*action* (A), il fatigue et tourmente ses sujets par une foule de règlements, et tout l'empire l'abandonne.

H : Si le roi se livre à l'*action*, il a des désirs; s'il a des désirs, le peuple se trouble et s'agite; si le peuple se trouble et se livre au désordre, le roi perd l'affection du peuple. Cette affection une fois perdue, la multitude l'abandonne et ses parents le fuient. On voit par là qu'en se livrant à l'*action* on est incapable de devenir le maître de l'empire. *Lao-tseu* a raison de dire (chap. XLIII) que peu d'hommes sont en état de comprendre l'utilité du *non-agir*.

Suivant *Ho-chang-kong*, le mot *thsiu* 取 (*vulgo* prendre) signifie ici *tchhi* 治 « bien gouverner (l'empire). »

CHAPITRE XLIX.

(1) B : Il gouverne en se conformant aux mœurs du peuple ; il ne froisse point ses affections et règle ses sentiments sur les siens.

(2) *Sou-tseu :* Il n'a point de sentiments déterminés ; il base ses sentiments sur ceux du peuple. Que les hommes soient vertueux ou dénués de vertu, il les traite tous comme des gens vertueux ; qu'ils soient sincères ou hypocrites, il les traite tous comme des gens sincères (E : Il ne met aucune différence entre eux). Il sait que la vertu ou le vice, la sincérité ou l'hypocrisie résident en eux ; c'est pourquoi ses sentiments ne changent point. S'il en était autrement, s'il traitait les hommes vertueux comme tels, et rejetait les hommes dénués de vertu ; s'il traitait les hommes sincères comme tels, et repoussait les hypocrites, pourrait-on dire qu'il sait constamment sauver les hommes ? C'est pourquoi il ne repousse personne. Dans le monde, les bons et les méchants, les gens sincères et les hypocrites s'approuvent eux-mêmes, tandis qu'ils se calomnient et se déchirent les uns les autres. Le Saint les traite tous de la même manière. Il ne se réjouit point à la vue des bons ; il ne témoigne point de déplaisir à la vue des méchants. De cette manière, les uns (les bons) ne s'enorgueillissent point, les autres (les méchants) ne s'irritent point. Alors tous se convertissent, et le monde commence à goûter la paix.

Littéralement « je le traite, etc. » *Lao-tseu* emploie quatre fois le pronom 吾 *'ou*, « je » avant les verbes *regarder comme vertueux, regarder comme sincère*. La première phrase m'a engagé à mettre ces verbes à la troisième personne du singulier de l'indicatif. Ce passage a reçu une autre interprétation. B : Si quelqu'un est vertueux, j'imite sa vertu ; si quelqu'un n'est pas vertueux, je l'accueille avec un sentiment de vertu, afin qu'il revienne à la vertu. Si quelqu'un est sincère, j'imite sa sincérité. Si quelqu'un n'est pas sincère, je le traite avec sincérité, afin qu'il revienne à la sincérité.

NOTES DU LIVRE II, CHAPITRE L.   225

(3) J'ai suivi E : Tel est son mérite (*te* 德), qu'on peut l'appeler extrêmement vertueux (*tchi-chen* 至善), extrêmement sincère (*tchi-sin* 至信).

L'édition B offre la leçon *te* 得 « posséder, » au lieu de *te* 德 « mérite » : « Il *possède* la vertu, il *possède* la sincérité. »

(4) E : Cette expression veut dire qu'il traite les hommes pervers et hypocrites comme s'ils étaient vertueux et sincères, et ne met aucune différence entre eux.

(5) E : Le peuple voyant que le Saint semble ne pas distinguer les bons des méchants, n'en peut sonder le motif et le regarde avec étonnement; c'est pourquoi il attache sur lui ses oreilles et ses yeux. De son côté le Saint regarde le peuple comme un enfant. Il sait qu'il est dépourvu de connaissance comme un enfant. En effet, un enfant a des vues trop bornées pour comprendre la conduite d'un grand homme. De même le peuple ne saurait sonder et comprendre les voies du Saint.

Aliter B : Le peuple admire les exemples du Saint, il écoute avidement ses paroles, il le contemple avec respect, il a confiance en lui, il l'aime comme un père et une mère. De son côté, le Saint craint de blesser le peuple, il le conserve avec sollicitude et le chérit comme un enfant qui vient de naître.

CHAPITRE L.

(1) E : La vie et la mort sont deux choses qui se correspondent. La mort est la conséquence de la vie (F : La vie est la porte de la mort, la mort est celle de la vie). Dès que l'homme est sorti de la vie, il entre immédiatement dans la mort. Les anciens disaient : Tous les hommes désirent uniquement de se délivrer de la mort; ils ne savent pas se délivrer de la vie.

(2) Ce passage a reçu une multitude d'interprétations qui man-

quent, la plupart, de justesse et de clarté. L'explication de *Yen-kiun-ping* me paraît seule plausible; mais elle m'oblige de rendre le mot *tou* 徒 (*vulgo* disciple, compagnon) par « voie, cause. » Plusieurs commentateurs l'ont expliqué de la même manière par *tao* 道. Il y a treize causes de vie, c'est-à-dire treize moyens d'arriver à la vie spirituelle, savoir : la vacuité, l'attachement au *non-être*, la pureté, la quiétude, l'amour de l'obscurité, la pauvreté, la mollesse, la faiblesse, l'humilité, le dépouillement, la modestie, la souplesse, l'économie. Il y a treize causes de mort, qui sont le contraire des treize états que nous venons d'énumérer, savoir : la plénitude, l'attachement aux êtres, l'impureté, l'agitation, le désir de briller, la richesse, la dureté, la force, la fierté, l'excès de l'opulence, la hauteur, l'inflexibilité, la prodigalité.

(3) E : L'auteur parle ici des hommes du siècle, qui sont passionnément attachés à la vie mondaine et qui ne connaissent pas le Tao. L'expression *sing-sing* 生生 signifie « chercher à alimenter sa « vie. » Comment se fait-il qu'en cherchant avidement le bonheur ils trouvent le malheur? C'est parce qu'ils ne songent qu'à contenter leurs passions et à satisfaire leurs intérêts privés ; ils ne savent pas que plus ils sont ardents à chercher les moyens de vivre, plus ils approchent de la mort.

D : Les monstres des mers trouvent que les abîmes ne sont pas assez profonds et s'y creusent encore des retraites ; les vautours et les aigles trouvent les montagnes trop basses, et ils élèvent encore leur nid au-dessus d'elles ; ni la flèche du chasseur, ni les filets du pêcheur ne peuvent les atteindre. Ils semblent placés dans des lieux inaccessibles à la mort; mais l'appât de la nourriture les fait sortir des abîmes et descendre des hauteurs, et ils ne tardent pas à périr. De même les besoins de la vie matérielle et le goût effréné des plaisirs, entraînent l'homme à sa perte.

(4) *Pi-ching* : Un ancien disait : Celui qui aime la vie peut être

tué; celui qui aime la pureté peut être souillé; celui qui aime la gloire peut être couvert d'ignominie; celui qui aime la perfection peut la perdre. Mais si l'homme reste étranger à la vie (corporelle), qui est-ce qui peut le tuer? S'il reste étranger à la pureté, qui est-ce qui peut le souiller? S'il reste étranger à la gloire, qui est-ce qui peut le déshonorer? S'il reste étranger à la perfection, qui est-ce qui peut la lui faire perdre? Celui qui comprend cela peut se jouer de la vie et de la mort.

Liu-kie-fou : Pourquoi l'homme peut-il être blessé par la corne du rhinocéros, par les ongles du tigre, par l'épée du soldat? Parce qu'il a un corps. S'il sait se dégager de son corps, intérieurement il ne verra plus son corps; extérieurement il ne verra plus les objets sensibles. La mort ne pourra l'atteindre par aucun endroit.

CHAPITRE LI.

(1) C : La Vertu dont parle ici l'auteur est la manifestation du Tao dans les créatures. C : Le Tao s'est répandu comme un fleuve, il s'est manifesté au dehors (dans les êtres) et est devenu la Vertu 德. E : Ce qui est vide, *non-être*, immatériel, s'appelle *Tao* 道 ou la Voie; ce qui transforme et nourrit toutes les créatures s'appelle *te* 德 ou la Vertu.

(2) Littéralement : « Ils les manifestent par une forme, sous une « forme matérielle. » Sur ce sens de *we* 物, *vulgo* res, ici « *materia*, « *corpus*, » voyez mon édition de *Meng-tseu*, liv. II, p. 84, lig. 9.

Aliter A : La Vertu leur donne un corps et une figure.

Aliter B : Le Tao et la Vertu n'ont point de corps, 道德無形; ils se manifestent par les êtres, 乃因物以形. Si l'homme ne connaît pas la grandeur du Tao et de la Vertu, pour en juger, il lui suffit de contempler les êtres.

(3) E, regarde *le Tao* et *la Vertu* comme sujets des verbes 形

hing, manifester, et 成 *tch'ing*, perfectionner. H : Le mot *chi* 勢 renferme l'idée de « presser, pousser avec force. » 以勢成之, c'est-à-dire : « Par une force d'impulsion, ils les perfectionnent ou les « conduisent à leur entier développement. » De même, si la force du printemps pousse les plantes, elles ne peuvent s'empêcher de naître; si la force de l'automne pousse les plantes, elles ne peuvent s'empêcher d'arriver à leur maturité.

(4) E : Il n'y a pas un seul être qui, depuis sa naissance jusqu'à son entier développement, n'ait eu besoin du Tao et de la Vertu. C'est pourquoi tous les êtres les honorent et les révèrent pareillement.

(5) E : Il n'y a pas un seul être qui apporte sa noblesse en naissant. Pour que l'empereur soit révéré et entouré d'honneurs, il faut qu'il ait été institué par le ciel. Pour que les princes soient révérés et entourés d'honneurs, il faut qu'ils aient été institués par l'empereur. Mais le Tao et la Vertu n'ont pas besoin qu'on leur confère leur dignité et leur noblesse; ils sont honorables par eux-mêmes.

(6) J'ai négligé de traduire *hio-tchi* 育之 « les nourrit, » parce que cette pensée se trouve exprimée deux fois par les mots *yo-tchi* 畜之, *yang-tchi* 養之.

(7) J'ai suivi E : *Pou-tseu-sse* 不自私.

(8) E : Quoiqu'il règne sur eux comme un prince 雖君長之, il les laisse suivre leur nature; jamais *il ne les a tenus sous ses lois* 未嘗宰制. Telle est sa vertu dont le peuple est incapable de sonder la profondeur.

Il explique autrement le mot *tsaï* 宰 : « Quoiqu'il soit le maître « de tous les êtres, il ne se regarde pas comme leur *souverain*. » 不自以為宰。

(9) H : Le souverain de l'empire doit mettre toute sa gloire à s'attacher intimement au Tao et à vider son cœur (à se détacher de toutes les choses sensibles) pour parvenir au comble de la Vertu.

CHAPITRE LII.

(1) *Sou-tseu-yeou* : Lorsque le Tao n'avait pas encore de nom, les êtres reçurent de lui leur principe; lorsqu'il eut un nom (lorsqu'il eut le nom de Tao), les êtres reçurent de lui leur vie. C'est pourquoi le Tao est appelé d'abord *principe* et ensuite *mère*. Les mots *ses enfants* désignent tous les êtres. Le Saint connaît tous les êtres, parce qu'il s'est identifié avec le Tao, de même que par *la mère* on connaît *les enfants*. Mais, quoique sa rare prudence lui permette de pénétrer tous les êtres, jamais les êtres ne lui font oublier le Tao. C'est pourquoi, jusqu'à la fin de sa vie, il conserve fidèlement leur mère (le Tao). Le malheur des hommes du siècle, c'est d'oublier le Tao, en recherchant avec ardeur les objets et les choses qui flattent leurs sens.

(2) E : Toutes les choses du monde sont étalées devant nos yeux. Parmi les hommes instruits, il y en a qui ne les connaissent pas; alors ils conservent encore une multitude de doutes. Il est quelques hommes qui les connaissent, mais d'une manière vague et incertaine. Il leur est impossible de posséder la mère des êtres (le Tao); ils diffèrent peu de ceux qui ne connaissent pas les êtres. Mais lorsqu'un homme connaît les enfants (les êtres), par cela même qu'il connaît la mère (le Tao), il n'y a rien au monde qu'il ne connaisse. Or celui qui possède *la mère* ne veut pas uniquement connaître *les enfants*; ce qu'il désire, c'est de conserver *la mère* (le Tao). Si l'homme connaissait *les enfants* et ne conservait pas *la mère*, il laisserait *le principal* (le Tao) pour courir après *l'accessoire* (les créatures), et il finirait par détruire sa vie de mille manières. Quand il pourrait embrasser par ses connaissances le ciel et la terre, fa-

230 LE LIVRE DE LA VOIE ET DE LA VERTU.

çonner par son habileté les dix mille êtres, pénétrer par sa puissance l'intérieur des mers, il ne mériterait aucune estime.

(3) E : Celui qui conserve *la mère des êtres* (qui pratique constamment le Tao) est *comme un arbre qui a des racines profondes et une tige solide; il possède l'art de subsister longtemps.* (Cf. ch. LIX.)

(4) E : Suivant le *I-king* 易經, le mot *touï* 兌 désigne la bouche, *kheou* 口. Il faut fermer la bouche, afin que les choses intérieures ne s'échappent pas au dehors. Alors, dit *Liu-kie-fou*, le cœur ne s'égare pas en voulant se mettre en rapport avec les objets sensibles.

(5) Littéralement : « S'il ferme ses portes. » H : Le mot *men* 門 « portes » désigne ici les oreilles et les yeux. H : Si l'homme se laisse entraîner par le goût de la musique ou l'amour de la beauté, et oublie de revenir sur ses pas, il poursuit les êtres et se révolte contre sa nature. Il doit donc concentrer intérieurement son ouïe et sa vue. C'est pourquoi *Lao-tseu* lui conseille de fermer les oreilles et les yeux, afin (E) que les choses extérieures n'entrent point dans son âme. S'il agit ainsi, il pourra, toute sa vie, faire usage du Tao et n'éprouvera jamais aucune fatigue. Mais s'il se livrait aux désirs qui flattent les oreilles et les yeux, s'il se laissait entraîner par l'impétuosité des sens sans revenir dans la bonne voie, il perdrait son cœur sous l'influence des êtres, et, jusqu'à la fin de sa vie, il ne pourrait être sauvé.

(6) A explique les mots *tsi-khi-sse* 濟其事 (littéralement *auxiliari suis rebus*) par « augmenter ses désirs. » Cette interprétation est appuyée par *Li-si-tchaï* et plusieurs autres commentateurs.

E : Si l'homme ouvre sa bouche (A : et augmente ses désirs), il sera bientôt entraîné vers la mort et ne pourra jamais être sauvé.

(7) E : Si l'homme ne voit les choses que lorsqu'elles ont éclaté

au grand jour, il est évident que son esprit est incapable de connaître ce qu'il y a de plus subtil. Mais (A) celui qui aperçoit les germes imperceptibles du malheur et du désordre avant qu'ils aient commencé à poindre, ne peut (B) être aveuglé par les choses extérieures. C'est pourquoi on l'appelle éclairé.

(8) A : Celui qui conserve la force n'est pas longtemps fort; celui qui conserve la faiblesse devient fort.

C : Si l'homme s'affaiblit extérieurement, il se fortifie à l'intérieur.

On peut voir, chap. LXXVI et LXXVIII, comment *Lao-tseu* prouve la supériorité des choses faibles sur les choses fortes.

(9) *Liu-kie-fou* : Si l'homme se sert de l'éclat du Tao pour apercevoir les mouvements imperceptibles des créatures et se soustraire à leur influence, s'il revient à la lumière du Tao pour rentrer dans une quiétude absolue, il n'ouvrira pas la bouche, les oreilles, ni les yeux, et n'augmentera pas ses désirs; il ne sera pas réduit à un état de malheur sans remède. Quelles calamités pourrait-il redouter ? Aliter *Li-si-tchaï* : Le Tao peut être considéré comme un arbre dont sa lumière est la racine, et l'émanation de sa lumière, les branches. Ces branches se divisent et produisent dans l'homme la faculté de voir, d'entendre, de sentir, de percevoir. Le Tao coule de la racine aux branches. L'étude part des branches pour chercher la racine. C'est pourquoi *Lao-tseu* dit : Si l'homme fait usage de l'éclat du Tao pour revenir à sa lumière, c'est ce qu'on appelle être doublement éclairé.

(10) Ce passage a reçu de nombreuses interprétations. Je me bornerai à rapporter les principales.

G : L'expression *si-tch'ang* 襲常 a le même sens que les mots *si-ming* 襲明 « être doublement éclairé, » du chapitre XXVII. E : Le mot *si* 襲 veut dire *tchong* 重 « double. » *Li-si-tchaï* : Le mot *tch'ang* 常 désigne ici la lumière, *ming* 明 (qui émane du Tao).

Aliter A : 是謂習修常道 « C'est ce qu'on appelle
« cultiver l'éternel Tao. » L'édition A porte *si-tch'ang* 習常 « s'ap-
« pliquer au Tao, » au lieu de *si-tch'ang* 襲常.

Il croit aussi que *tch'ang* 常 « ce qui est éternel » désigne le Tao;
de plus il explique le mot *si* 襲 par « hériter de. » Le Tao vrai et
éternel, nous l'avons reçu dès l'origine; mais les hommes vulgaires
ne peuvent en *conserver l'héritage* et l'abandonnent. Si l'homme suit
les conseils de *Lao-tseu*, on pourra dire qu'il *conserve l'héritage* du
Tao.

Sou-tseu-yeou pense que le mot *tch'ang* 常 signifie ici la nature
constante, éternelle de l'homme. « Alors, dit cet interprète, il con-
« serve *sa nature éternelle* (其常性) sans interruption et dans
« toute sa pureté. »

On voit que *Sou-tseu-yeou* et le commentateur H prennent le
mot 襲 *si* dans le sens de « continuer, conserver. »

CHAPITRE LIII.

(1) E, H, et la plupart des commentateurs expliquent *kiaï-jen*
介然 par « petit, mince, un peu. » A seul le rend par « grand, » *ta*
大. A : *Lao-tseu* déteste les princes de son temps qui ne pratiquent
pas le grand Tao. C'est pourquoi il fait cette supposition (pour les
avertir) : « Si j'avais de grandes connaissances (E, H : quelque con-
« naissance) dans l'art de l'administration, je marcherais dans la
« grande Voie, et je donnerais moi-même le salutaire exemple du
« *non-agir*. »

(2) A explique *chi* 施 par *chi-weï* 施為 « agir. » Je désire
récompenser les hommes vertueux, mais je crains de faire surgir
une vertu hypocrite; je veux donner ma confiance à des hommes
fidèles et loyaux, mais je crains de donner naissance à une fausse
loyauté.

E explique *chi* 施 par *tch'ang-ta* 張大, « s'agrandir, paraître
« grand. » Il le rend par *donner*, l'opposé de *recevoir*. « Si je veux,
« dit-il, *donner* (c'est-à-dire, enseigner aux hommes) le grand Tao,
« et qu'ils se refusent à le recevoir, etc. »

(3) H : Le cœur de l'homme est pervers et corrompu ; il ne suit
pas la grande Voie. Alors l'influence de l'instruction dépérit de jour
en jour, la ruse et la méchanceté du peuple s'augmentent, et les
lois deviennent de plus en plus sévères.

(4) E : Le mot *tch'ou* 除 a le sens de *kie-hao* 潔好 « propre
« (c'est-à-dire bien nettoyé) et beau (à voir). »

(5) B : Pour que le prince puisse porter des vêtements de soie de
différentes couleurs et se nourrir de mets exquis, il faut qu'il accable le peuple d'impôts, qu'il le dépouille de ses richesses. *Hoc
est quod agunt prædones!*

(6) E : Pour que le prince ait du superflu, il faut que le peuple
soit privé du nécessaire.

(7) E : L'expression *thao-khoua* 盜誇 veut dire « prendre le
« bien d'autrui et s'en faire gloire. »
Plusieurs éditeurs ont adopté, d'après le célèbre philosophe *Hanfeï*, la leçon *thao-iu* 盜竽, « donner l'exemple du vol. » On la
trouve aussi dans le Dictionnaire de *Khang-hi*, à propos de ce même
passage de *Lao-tseu*. « *Iu* 竽, y est-il dit, est le plus grand des cinq
« instruments de musique. Il a quatre pieds deux pouces de lon-
« gueur. Dans un concert, lorsqu'il commence à se faire entendre,
« tous les autres instruments se mettent à l'unisson. De même, quand
« les grands voleurs donnent l'exemple, les petits voleurs les imitent.
C'est pourquoi *Lao-tseu* dit ici 盜竽, « donner l'exemple du vol ; »
(littéralement : « pour le vol, imiter l'instrument *iu*, c'est-à-dire don-
« ner le signal, donner l'exemple).

(8) E : Le Saint n'habite qu'une humble maison, il porte des habits grossiers et se nourrit de la manière la plus simple; mais il s'applique à l'agriculture et il estime les grains. De cette manière, le profit ne manque pas de se répandre également sur tous les hommes, et les riches n'éblouissent pas les pauvres. Les princes d'aujourd'hui font tout le contraire; aussi *Lao-tseu* dit qu'ils ne pratiquent point le Tao.

CHAPITRE LIV.

(1) E : *Ou-yeou-thsing* dit : Si l'on plante un arbre dans une plaine, il viendra nécessairement un temps où il sera arraché et renversé. Mais ce qui est bien établi n'est jamais arraché (renversé). Si l'on tient un objet entre ses deux mains, il vient nécessairement un moment où on le lâche; mais ce que nous conservons fortement ne nous échappe jamais. Je pense, dit *Sie-hoeï* (E), que cette double comparaison s'applique à celui qui sait établir profondément la vertu en lui-même et conserver fermement le Tao.

C : Tout objet matériel a un corps que l'on peut établir quelque part; aussi peut-on l'enlever de l'endroit où il a été établi. Mais celui qui cultive le Tao ne fonde pas matériellement, il fonde en esprit. Aussi ce qu'il fonde est-il insaisissable, indestructible.

H : Si les mérites et la vertu du Saint sont impérissables, si ses bienfaits s'étendent à la postérité la plus reculée, c'est parce que la culture sincère du Tao est la base de sa conduite. Parmi les hommes du siècle qui recherchent le mérite et la réputation, il n'en est pas un seul qui désire fonder des mérites éternels et laisser après lui des œuvres impérissables.

Si les hommes vulgaires ne savent pas éterniser leurs mérites, c'est parce qu'ils veulent les fonder par la force de leur prudence, et qu'ils rencontrent des hommes doués d'une prudence supérieure, qui l'emportent sur eux et les dépouillent de leur réputation.

(2) E : C'est-à-dire que sa vertu deviendra florissante, et que ses bienfaits s'étendront jusqu'à ses derniers neveux.

H : Le Saint renouvelle la pureté de sa nature et fonde dans l'empire le Tao et la Vertu. Les hommes de l'empire sont touchés de son exemple et se soumettent du fond du cœur. Ses œuvres sont éternelles. C'est pourquoi ses mérites coulent jusqu'à dix mille générations et ses bienfaits s'étendent à l'infini. Voilà un homme qui sait fonder et conserver le Tao.

(3) E : D'après l'état actuel de l'empire, je juge de l'état futur de l'empire.

(4) E : L'empire n'a pas deux Tao (Voies). Si le Saint connaît l'empire, c'est uniquement par ce Tao.
Aliter C : Comment sais-je que l'empire ne diffère pas d'un royaume, un royaume d'un village, un village d'une famille, une famille d'un homme? Parce que tous les hommes se ressemblent, parce qu'ils sont également propres à cultiver la vertu. Comment sais-je cela? Je le sais par ce corps, c'est-à-dire par moi-même, en examinant la manière dont je pratique le Tao. (Cf. chap. XLVII.)
Aliter A : D'après ceux qui cultivent le Tao, je juge des hommes qui ne le cultivent pas; je vois quels sont ceux qui périront ou seront sauvés.

A suit la même interprétation dans les trois phrases suivantes; mais il explique les mots 天 下 *thien-hia* (*vulgo* « l'empire, ») par « maître, souverain 主. » D'après un souverain qui cultive le Tao, je juge des souverains qui ne le cultivent pas.

A : Par ces cinq choses, je sais que les hommes de l'empire qui cultivent le Tao sont dans un état florissant, et que ceux qui abandonnent le Tao ne tardent pas à périr.

CHAPITRE LV.

(1) *Liu-kie-fou* : Quand l'homme vient de naître, sa vertu est pure et solide. Quand il est devenu grand, il se met en rapport avec les

objets extérieurs, au moyen des oreilles et des yeux, il les reçoit au fond de son cœur et s'y attache fortement; il cherche à augmenter sa vie, c'est-à-dire à vivre avec plus d'intensité. Plus ses désirs s'accroissent, et plus la solidité de sa vertu s'affaiblit. Mais celui qui pratique le Tao retranche les choses qui peuvent augmenter sa vie (c'est-à-dire le faire vivre avec plus d'intensité); il renonce aux objets sensibles, il cultive sa nature et revient à sa vertu primitive. Quand sa vertu est devenue parfaite, il ressemble à un nouveau-né.

Sou-tseu-yeou : Un enfant nouveau-né est calme et exempt de désirs; il n'en est que plus parfait. Si les objets extérieurs se présentent à sa vue, il ne sait pas leur répondre, c'est-à-dire se mettre en rapport avec eux. Le Tao n'a pas de corps (est immatériel); les êtres ne sauraient le voir, et, à plus forte raison, ils ne pourraient le blesser. Les hommes arrivent à avoir un corps (c'est-à-dire à sentir qu'ils ont un corps) parce qu'ils ont un cœur. Ayant un cœur, ils ont ensuite des ennemis qui accourent en foule pour les blesser. Dès qu'un homme n'a plus de cœur (s'est dépouillé de son cœur), aucun être ne peut lui résister en ennemi, et, à plus forte raison, lui faire du mal. Pourquoi l'enfant est-il arrivé à ce point (à ne rien redouter)? C'est uniquement parce qu'il n'a point de cœur (c'est-à-dire parce qu'il n'a point le sentiment de son existence).

(2) G : Par exemple, des scorpions.

(3) G : Par exemple, des tigres et des léopards.

(4) G : Par exemple, des aigles et des faucons.

(5) *Sou-tseu-yeou* : Si *pueri recens nati virilia* (峻) absque cupiditate *surgunt* (作), id e seminis redundantia, non cordis ardore oriri patet.

(6) *Sou-tseu-yeou* : Quand le cœur est ému, la force vitale est lésée.

Quand la force vitale est lésée, si l'on crie, la voix devient rauque. Comme un nouveau-né crie tout le jour sans que sa voix s'altère, on reconnaît que son cœur n'éprouve aucune émotion, et que sa force vitale est dans une parfaite harmonie, c'est-à-dire est calme et reposée. Celui qui possède cette harmonie ne se laisse pas troubler (littéral. « blesser ») intérieurement par les objets extérieurs.

(7) E : Celui qui connaît (cette) harmonie peut subsister constamment 可以長久. C'est pourquoi on l'appelle *tch'ang* 常, « non sujet au changement, immuable. »

Cette même idée se trouve dans le chap. XVI (texte chinois, mots 35-42). Dans le monde, dit E, chap. XVI, il n'y a que les principes de la vie spirituelle qui soient constants. Toutes les autres choses sont sujettes au changement. Celui qui possède le Tao conserve son esprit par le repos; les grandes vicissitudes de la vie et de la mort ne peuvent le changer, etc.

(8) Le mot *constance* est pris ici dans le sens d'immutabilité, c'est-à-dire l'état de ce qui n'est point sujet au changement; je le dérive d'une des significations de l'adjectif *constant*, qui veut dire quelquefois *immuable*. (Voy. note 7.)

E : Connaître *la constance* (connaître l'art d'être *constant*, c'est-à-dire de ne pas se laisser changer ou pervertir par les objets extérieurs), c'est connaître le Tao. C'est pourquoi la connaître s'appelle être éclairé.

(9) B : Si l'homme se livre à la cupidité et à l'ambition, s'il (H) contente les désirs de sa bouche et l'intempérance de son ventre pour *augmenter sa vie*, il s'attire infailliblement des malheurs et finit par succomber à une mort prématurée.

(10) H : Quand le cœur n'est pas calme, il se livre à des mouvements désordonnés et donne l'impulsion à la force vitale. Lorsque (*Liu-kie-fou*) le cœur donne l'impulsion à la force vitale, l'homme

238 LE LIVRE DE LA VOIE ET DE LA VERTU.

devient fort et violent; mais la force et la violence le conduisent promptement à la mort. (Cf. chap. XLII, pag. 159, lig. 5, et LXXVI.)

(11) H : Ceux qui sont mous et faibles comme le Tao subsistent longtemps, et jusqu'à la fin de leur vie ils ne sont jamais exposés à aucun danger. D'un autre côté ceux qui ne songent qu'à augmenter leurs richesses, leurs honneurs, leurs forces physiques, ne tardent pas à perdre leur fortune, leurs dignités, leur santé, et succombent avant le temps.

CHAPITRE LVI.

(1) E : Le Tao est caché; il n'a pas de nom. Ceux qui le connaissent le méditent en silence. Mais ceux qui cherchent à briller par l'éclat et l'élégance de la parole sont des hommes qui ne connaissent pas le Tao.

(2) Ces six phrases se trouvent dans le chap. IV. (Cf. *ibid.* not. 3.)
H : Le mot *toui* 兌 désigne ici « la bouche. » Le Saint se conserve dans le calme et dans le silence. Il réprime l'intempérance de sa langue. B : Il n'ose parler. (Cf. chap. LII, not. 4.)

(3) H : Le mot *men* 門, « portes, » désigne ici « les oreilles et les « yeux. » Il ne fait aucune attention aux choses qui peuvent flatter ses oreilles et ses yeux. C : Il concentre intérieurement sa faculté de voir et d'entendre. (Cf. chap. LII, not. 5.)

(4) Ce passage a reçu plusieurs interprétations. H (au chap. IV) explique les mots *thso-khi-joui* 挫其銳 par : « il réprime la « fougue de son caractère. » A : Si ses passions veulent montrer de l'activité, il pense au Tao et les réprime par le *non-agir.* E, *ibidem*, explique ces trois mots par : « il fait usage de la souplesse et de la « faiblesse, » c'est-à-dire, il plie au lieu de résister, il paraît faible

NOTES DU LIVRE II, CHAPITRE LVI.

au lieu de vouloir déployer la force et la violence qui entraînent l'homme à sa perte. (Cf. chap. LV, not. 10.)

J'avais traduit (pag. 16) : « il émousse sa subtilité, » et cette interprétation est conforme à celle que donne ici H : S'il rencontre une chose confuse, il ne laisse pas voir sa pointe, c'est-à-dire la finesse de son esprit (il n'emploie point la finesse de son esprit pour la pénétrer). La première interprétation de H (au chap. IV) me paraît aujourd'hui préférable.

(5) Dans le chapitre IV, j'ai traduit, d'après E : « Il se dégage de « tous liens, » c'est-à-dire, des liens du siècle. Aliter H. Cet interprète explique (chap. IV) le mot *fen* 紛 par « la confusion (*fen*) des opi- « nions favorables ou contraires. » Chacun, dit-il, tient à l'approbation ou au blâme qu'il a une fois exprimés; dans le conflit des opinions populaires, personne ne peut dissiper les doutes pour établir la vérité. Mais celui qui possède le Tao peut seul y réussir sans parler. Dans ce passage-ci (chap. LVI), H explique *fen* 紛, « *vulgo* « confus, » par « les pensées confuses, » c'est-à-dire les pensées qui jettent son âme dans la confusion. Son cœur et son corps sont dans une quiétude parfaite; il se dégage de toutes pensées.

(6) E (chap. IV) : Il jette de l'éclat, mais il n'éblouit personne.

(7) H : Il s'est élevé à la sublimité du Tao, il a pris son essor au-dessus du siècle (littéral. « de la poussière »), et cependant (E chap. IV), à le juger extérieurement, il n'a rien qui le distingue des autres êtres.

(8) *Sou-tseu-yeou* explique les mots *hiouen-thong* 玄同 par *iu-tao-thong* 與道同, « il est semblable au Tao. » *Aliter* E : Les mots *hiouen-thong* 玄同 (littéral. « profond et semblable, ») signifient : « Il est grandement semblable aux êtres; mais il est tellement « profond qu'on ne peut le connaître. » 大同於物。深不可識也。

(9) *Sou-tseu-yeou* : Celui qu'un prince peut honorer de sa faveur (littéral. « rapprocher de lui ») peut aussi être disgracié (littéral. « éloigné, écarté »). Si l'on peut procurer du profit à quelqu'un, on peut aussi lui causer du dommage; si l'on peut lui accorder des honneurs, on peut aussi le dégrader. Mais le sage qui s'est identifié avec le Tao met au même niveau toutes les choses du monde; il ne fait attention ni à la faveur ni à la disgrâce, il regarde du même œil le bonheur et l'adversité, le profit et le détriment. Il ne connaît ni la gloire, ni l'ignominie, et, pour lui, il n'existe ni noblesse, ni roture, ni élévation ni abaissement.

E : Comme il a peu de désirs et peu d'intérêts privés, on ne peut lui procurer du profit; comme il possède la plénitude de la vertu (voyez chap. LV), on ne peut lui faire du mal; comme il ne désire ni la faveur des princes ni la gloire, on ne peut lui accorder des honneurs; comme il ne dédaigne pas une condition basse et abjecte, il est impossible de l'avilir. C'est là le caractère d'une vertu parfaite; c'est pourquoi il est l'homme le plus honorable du monde.

CHAPITRE LVII.

(1) A, H : Le mot *khi* 奇 a ici le sens de *tcha* 詐, « fausseté, ruse, artifice. »

E : Dans la guerre on désire prendre l'ennemi à l'improviste; c'est pourquoi l'on a recours à des stratagèmes habilement combinés.

(2) B : Lorsque le prince observe le *non-agir*, quand il évite de créer une multitude de lois, les peuples jouissent de la paix et lui donnent toute leur affection. Lorsque, au contraire, l'administration devient importune et tracassière, les peuples se soulèvent et ne savent plus que le haïr.

(3) H : Comment sais-je que, par le *non-agir*, on peut devenir le maître paisible de l'empire? Je le sais en voyant que les prohibitions,

les instruments de lucre, les arts, les lois, qui tous se rattachent à *une activité blâmable*, sont impuissants pour procurer le gouvernement paisible de l'empire.

(4) Suivant A, les mots *thien-hia* 天下 (*vulgo* « empire ») désignent ici « le prince, » *jin-tchou* 人主. On pourrait conserver la signification usuelle de cette expression, et, à cause du mot *to* 多 (*vulgo* « beaucoup »), qui devient, par position, le verbe actif *multiplier*, la rendre au locatif par « dans l'empire. » Plus bas, [30], [45], le mot *to* 多 veut dire « avoir beaucoup de; » mais le dernier *to* 多 (57ᵉ mot du texte) reprend le sens ordinaire de « beaucoup, en « grande abondance. »

(5) A : L'expression *ki-weï* 忌諱 veut dire « défenses, prohi-« bitions. » *Liu-kie-fou* : Quand les défenses et les prohibitions sont très-relâchées, les hommes de l'empire jouissent d'une entière liberté d'agir ou de parler. (Il explique *ki* 忌 par « défense d'agir, » et *weï* 諱 par « défense de parler de certaines choses »). Mais quand les défenses sont très-multipliées et très-sévères, beaucoup d'hommes violent les lois, bravent les prohibitions et perdent leur emploi; c'est pourquoi le peuple ne fait que s'appauvrir de plus en plus.

(6) E : Lorsque le peuple s'applique sincèrement à ses devoirs sans courir après des choses futiles, quand il aurait beaucoup d'instruments de lucre, il n'en ferait pas usage.

Ibid. L'expression *to-li-khi* 多利器, « lorsqu'il a beaucoup « d'instruments de lucre, » veut dire lorsqu'il « court avec ardeur après « le lucre. »

Sou-tseu-yeou explique les mots *li-ki* 利器, par *khiouen-meou* 權謀, « trames, stratagèmes. » *Lao-tseu* veut que le prince rende le peuple ignorant et exempt de désirs, afin de le ramener à sa simplicité et à sa pureté primitives; si, au contraire, le peuple est habile à former des plans, des stratagèmes, pour obtenir du profit et assouvir sa cupidité, le royaume tombera dans le désordre.

(7) La plupart des éditions portent *jin* 人, « les hommes. » E lit *min* 民, « le peuple. » Lorsque le peuple est véritablement pur et simple, nul n'a besoin de briller par une habileté extraordinaire. Mais quand le peuple montre beaucoup d'adresse et d'habileté dans les arts, on voit paraître une foule d'objets aussi étranges qu'inutiles qui deviennent pour l'empire des instruments de trouble et de désordre.

E explique l'adjectif *khi* 奇 (*vulgo* « rare, *extraordinaire* »), par *khie-sie* 奇邪, expression à laquelle on donne dans le dictionnaire de *Khang-hi*, le sens de « étrange, bizarre. » E ajoute les mots *wou-i* 無益, « inutile, » (des objets *étranges* et inutiles) pour mieux caractériser les résultats de l'espèce d'habileté que recherchait le peuple dont parle Lao-tseu.

Le mot *khi* 起 signifie « surgir, naître. »

(8) E : En temps de paix, les lois et les règlements se réduisent à peu de chose; en temps de trouble, ils sont très-multipliés. Si le prince emploie des lois d'une sévérité excessive pour contenir les inférieurs, ceux-ci éludent les lois à force de ruse et d'adresse et se moquent du prince; alors les trahisons s'augmentent, et les voleurs se multiplient de jour en jour. Les quatre sortes de malheurs que nous venons de rapporter viennent de ce que le roi *se livre à l'action*. Voilà les désordres qu'une telle *activité* fait naître dans l'empire. On voit par là que, pour devenir le maître de l'empire, il faut absolument observer le *non-agir*.

(9) E : Le Saint (cette expression désigne un prince parfait) observe le *non-agir*; il instruit sans parler (c'est-à-dire, par son exemple): c'est pourquoi le peuple vit dans une douce harmonie et se convertit de lui-même.

NOTES DU LIVRE II, CHAPITRE LVIII.   243

(10) E : Lorsque le Saint aime la quiétude, le peuple aussi observe le *non-agir*. En observant le *non-agir*, il se rectifie de lui-même.

(11) E : Si le roi est très-occupé (si, par exemple, il ordonne des travaux publics, s'il entreprend des expéditions militaires), le peuple est forcé d'abandonner ses travaux particuliers, de quitter son état, sa profession ; comment pourrait-il ne pas devenir pauvre? C'est pourquoi, lorsque le roi ne se livre à aucune occupation, le peuple s'enrichit de lui-même.

(12) E : Si le roi a des désirs, le peuple s'empressera de les satisfaire, et on verra paraître la fausseté et l'hypocrisie. C'est pourquoi, lorsque le roi est sans désirs, le peuple revient de lui-même à la simplicité.

A : Si le roi est constamment sans désirs, s'il supprime le luxe et la magnificence, le peuple imitera son exemple et reviendra de lui-même à la simplicité.

CHAPITRE LVIII.

(1) A : Lorsque l'administration est large, libérale et indulgente, lorsqu'elle néglige d'entrer dans des détails minutieux, de rechercher les plus légères fautes pour tourmenter le peuple.

(2) C explique l'expression *chun-chun* 醇醇 par *fou* 富, « (le peuple) *devient riche ;* » A la rend par *fou-heou* 富厚, même sens. D'autres interprètes lui donnent le sens ordinaire de « fidèle, « honnête, et, par conséquent (B), « facile à gouverner »; mais ils font disparaître l'opposition qui doit exister entre cette phrase et celle qui suit.

(3) B, C : Lorsque l'administration devient minutieuse et tracassière, lorsqu'elle fait exécuter les lois dans toute leur rigueur, le

peuple, gêné par une multitude de règlements, ne peut gagner tranquillement sa vie, et se voit hors d'état d'échapper au besoin et à la mort.

(4) B : En général, lorsqu'un homme est tombé dans quelque calamité, s'il peut se repentir de ses fautes, s'examiner sévèrement, être sans cesse sur ses gardes, il change son malheur en bonheur.

Lorsqu'au contraire un homme est au comble de ses vœux, s'il s'enorgueillit et s'abandonne à ses passions sans songer à revenir au bien, une foule de malheurs vient fondre sur lui.

(5) G : Le mot *ki* 極 veut dire *tchong* 終, « fin. » E : Au commencement, quelques-uns semblent être malheureux ; qui peut prévoir s'ils ne finiront pas par être heureux ? D'autres semblent être heureux au commencement ; qui sait s'ils ne finiront pas par être malheureux ?

Liu-kie-fou : Qui peut en prévoir la fin, de manière à éviter l'un (le malheur) et à arriver à l'autre (au bonheur) ?

(6) A : Les inférieurs imiteront son exemple.

(7) B : Ce n'est pas d'hier que les hommes sont aveuglés et ont abandonné la droiture. Cet aveuglement vient d'une manière insensible ; leur malheur est de ne pas s'en apercevoir. C'est pourquoi le Saint prend garde aux choses les plus légères ; il craint toujours que le peuple ne se perde. A rapporte aux princes ce que B et les autres commentateurs appliquent aux hommes en général. Suivant lui, il faut traduire : « Il y a bien longtemps que les rois sont plongés « dans l'aveuglement ! »

(8) B : Les hommes injustes ou cupides deviennent justes et désintéressés par la seule influence de son exemple et sans qu'il ait besoin de les punir.

E : Lorsque le Saint gouverne, quoiqu'il soit extrêmement

NOTES DU LIVRE II, CHAPITRE LIX. 245

juste et éclairé, il conserve une généreuse indulgence pour tous les hommes. S'il en était autrement, il montrerait une sévérité excessive et tomberait dans les excès où conduit l'abus des lumières, c'est-à-dire l'abus d'une pénétration qui ne s'exerce qu'à trouver des fautes dans les autres.

(9) A rend le mot *sse* 肆 par *chin* 伸, « étendre, » c'est-à-dire, « redresser. »

(10) A : Quoique le Saint soit très-éclairé, il concentre (B) ses lumières en lui-même et aime à paraître ignorant comme les hommes vulgaires.

CHAPITRE LIX.

(1) Plusieurs commentateurs pensent que le mot *se* 嗇, « économie, modération, » s'applique ici à l'action de ménager à la fois ses richesses et ses esprits vitaux.

E le rapporte à *l'économie* proprement dite. Régler ses dépenses avec modération, ne pas consumer ses richesses, ne pas faire de tort au peuple, c'est là l'économie qui sert à gouverner les hommes. Dans la cérémonie appelée *Kiao* 郊, faire usage d'une seule victime, se contenter de balayer la terre avant d'offrir le sacrifice, se servir de vases de terre, de courges et de nattes de paille, c'est là l'économie qu'il faut observer pour sacrifier au ciel.

(2) E : L'expression *thsao-fo* 早服 a le sens de *sien-sse* 先事, « la première occupation, la première affaire. » (Cf. Dictionnaire de *Kangh-i*, au mot *fo* 服.) Celui qui est économe n'a jamais le malheur de manquer du nécessaire; aussi prend-il d'avance ses mesures pour ne pas tomber dans le besoin.

Li-si-tchaï rend le mot *fo* 服 par « dompter. » Intérieurement il dompte son cœur, extérieurement il dompte son corps. Il reste calme et immobile, et alors il accumule la vertu.

(3) E : Le mot *khe* 克 veut dire « vaincre. » Quand il accumule la vertu, tous les hommes sont dans l'aisance; aussi il n'y a pas (d'obstacles, d'ennemis) dont il ne triomphe.

(4) H : Le mot *ki* 極 signifie « bornes, limites. » E : Quand il triomphe de tous les obstacles, on ne peut mesurer, calculer la durée de son royaume. C'est pourquoi *personne ne connaît ses limites*. Quand *personne ne connaît ses limites*, il peut conserver longtemps ses états; c'est pourquoi (*Lao-tseu* dit) « il peut posséder le royaume. »

(5) Suivant E, les mots *mère du royaume* désignent « l'économie; » suivant C, « la modération. » A croit qu'ils s'appliquent au Tao.

(6) Il y a dans le texte chinois un pléonasme que j'ai tâché de conserver en français. Les deux expressions *tchhang-sing* 長生, « vivre longtemps, » et *khieou-chi* 久視, « voir longtemps, » expriment la même idée.

CHAPITRE LX.

(1) A : Lorsqu'on fait cuire un petit poisson, on n'ôte ni ses entrailles ni ses écailles; on n'ose le manier rudement de peur de l'écraser. De même (B), lorsqu'on gouverne un grand royaume, il ne faut pas se donner beaucoup de mouvement, ni établir une multitude de lois et de règlements, de peur de tourmenter les inférieurs et de les exciter au désordre.

Le reste du chapitre offre le retour fréquent des mêmes mots, et semble aussi insignifiant qu'unintelligible, si l'on donne aux mots chinois leur acception ordinaire.

Je me bornerai à citer en grande partie le commentateur B, qui, comme tous les autres, a pris ici la glose ancienne de *Ho-chang-kong* (A) pour base de ses développements.

Le Saint emploie le vide et la lumière (c'est-à-dire se dépouille de ses passions et dissipe leurs ténèbres) pour nourrir sa nature, la modération et l'économie pour subvenir aux besoins de son corps, la pureté et l'attention la plus sévère pour fortifier sa volonté, le calme et la quiétude pour gouverner son royaume.

Lorsqu'on gouverne l'empire par le Tao, les démons n'osent (A) montrer leur puissance, parce qu'un Saint est assis sur le trône. Si les démons n'osent montrer leur puissance pour nuire aux hommes, ce n'est pas qu'ils manquent de puissance, c'est uniquement parce que la perversité ne peut vaincre la droiture. C'est pourquoi on reconnaît que si les démons n'osent attaquer les hommes, c'est parce qu'ils craignent et respectent l'homme droit et sage qui est sur le trône. Si le Saint n'ose nuire au peuple, c'est qu'il l'affectionne comme s'il était son père. Si, dans le nombre, il se trouve des hommes aveugles qui se laissent aller au mal, le Saint se garde de les punir immédiatement à cause du mal qu'ils ont fait. Il les sauve par sa bonté, il les console par ses bienfaits et les fait revenir au bien. Le Saint ne fait point de mal au peuple, et alors les démons se convertissent. Cela montre la grandeur de sa vertu. De leur côté, les démons ne font point de mal aux hommes; cela prouve aussi l'excellence de leur vertu.

Tout l'empire en attribue le mérite au Saint; mais celui-ci ne voit aucun mérite dans ses œuvres, et il rapporte ce mérite aux démons. Ainsi ils confondent ensemble leur vertu.

(2) Toutes les éditions portent *chin* 神 « esprits » au lieu de *kouei* 鬼 « démons » (n°s 23 et 29 du texte chinois). J'ai cru devoir adopter la leçon *kouei* 鬼, afin de rétablir le parallélisme qui semble devoir exister entre ces deux phrases et celles qui précèdent.

E explique le mot *kouei* 鬼 « démons, » par *kouei-chin* 鬼 神 « esprits » en général. Cependant les malheurs qu'il cite plus bas, tels que fléaux, morts prématurées, pestes, etc. montrent qu'il faut prendre le mot *kouei* 鬼 en mauvaise part et le rendre par « démons. »

(3) Le mot *chin* 神 (nᵒˢ 16 et 21) signifie « être doué d'une puissance surnaturelle. »

(4) E : Les esprits (*sic*) et le Saint ne font point de mal aux hommes.

(5) C'est le sens de C : 聖人與鬼合其德 « Sanctus vir et dæmones conjungunt ipsorum virtutem. » Il y a une grande différence entre cette glose, qu'appuient plusieurs commentateurs, et celle-ci de E : « Itaque *Viæ* et *Virtutis* merita simul congregantur in præsenti sæculo. »

CHAPITRE LXI.

(1) E : L'expression *hia-lieou* 下流, « ce qui coule en bas, » désigne les fleuves et les mers. La voie, c'est-à-dire la conduite d'un grand royaume peut être comparée aux fleuves et aux mers et *omnibus mundi fœminis*. Or les fleuves et les mers se tiennent (littéral. « résident ») au-dessous du niveau de toutes les eaux; et, parce qu'ils occupent une situation basse et inférieure, les eaux de tout l'empire (ou de tout l'univers) vont se rendre dans leur sein.

Liu-kie-fou donne un autre sens aux mots 下流; il les explique par « état d'abaissement, » littéral. « courant inférieur. » Si un grand royaume peut véritablement se tenir dans le courant inférieur, c'est-à-dire s'abaisser, s'humilier, pour amener l'empire à se joindre et à se soumettre à lui.....C'est aussi le sens de *Li-si-tchaï* : Si un grand royaume peut s'abaisser pour attirer à lui les êtres, ils ne pourront s'empêcher de venir se joindre et se soumettre à lui.

B : Celui qui gouverne un grand royaume doit ressembler aux fleuves et aux mers qui, coulant en bas, reçoivent dans leur sein toutes les rivières du monde. Si le prince d'un grand royaume sait s'humilier et accueillir les inférieurs avec bonté, ceux qui sont près de lui se réjouiront, ceux qui sont éloignés accourront avec empressement; tout l'empire viendra se soumettre à lui, de même que les eaux se précipitent vers les fleuves et les mers, et vont se réunir dans leur sein.

(2) E : La femelle n'est pas plus forte que le mâle, et cependant, au moyen de la douceur et du calme, elle triomphe constamment du mâle. Cela vient de ce que, par ce calme, elle s'humilie et s'abaisse au-dessous du mâle.

(3) B : Si le prince d'un grand royaume peut s'humilier, s'abaisser, rester calme et tranquille, et traiter les petits royaumes avec bienveillance et humanité, ceux-ci seront touchés de sa vertu et se soumettront à lui. Voilà l'art par lequel les grands royaumes gagnent les petits royaumes, les attirent à eux et s'enrichissent de leur territoire.

(4) B : Si le prince d'un petit royaume sait s'humilier et s'abaisser, être calme, tranquille, et servir docilement le chef d'un grand royaume, celui-ci le traitera avec bienveillance et humanité. Il (C) le recevra au nombre de ses tributaires et le préservera des attaques de ses ennemis. Voilà l'art par lequel les petits royaumes gagnent la bienveillance et la protection des grands royaumes.

(5) E : Les mots *i-thsiu* 以取 signifient *thsiu-jin* 取人, « prendre, gagner les hommes, » c'est-à-dire, suivant *Liu-kie-fou*, « gagner leur affection et ne point la perdre. »

Les mots *eul-thsiu* 而取 signifient *thsiu-iu-jin* 取於人, littéral. « être pris (c'est-à-dire être accueilli) par les hommes. »

(6) A explique le mot 畜 par *mo* 牧, verbe qui, comme ποιμαίνειν, en grec, veut dire « faire paître » et « gouverner. »

(7) E : Un grand royaume désire de réunir sous sa puissance et de gouverner les hommes des autres états. Si maintenant il s'abaisse de-

vant les petits royaumes, les petits royaumes viendront se soumettre à lui. Un petit royaume désire d'être admis à servir les hommes (c'est-à-dire les princes des grands royaumes). Si maintenant il s'abaisse devant un grand royaume, et que ce grand royaume l'accueille avec bienveillance, ils obtiendront l'un et l'autre ce qu'ils désiraient.

Les vœux d'un petit royaume se bornent à vouloir servir les hommes (les princes puissants); mais le vœu que forme un grand royaume est de réunir sous sa puissance et de gouverner les hommes (des états voisins). Si celui qui sert les autres hommes voit que tel prince manque d'égards envers lui, il le quittera et ira offrir son obéissance à un autre. Si celui qui avait réuni sous sa puissance et qui gouvernait les hommes (des états voisins) vient à perdre l'obéissance d'un petit royaume, on ne pourra plus dire *qu'il réunit et gouverne les hommes*. C'est pourquoi les grands doivent surtout s'abaisser.

En s'abaissant, dit *Wang-fou-sse*, un petit royaume se conserve; c'est là toute son ambition. Il ne peut déterminer tout l'empire à se soumettre à lui. Mais si un grand royaume s'abaisse, tous les autres états viendront se soumettre à lui. Voilà pourquoi les grands surtout doivent s'humilier et s'abaisser.

CHAPITRE LXII.

(1) A : Le mot *ngao* 奧 a ici le sens de *thsang* 藏, « réceptacle, « asile. » *Li-si-tchaï*, même sens. B : Le Tao est naturellement subtil, il est impossible d'exprimer son nom, de figurer sa forme. Il s'élève à l'infini, il s'étend sans bornes, il enveloppe le ciel et la terre dans son immensité.

Aliter. E : Le mot *ngao* 奧 a le sens de *thsun* 尊, « honorable. » Dans l'intérieur d'une chambre, dit E, l'angle situé au S. O. s'appelle *ngao* 奧. Dans l'antiquité, lorsqu'on bâtissait une maison, on plaçait la porte près du côté de l'E. et non au milieu. Alors le coin situé au S. O. était le plus profond et le plus obscur; c'était l'endroit qu'occupait toujours celui qui offrait un sacrifice, ou la personne la plus honorée de la famille.

D'après cette explication, il faudrait traduire : « le Tao est le plus « honorable de tous les êtres; » mais le sens d'*honorable*, qu'E donne par extension au mot *ngao* 奥, ne me paraît pas suffisamment justifié.

(2) A : Le mot *pao* 保 (*vulgo* « protéger ») veut dire ici *i* 倚, « s'appuyer sur ». E, même sens : « *s'appuyer sur* une chose pour « trouver la stabilité et le repos. » Quand l'homme vertueux a obtenu le Tao, c'est comme s'il possédait un trésor au dedans de lui; et partout où il va, il peut en tirer un immense profit.

(3) E : L'homme dénué de vertu a commencé à perdre le Tao. Lorsqu'une fois il craint le malheur et songe à son salut, s'il peut chercher son appui dans le Tao, il pourra changer le malheur qui le menaçait en un bonheur durable. Lao-tseu veut dire que le Tao est répandu dans l'univers, et que les bons comme les méchants peuvent en profiter.

(4) E : Ce passage s'applique à l'homme vertueux. H : Le mot *chi* 市 (*vulgo* « marché, acheter ») veut dire ici *li* 利 « profit, pro-« curer du profit. » *Ou-yeou-thsing* donne au mot *chi* 市 son acception usuelle : les paroles excellentes, dit-il, ont beaucoup de charme, *kho-ngaï* 可愛 (littéralement : « peuvent être, méritent d'être « aimées »); elles ressemblent à des objets élégants, qui *peuvent être*, qui méritent d'être *achetés*.

Le lecteur remarquera que cet interprète regarde l'expression *kho-i* 可以 (qui a la propriété de donner le sens actif au verbe suivant, conf. Rémusat, *Grammaire chin.* § 254) comme synonyme du mot *kho* 可, « pouvoir, » qui indique ordinairement que le verbe suivant doit être pris dans le sens passif.

(5) *Sic* H : *Kho-i-kia-iu-jin-tchi-chang* 可以加于人之. E, même sens : les belles actions sont dignes d'être honorées, par elles) nous nous élevons au-dessus des autres hommes.

Aliter h : le mot *kia* 加 signifie 別異, « se distinguer de ; » par des actions honorables, l'homme se distingue du vulgaire.

(6) E : Si un homme a des défauts, il lui suffit de se corriger pour devenir vertueux. C'est pourquoi il ne faut pas le repousser à cause de ses défauts. Si, dans l'antiquité, on avait établi un empereur et trois ministres, c'était précisément pour instruire et réformer les hommes vicieux.

(7) E : L'expression *kong-p'i* 拱璧 veut dire 合拱璧, « tablette de pierre précieuse (de forme ronde) qu'on tenait à deux « mains. » B : Quoique les trois ministres aient chacun une tablette de pierre précieuse, c'est-à-dire de jade (pour cacher leur visage lorsqu'ils se présentent devant le souverain); quoique l'empereur ait un attelage de quatre chevaux dociles, tout cela est insuffisant pour les rendre honorables. La véritable gloire consiste à cultiver le Tao. C rapporte les mots *i-sien* 以先, « devant, » à l'action de tenir *devant son visage* la tablette de jade mentionnée plus haut, lorsqu'on est en présence de l'empereur.

E s'est imaginé qu'il s'agissait dans cet endroit « d'offrir à quelqu'un « une tablette précieuse » ou « quatre chevaux attelés, » 獻人以拱璧駟馬, et il a rendu par « donner » le mot *thsin* 進, qui, dans le sens actif, signifie « présenter, offrir. » Lorsqu'on offre à quelqu'un, dit E, une tablette précieuse ou quatre chevaux attelés, ce don est considéré, dans le monde, comme le plus insigne honneur ; mais il vaut mieux *donner* (c'est-à-dire enseigner) le Tao aux hommes, 然不如以此進與人. Le Tao est tellement honorable, que les choses les plus honorables du monde ne pourraient lui être comparées.

(8) A : Les sages de l'antiquité ne voyageaient pas au loin pour chercher le Tao; ils (H) revenaient à leur pureté primitive et le trouvaient en eux-mêmes.

J'ai suivi A, B et plusieurs autres éditions qui portent 日 « jour, » au lieu de *youe* 曰, « dire. »

(9) H : Les cruels Kie et Tcheou étaient des empereurs, et cependant ils ne purent échapper à leur châtiment. (Voyez *Chou-king*, traduction de Gaubil, pag. 81, 147 et *passim*.) Les quatre scélérats (appelés *Kong-kong, Houan-teou, San-miao* et *Kouen*) étaient revêtus de la dignité de *san-kong* 三公 (c'étaient des espèces de ministres; voyez Morrison, *Dict. chin.* part. 1, clef 40, pag. 808, n° 2) : et cependant ils ne purent se soustraire à une mort ignominieuse. (Cf. *Chou-king*, traduction de Gaubil, pag. 16.) D'un autre côté, l'intègre *I-thsi* réprimanda l'empereur *Wou-wang*, le sage *Thsao-hiu* traita l'empereur avec fierté, et ils ne furent point punis. Ne voit-on pas par là que ceux qui suivent le Tao échappent aux châtiments? Si l'homme songe une seule fois à recouvrer sa pureté innée, tous ses crimes seront aussitôt effacés; s'il cherche le Tao, il le trouvera, et s'élancera avec lui au delà de la corruption du siècle.

CHAPITRE LXIII.

(1) E : Une seule expression suffit pour rendre l'idée de « pratiquer « le *non-agir*. » C'est uniquement afin de donner plus de corps à son style que *Lao-tseu* développe sa pensée en ajoutant les mots *sse-wou-sse* 事無事, « faire consister son occupation dans l'absence « de toute occupation; » *weï-wou-weï* 味無味, « savourer ce « qui est sans saveur (le Tao) », qui se rapportent également à l'idée de *non-agir*.

J'ai déjà expliqué précédemment, dit E, que l'expression *wou-weï* 無爲 a le sens de *feï-weï* 非爲, « ne pas agir, » *non agere*. Pourquoi *Lao-tseu* dit-il : *weï-wou-weï* 爲無爲, littéralement agere τὸ non agere? C'est parce que *Lao-tseu* pense que les hommes des siècles suivants perdront leur pureté naturelle en se livrant avec ardeur à l'action. Là dessus, il tâche de leur inculquer le *non-agir*. Le mot *weï* 為 (*vulgo* « agir »), qu'il emploie, ne fait qu'exprimer précisément l'idée de « pratiquer ce *non-agir*. » (Il y a ici une faute dans le texte de E, où il faut lire *tching* 正, « précisément, juste-« ment, » au lieu de *tching* 政, « administration. ») Dès que l'homme « pratique le non-agir, » pourrait-on trouver dans sa conduite un atome (littéralement « un cheveu ») d'*activité*, c'est-à-dire de cette *activité* qui, selon *Lao-tseu*, est la cause de tous les désordres? Celui qui observe le Tao ne doit certainement pas s'attacher à l'*action* et oublier le (littéralement « tourner le dos au ») *non-agir*. En effet, plus le cœur *agit* et plus il se trouble; plus un prince *agit* et plus son royaume est en proie au désordre; plus la vertu *agit* et plus elle perd sa pureté; plus on *agit* dans le Tao et plus on s'éloigne du Tao. Ainsi les maux que cause l'*action* ou l'*activité* éclatent en tous lieux. Mais, si l'on remplace l'activité par le *non-agir*, alors les principes des choses énumérées plus haut (de l'administration, de la Vertu, du Tao) reviendront chacun à leur état naturel, et on pourra les trouver avec une extrême facilité (littéralement « en « restant assis »), 可以坐而得之. Le commentateur *Yen-kiun-ping* disait jadis : C'est comme les dix mille choses (du monde), qui reposent sur le prince; comme notre esprit, qui réside dans notre corps; comme l'eau d'un puits, qui se trouve dans la cour d'une maison. L'eau ne doit pas se remuer (littéralement « se « livrer à l'action, » *yeou-weï* 有為); alors elle sera pure; notre esprit ne doit pas se livrer aux pensées et aux inquiétudes; alors il sera calme. Voilà des paroles sublimes, ajoute E, mais il faut con- naître le Tao pour être en état de les comprendre.

(2) J'ai suppléé les mots placés entre parenthèses d'après *Sse-ma-wen-kong*, qui est d'accord avec la plupart des commentateurs : il re- garde les petites choses du même œil que les grandes, les choses

NOTES DU LIVRE II, CHAPITRE LXIII. 255

rares du même œil que les choses nombreuses. Si on l'attaque, il ne lutte point (E).

Sou-tseu-yeou : Parmi les hommes du siècle, il n'en est pas un seul qui ne redoute les grandes choses et ne dédaigne les petites; qui ne regarde les choses nombreuses comme difficiles, les choses rares (c'est-à-dire peu nombreuses) comme aisées. C'est seulement quand les choses sont devenues difficiles qu'ils les projettent, quand elles sont devenues grandes, qu'ils s'en occupent, et ils échouent constamment. Le Saint met au même niveau les choses grandes et petites, nombreuses ou rares; il les redoute toutes également; il les trouve toutes également difficiles. Comment pourrait-il ne pas réussir ?

(3) B : Le Saint ne connait ni bienfaits ni injures; il n'a ni vengeance ni reconnaissance à exercer; il ne songe qu'à la vertu. Il fait du bien à tous, même à ceux qui lui ont fait du mal. C'est ainsi qu'il venge ses injures par des bienfaits.

(4) E : Toute chose difficile ne l'est pas devenue subitement; elle est née de choses aisées, et, par leur accumulation insensible, elle est devenue difficile. C'est pourquoi celui qui médite des choses difficiles doit commencer par ce qu'elles ont de facile. Ne dédaignez pas de vous occuper des choses aisées, de peur que plus tard vous ne puissiez venir à bout d'une entreprise difficile.

(5) E : Les grandes choses ne le sont pas devenues subitement; elles ont commencé par être petites, et, par un progrès et un accroissement graduels, elles sont devenues grandes. C'est pourquoi celui qui veut faire une grande chose doit commencer par ce qu'elle a de plus petit. Ne dédaignez pas une chose parce qu'elle est exiguë, de peur de ne pouvoir accomplir un jour des œuvres grandes et durables.

(6) E : Le Saint ne cherche jamais à faire (tout à coup) de grandes

choses; il se contente d'accumuler peu à peu de petites choses; c'est pourquoi il arrive insensiblement à en faire de grandes.

(7) E : *Lao-tseu* cite ce fait pour montrer que celui qui trouve beaucoup de choses faciles rencontre nécessairement beaucoup de difficultés.

CHAPITRE LXIV.

(1) H : *Lao-tseu* développe ici la pensée des deux passages du chapitre précédent : *thou-nan-iu-i* 圖難於易, « (le sage) médite des « choses difficiles en commençant par des choses faciles; » *weï-ta-iu-si* 爲大於細, « il fait de grandes choses en commençant par « de petites choses. »

Ibid. Les mots *ngan* 安, « quietum, » et *weï-tchao* 未兆 « nondum exiit, apparuit, » désignent l'époque où une seule pensée n'est pas encore née (dans le cœur), où la joie et la colère ne se sont pas encore manifestées (sur le visage), où l'âme est parfaitement calme et exempte de toute émotion.

(2) H : Les mots *tsouï* 脆, « faible, » et *weï* 微, « menu, » (se prennent au figuré et) désignent les germes naissants de la première pensée.

(3) Toutes les éditions portent *weï-tchi-iu-weï-yeou* 爲之於未有, « faire les choses avant qu'elles n'existent. » Cette idée est évidemment contraire à l'esprit du présent chapitre et à la doctrine de *Lao-tseu*. Pour faire disparaître cette altération du texte, B, que je suis ici, a écrit, dans son commentaire, *fang-tchi* 防之, « arrêtez les choses (avant qu'elles n'existent) » au lieu de « *weï-tchi* 爲之, « faites les, etc. » A confirme cette correction en exprimant la même idée par *se* 塞, « boucher, arrêter. »

G : Les mots *weï-yeou* 未有 (littéral. « nondum exstitit »)

indiquent l'époque où le cœur n'a pas encore éprouvé d'émotion; les mots *wei-loen* 未亂 (littéral. « nondum turbatum est »), l'époque où il n'a pas encore été corrompu.

(4) A: De petit il est devenu grand. Cette comparaison montre, dit *Liu-kie-fou*, que les petites choses sont l'origine des grandes. *Chi-sun* (dans l'édition A): Si l'on veut abattre un arbre, il faut nécessairement commencer par arracher sa racine; autrement il repoussera. Si l'on veut arrêter l'eau et qu'on ne commence pas par boucher sa source, elle ne manquera pas de couler de nouveau. Si l'on veut étouffer un malheur et qu'on ne l'arrête pas dans son principe, il ne manquera pas d'éclater de nouveau.

(5) C: Elle est née d'une cuillerée de terre. A: De basse qu'elle était dans le commencement, elle est parvenue peu à peu à une grande élévation.

(6) J'ai suivi C: *pi-tseu-i-pou-eul-chi* 必自一步而始, mot à mot: « necessario ab uno passu initium duxit. » Les mots du texte *chi-iu-tso-hia* 始於足下 signifient littéralement: « il « a commencé au bas de vos pieds. »

(7) E: D'après les principes du *non-agir*, l'action et l'attachement (aux objets extérieurs) sont des choses désordonnées; c'est pourquoi celui qui *agit* échoue et ne peut réussir. Celui qui s'attache (aux objets extérieurs) les perd et ne peut les posséder. En conséquence le sage pratique le *non-agir;* aussi reste-t-il étranger aux succès comme aux échecs. Il laisse (les objets extérieurs) et ne s'y attache pas; aussi reste-t-il étranger à leur possession comme à leur perte.

(8) E: Le mot *ki* 幾 veut dire « être près de. » Lorsque les hommes vulgaires voient qu'une chose est sur le point de réussir (littéralement « de s'accomplir »), ils se laissent aller à la négligence

et à la légèreté; alors elle (cette affaire) change de face, et ils échouent complétement. Soyez donc sur vos gardes à la fin de vos entreprises comme on l'est au commencement; alors vous pourrez les conduire à leur parfait accomplissement et vous n'échouerez jamais.

(9) J'ai suivi E : *wou-yo-i-weï-yo* 無欲以爲欲. C'est aussi le sens de *Li-si-tchaï* et de plusieurs commentateurs estimés. E : La multitude désire des choses qui lui sont inutiles et use ses esprits à les chercher, tandis qu'elle méprise ce qu'il y a de précieux en elle (c'est-à-dire la pureté de sa nature) : c'est le comble de l'aveuglement! Le Saint ne prise pas les choses extérieures; il attache uniquement du prix à l'absence de tout désir.

Aliter A : Le Saint désire ce que les hommes (vulgaires) ne désirent pas. Ils se plaisent à briller, et il aime à cacher l'éclat de sa vertu; ils aiment l'élégance et le luxe, et il aime la simplicité; ils n'aspirent qu'après la volupté, et il n'aspire qu'après la vertu.

(10) *Li-si-tchaï*: Cette expression ne s'applique pas seulement à l'or et aux pierres précieuses; elle désigne en général toutes les choses qui sont en dehors de nous.

(11) J'ai suivi E : *wou-hio-i-weï-hio* 無學以爲學.
Aliter A : Le Saint étudie ce que les hommes vulgaires ne peuvent étudier. Ils étudient la prudence et la ruse, il étudie sa nature; ils apprennent à gouverner le royaume, il apprend à gouverner sa personne et à conserver la pureté du Tao.

(12) E : Le mot *fo* 復 a ici le sens de *fan* 反, « être opposé à. » *T'chong-jin-tchi-so-kouo, tse-fan-tchi-eul-pou-weï* 衆人之所過, 則反之而不爲, littéralement : « Ce en quoi « pèche la multitude, il y est opposé et ne le fait pas. » *Ibid.* Tous les êtres ont chacun leur nature. Les hommes de la multitude ne

suivent pas la pureté de leur nature; ils l'altèrent en se livrant à une activité désordonnée. Ils abandonnent la candeur et la simplicité, pour rechercher la prudence et l'astuce; ils laissent ce qui est facile et simple, pour courir après les choses ardues et compliquées. C'est en cela qu'ils pèchent. Le Saint s'applique à faire le contraire.

Aliter A. Cet interprète rend *fo* 復 par « faire revenir, » 使反. Dans les études auxquelles ils se livrent, les hommes de la multitude prennent l'accessoire pour le principal (littéralement : « l'extrémité des branches pour la racine ») et la fleur pour le fruit. Le Saint les fait revenir à la racine (au Tao) 使之反本.

CHAPITRE LXV.

(1) Dans ce chapitre, les mots *lumières, prudence,* se prennent en mauvaise part, et les mots *simplicité, ignorance,* en bonne part. E : La prudence et la perspicacité sont la source de l'hypocrisie et de la froideur (des sentiments). Dans l'antiquité, ceux qui excellaient à pratiquer le Tao ne l'employaient pas (sic *Sou-tseu-yeou*) à éclairer le peuple, à développer sa prudence et sa perspicacité. Ils l'employaient au contraire à le rendre simple et borné, afin (A) qu'il ne se livrât point à la ruse et à la fraude.

(2) E : Lorsque le peuple n'a pas encore perdu son naturel simple et candide, il est aisé de l'instruire et de le convertir; lorsque la sincérité de ses sentiments n'est pas encore altérée, il est aisé de le faire obéir aux défenses et aux lois. Mais dès qu'il a acquis beaucoup de prudence, sa pureté et sa simplicité s'évanouissent tandis que la ruse et l'hypocrisie croissent en lui de jour en jour. Si l'on veut lui enseigner le Tao et lui faire adopter une conduite droite et régulière, on éprouvera d'immenses difficultés. C'est uniquement pour cela que les sages de l'antiquité s'étudiaient à rendre le peuple simple et ignorant, au lieu de lui donner des lumières.

(3) E : Si le prince emploie la prudence pour gouverner le

royaume, le peuple sera influencé par son exemple; il cherchera à devenir prudent, et se livrera à la fausseté et à la fourberie. De cette manière, le prince aura fait le malheur du royaume.

(4) E : Si le prince n'emploie pas la prudence pour gouverner le royaume, le peuple sera influencé par son exemple et cherchera à devenir simple et pur. La simplicité, l'honnêteté du peuple, feront le bonheur du royaume.

Le peuple est difficile à gouverner, dit *Wang-fou-sse*, parce qu'il a trop de sagacité; il faut le rendre ignorant et exempt de désirs. Mais si l'on mène le peuple à l'aide de la prudence et de la ruse, une fois que ses mauvaises dispositions auront été éveillées, il faudra encore employer l'habileté, l'artifice, pour comprimer l'hypocrisie du peuple. Le peuple s'apercevra des obstacles qu'on lui oppose et saura s'y soustraire aussitôt. Il ne songera qu'à former des stratagèmes secrets, et alors la fausseté et l'hypocrisie s'accroîtront de jour en jour. C'est pour cela que *Lao-tseu* dit : Celui qui gouverne le royaume par la prudence est le fléau du royaume.

(5) A : L'expression *thseu-liang-tche* 此兩者, « ces deux « choses, » désigne ici la prudence et l'absence de la prudence. Il faut savoir que la prudence est un fléau, et que l'absence ou le *non-emploi* de la prudence peut devenir une source de bonheur.

E : Quand les hommes vulgaires parlent de l'administration du royaume, ils s'imaginent qu'il est bien gouverné lorsque le prince fait usage de la prudence, et que, faute de prudence, il tombe dans le désordre. Raisonner ainsi, ce n'est pas savoir choisir la véritable science et être incapable de bien gouverner les hommes. C'est pourquoi celui qui peut connaître les avantages et les inconvénients de ces deux choses (c'est-à-dire les avantages du *non-emploi* de la prudence et les inconvénients de son emploi) est capable de devenir le modèle de l'empire.

(6) Littéral. « connaître constamment le modèle, » c'est-à-dire ce

qui fait qu'on est le modèle (de l'empire). E : Les hommes vulgaires n'estiment que l'emploi de la prudence pour bien gouverner, mais le Saint n'estime au contraire que le *non-emploi* de la prudence pour bien gouverner. C'est ce qui fait dire à *Lao-tseu* que la *vertu céleste* est profonde, immense et opposée aux créatures, c'est-à-dire qu'elle recherche le contraire de ce qui plaît aux créatures.

(7) A : L'expression *hiouen-te* 玄德 veut dire « vertu céleste. » *Aliter* II : L'expression *hiouen-te* 玄德 signifie une vertu tellement subtile, que les hommes ne peuvent la comprendre.

(8) *Liu-kie-fou* : Le mot *youen* 遠 (*vulgo* « éloigné ») veut dire *pou-kho-liang* 不可量, « incommensurable. »

(9) *Liu-kie-fou* : Ce que j'estime, c'est la vertu; ce que les hommes estiment, c'est la prudence. La vertu et la prudence sont opposées l'une à l'autre; la soumission (cet interprète conserve à *chun* 順 sa signification usuelle) qu'on obtient en gouvernant par la prudence, est médiocre et bornée; la soumission qu'on obtient par la vertu, est universelle.

(10) E : Toutes les fois que l'empire est en proie à de grands désordres, il faut en accuser l'amour de la prudence. Mais dès qu'un prince ne fait pas usage de la prudence, il parvient à procurer une paix générale.

Ibidem : Le mot *chun* 順 (*vulgo* « obéir, obéissance, soumission ») a ici le sens de *tchi* 治, « l'état de ce qui est bien gouverné, la « paix. »

Les mots *jen-heou* 然後, « ensuite, » signifient « après qu'on « a acquis cette vertu. »

CHAPITRE LXVI.

(1) H : Dans ce chapitre, *Lao-tseu* apprend aux rois à s'oublier eux-mêmes (littér. « il leur enseigne la vertu qui consiste à ne pas « avoir *le moi*, en allemand *das Ich* »).

E : On définit ainsi le mot *wang* 王, « roi : » c'est celui vers lequel tout l'empire va (*wang* 往) pour se soumettre à lui. (Il y a ici une espèce de jeu de mots.) Les ruisseaux de tout l'univers se rendent dans les fleuves et les mers, comme pour se soumettre à eux; c'est pourquoi les fleuves et les mers sont les rois de tous les courants. Comment obtiennent-ils cela (c'est-à-dire que les courants se rendent dans leur sein)? C'est uniquement parce qu'ils sont situés au-dessous de tous les courants. (Cf. chap. LXI.)

(2) A : Le roi doit s'abaisser comme les fleuves et les mers.
Liu-kie-fou : Lorsque le roi s'appelle lui-même *orphelin, médiocre, dénué de vertu*, on voit que par ses paroles il se met au-dessous du peuple.
Ou-yeou-thsing : Le Saint est d'une modestie, d'une humilité si éminentes, qu'il se voit placé au-dessus et en avant des hommes sans l'avoir désiré (et comme à son insu). Le lecteur, dit *Ou-yeou-thsing* (doit aller au devant du sens); il ne doit pas, suivant l'expression de *Meng-tseu*, dénaturer la pensée de l'auteur en s'attachant servilement à la lettre.

(3) E : Les hommes aiment naturellement à empiéter sur les droits de leurs supérieurs; mais, comme le Saint peut s'abaisser au-dessous des hommes et se placer après eux, quoiqu'il soit élevé au-dessus d'eux, ils le portent (*sic*) avec joie et ne le trouvent pas lourd, c'est-à-dire : il ne leur est point à charge. (*Liu-kie-fou* : Ils le trouvent léger; *Li-si-tchaï* : Ils ne s'aperçoivent pas qu'ils ont un roi.)

(4) H : *Pou-i-weï-haï* 不以爲害, « il (le peuple) n'en éprouve

« pas de dommage. » *Liu-kie-fou*, même sens : *i-tsong-tchi-weï-li* 以從之為利, « il trouve qu'il est avantageux de le suivre et « de lui obéir. »

Aliter E : Quoiqu'il soit placé en avant des hommes, ceux-ci se réjouissent de le suivre et n'ont nulle intention de lui nuire, *eul-wou-chang-haï-tchi-sin* 而無傷害之心.

(5) B explique *tchouï* 推 par *sse* 事, « servir, » et E par *jang* 讓, « céder le pas à, obéir à, » même sens. A le rend par *thsin* 進, « pousser en avant. » Ils aiment à le mettre en avant, à le présenter pour qu'il devienne leur maître.

(6) E : S'il était élevé au-dessus des hommes et qu'il leur fût à charge; s'il était placé en avant des hommes et qu'ils lui fissent du mal (H : et qu'ils en souffrissent), alors, quoiqu'ils lui obéissent, ils ne s'en réjouiraient pas; s'ils s'en réjouissaient, ils ne manqueraient pas de s'en lasser. Mais, comme il ne leur est point à charge, et qu'ils ne veulent pas lui faire du mal (cf. H, E, note 4), ils aiment à le servir, et jusqu'à la fin de leur vie ils ne se lassent point de lui.

(7) E : Les mots *hia-jin* 下人, « il s'abaisse au-dessous des « hommes, » *heou-jin* 後人, « il se met après les hommes, » renferment implicitement l'idée de *pou-tseng* 不爭, « non con-« tendit. » C'est pourquoi tout l'empire aime à le servir et ne s'en lasse pas. On voit par là que, dans tout l'empire, personne ne peut lutter avec lui.

CHAPITRE LXVII.

(1) Littéralement : « disent que ma voie est grande. » B : Le Saint applique son cœur et sa volonté à une seule chose (au Tao). Il ne

connaît rien, il ne sait rien. Il paraît stupide et ressemble à un homme bègue. Il est tellement simple, qu'on le prendrait pour un homme commun et hébété. Il cache l'éclat de sa sagesse, se dépouille de la prudence et pratique le Tao.

J'ai suivi A, qui rend les mots *pou-siao* 不肖 par « stupide, « privé de discernement, » et qui, plus bas, explique le mot *siao* 肖 par « intelligent, perspicace, éclairé. »

Quelques commentateurs, comme E, qui suit *Sou-tseu-yeou*, expliquent les mots *pou-siao* 不肖 par « non-semblable, » c'est-à-dire différent des êtres, des créatures. E : Ils (les hommes) louent sa grandeur et s'affligent de ce qu'il ne ressemble pas (aux créatures). Ils ignorent que si le Saint est grand, c'est parce qu'il ne ressemble pas aux créatures. S'il leur ressemblait, comment serait-il digne d'être appelé grand?

(2) *Sic* B : Quant à ceux que le siècle appelle éclairés. D : Les mots *kieou-i-khi-si* 久矣其細 doivent être construits ainsi : *khi-si-i-khieou* 其細久矣.

(3) E : C'est comme lorsqu'on dit : l'homme doué d'humanité ne rencontre pas d'ennemis. B : Dans l'empire, personne ne me résiste; c'est pourquoi je semble doué de courage.

(4) E : Celui qui économise a du superflu.

(5) E : Il se place après la multitude des hommes.

(6) E : Tout l'empire le pousse en avant et le place au premier rang.

H : Le mot *khi* 器 (*vulgo* « vase ») est souvent un « nom général « pour désigner les hommes et les créatures, » 人物之通稱.

E a divisé en deux parties les trois mots 成器長. C'est

« pourquoi il *perfectionne ses talents* (*tch'ing-khi* 成器 a ce sens
« dans les auteurs classiques), et devient le chef de l'empire, » *wei-
thien-hia-tchi-tch'ang* 爲天下之長.

(7) E : Le mot *kin* 今, « maintenant, » désigne les hommes
contemporains de *Lao-tseu*.

(8) B : Ils deviennent *violents* et *inflexibles*. Les hommes *violents*
et *inflexibles* (dit *Lao-tseu*, chap. XLII) ne meurent point de leur mort
naturelle.

(9) A : Les peuples s'attachent à un prince affectueux et humain,
ils s'associent à lui de cœur et d'âme. S'il livre une bataille, personne (B) ne peut lui résister ; s'il défend une ville, personne ne
peut l'attaquer avec succès ; elle est inexpugnable. Ce passage montre
(E) que celui qui est affectueux et humain est soutenu et protégé
par les autres hommes.

(10) E : L'affection est la principale (littéral. « la tête ») des trois
choses précieuses dont parle *Lao-tseu*. C'est pourquoi il la cite à plusieurs reprises. Celui qui est doué d'affection ne fait pas de mal aux
créatures ; il protége tendrement le peuple, et le peuple le chérit
comme un père et une mère ; sa vertu peut toucher le ciel. Lorsque
le ciel veut le délivrer du danger, il le protége par l'*affection*. Il ne
permet pas que les ennemis lui fassent du mal. Les mots « il le
« protége par l'affection » montrent que l'homme *doué d'affection*
pour les créatures est protégé par le ciel.

Suivant *Sou-tseu-yeou*, les mots « il le protége par l'affection »
montrent que, le Saint étant affectueux et humain pour les
créatures, celles-ci lui donnent l'aide et l'appui dont il peut avoir
besoin, comme si l'on disait : Le ciel lui donne des sentiments humains et affectueux qui lui procurent l'appui et la protection de
tout l'empire.

CHAPITRE LXVIII.

(1) D : Le mot *sse* 士 (*vulgo* lettré) signifie ici « un comman-« dant, *militum dux*. »

Aliter E, d'après *Ou-yeou-thsing* : Dans l'antiquité, le mot *sse* 士 désignait ceux qui combattaient montés sur des chars.

Tsiao-hong : Les guerriers sont les hommes qui luttent avec le plus d'acharnement. *Lao-tseu* les cite ici dans un sens figuré, pour montrer que l'homme qui cultive le Tao ne doit point lutter, c'està-dire qu'il doit céder humblement aux autres. — Dans les trois premiers membres de phrase, *Lao-tseu* cite des guerriers qui ne combattent que par nécessité, et qui ont soin de ne pas s'écarter du Tao.

(2) C : Celui qui excelle à être *sse* 士 (E d'après l'interprète *Ou-yeou-thsing* : soldat qui combat sur un char), ou commandant (suivant D), estime la vertu et n'estime pas le courage belliqueux.

(3) E : Celui qui excelle à combattre met au premier rang le calme et la tranquillité d'âme; il ne s'abandonne pas à la colère. *Lao-tseu* emploie ces deux comparaisons pour servir de transition à ce qui suit.

(4) E : (Le roi) qui excelle à vaincre l'ennemi cultive le Tao dans le temple des ancêtres et dans la salle du palais, et alors les ennemis se soumettent d'eux-mêmes. Quant à ceux qui lèvent des troupes, qui mettent le peuple en mouvement, qui déploient, en combattant, toutes les ressources de leur prudence et peuvent à peine les subjuguer, ce sont des guerriers du dernier ordre.

(5) E : Celui qui emploie les hommes et ne se met pas au-dessous d'eux, ne peut faire usage de leurs forces. Quant à celui qui sait employer les hommes, dès qu'il s'est mis au-dessous d'eux, tout l'empire est rempli de joie et aime à se mettre à son service.

B : Il se dépouille des sentiments d'orgueil qui agrandissent l'homme à ses propres yeux, il se montre humble et modeste, et alors tous les hommes aiment à lui obéir et à être employés par lui.

(6) E : Ceci répond au passage précédent : « Celui qui excelle à « vaincre l'ennemi. »

(7) E : Ceci répond au passage précédent : « Celui qui excelle à « employer les hommes. »

Ibidem : L'homme dont la vertu consiste à ne point lutter ne fait pas usage d'armes ni de chars de guerre, et l'empire se soumet à lui.

Celui qui sait employer les forces des hommes ne se fatigue pas à montrer des lumières et de la pénétration, et tout l'empire est bien gouverné.

(8) E : Par sa vertu, le Saint s'unit au ciel. C'était là la voie sublime de la haute antiquité.

CHAPITRE LXIX.

(1) E pense avec plusieurs commentateurs que les mots *yeou-p'ing* 有兵 désignent « un écrivain appartenant à l'école appelée « *P'ing-kia* 兵家, à l'école militaire », c'est-à-dire à la classe des auteurs qui ont écrit sur l'art militaire, et qui ont été, pour la plupart, des guerriers célèbres.

(2) Littéralement : « Je n'ose être l'hôte qui reçoit (en anglais : « *host*), mais je suis l'hôte qui est reçu (en anglais : *guest*) ». Dans la société (chinoise) le premier donne l'exemple de monter, de descendre, de se lever, de s'asseoir, etc. le second se conforme à son exemple et l'imite ponctuellement.

E : Ici le mot *tchou* 主 (*vulgo* « maître de la maison, hôte qui « reçoit ») désigne « celui qui commence l'attaque »; le mot *khe* 客 (*vulgo* « l'hôte qui est reçu ») « celui qui répond à l'attaque de son « ennemi. »

Suivant *Lin-hi-i*, tout ce chapitre a un sens figuré. Il est destiné à montrer quelle doit être la conduite humble et réservée des hommes qui pratiquent le Tao.

(3) E : Il s'avance difficilement et se retire aisément, c'est-à-dire avec empressement. Il ne provoque point l'ennemi, seulement il répond à son attaque; et, quoiqu'il réponde à son attaque, il ne désire point en venir aux mains avec lui. Il aime mieux fuir au loin pour éviter l'ennemi que de le chercher pour lutter corps à corps.

(4) C'est-à-dire être comme si l'on n'avait pas, etc. E : L'expression 無行 (prononcez : *wou-hang*) veut dire « ne pas avoir de « rang à suivre. » Le mot *jing* 仍 signifie « aller trouver » (*adire*).
Sou-tseu-yeou : Celui qui va en avant, a l'intention de combattre; celui qui se retire, ne songe pas à combattre. Si un homme songe à ne pas combattre, quoiqu'il marche parmi les soldats, il est comme s'il n'était pas dans les rangs; quoiqu'il ait des bras, il est comme s'il n'en avait pas à étendre; quoiqu'il ait une arme, il est comme s'il n'en avait pas à saisir; quoiqu'il ait des ennemis devant lui, il est comme s'il n'en avait pas à poursuivre.

E : *Lao-tseu* veut dire que si un guerrier peut agir ainsi, quoiqu'il combatte, il sera comme s'il ne combattait pas; mot à mot, en latin : « Si ille qui armis utitur, revera hoc modo (*agere*) possit, quamvis « utatur armis, (*erit*) quasi non uteretur (*armis*). »

(5) E : Le mot *ngaï* 哀 veut dire ici *thse* 慈 « affection (pour les hommes). » Le Saint, dit *Sou-tseu-yeou*, regarde l'*affection* (pour les hommes) comme un trésor. Si l'on combat à la légère, c'est qu'on aime à combattre. Aimer à combattre, c'est se plaire à tuer les hommes. Par là, nous perdons presque les sentiments d'*affection*, d'*humanité* que nous devrions conserver comme un trésor.

(6) H : L'expression *hang-ping* 抗兵 désigne « deux armées

« d'égale force, dont l'une ne l'emporte pas sur l'autre, de manière
« que la victoire reste indécise. »

E : J'éprouve un sentiment de compassion qui m'empêche de tuer
les hommes. Dès que ce sentiment de compassion s'est manifesté, le
ciel et les hommes me prêtent leur secours; quand je voudrais ne
pas vaincre, je ne pourrais faire autrement.

CHAPITRE LXX.

(1) E : Toutes les paroles de *Lao-tseu* sont certainement faciles à
comprendre, faciles à pratiquer. Si, dans l'empire (ou dans le monde),
personne ne peut les comprendre ni les pratiquer, c'est que personne
n'a une idée nette du Tao et de la Vertu.

(2) E : Les mots *tsong* 宗 « origine » (A : littér. *aïeul*), et *kiun*
君 « règle » (*vulgo* « prince »), se rapportent au Tao et à la Vertu. Il
n'y a pas une parole de *Lao-tseu* qui n'ait un fondement solide. En
effet, elles ont pour origine et pour base le Tao et la Vertu. Par eux
(par le Tao et la Vertu) le Saint dirige toutes les affaires de l'empire,
par eux il distingue clairement les succès et les échecs, ce qui est
digne d'approbation ou de blâme; par eux, il met en lumière les
présages certains du malheur ou du bonheur, de la victoire ou de la
défaite. Ainsi le Tao est l'origine de ses paroles, la Vertu est la règle
(littéralement « le prince, c'est-à-dire le régulateur ») de ses actions.

(3) *Liu-kie-fou* : Ils ne connaissent ni le Tao, qui est l'origine de
mes paroles, ni la vertu, qui est la règle de mes actions.

E : Il est nécessaire que les hommes connaissent le Tao et la Vertu;
ensuite ils connaîtront la source et la nature de mes paroles, et peut-
être pourront-ils les pratiquer. Mais, comme ils ne connaissent ni le
Tao ni la Vertu, il en résulte que, quoique mes paroles soient très-
faciles à comprendre, jusqu'à la fin de leur vie, ils ne peuvent les
comprendre.

(4) E : Ceux qui comprennent mes paroles sont bien rares. Cela montre que mes paroles sont élevées et subtiles; par cela même elles sont dignes d'estime. Elles n'en seraient pas dignes si tous les hommes pouvaient les comprendre.

Plusieurs éditions, par exemple A, B, H, portent *tche* 者 « ceux « qui, » après *ngo* 我 « moi ». De cette manière, l'adverbe *tse* 則 « alors » devient un verbe actif « imiter, prendre pour modèle » (H : *fa* 法), et les trois mots *tse-ngo-tche* 則 我 者 signifient : « ceux « qui me prennent pour modèle (sont estimés). »

(5) Littéralement : Il porte des vêtements de laine et renferme du jade ou des pierres précieuses dans son sein. E : *Lao-tseu* veut montrer, par là, que les hommes (vulgaires) ne peuvent le connaître.

B : Intérieurement, il possède une beauté sublime; mais, par sa figure et son extérieur, il paraît commun et stupide. Il est comme l'huître qui cache une perle sous son enveloppe grossière; comme une pierre informe qui recèle un diamant précieux. De là vient que le vulgaire ne peut voir sa beauté intérieure ni ses vertus cachées.

CHAPITRE LXXI.

(1) Le mot *p'ing* 病 « maladie » est employé huit fois dans ce chapitre (qui ne renferme que vingt-huit mots) soit comme substantif, soit comme verbe neutre. C'est d'après le commentateur *Ho-chang-kong* (A) que j'ai traduit le 2ᵉ et le 6ᵉ *p'ing* 病 par « s'affliger » (*khou* 苦, « trouver amer, pénible, affligeant »), et les 4ᵉ, 5ᵉ, et 8ᵉ par « être malade, éprouver une maladie; » *yeou-p'ing* 有 病.

A : Connaître le Tao et dire qu'on ne le connaît pas, c'est le comble de la vertu : 乃 德 之 上.

E : Être ébloui par la connaissance qui naît du contact des choses sensibles, et ne pas posséder le *non-savoir* qui constitue le *vrai savoir*, c'est le défaut général des hommes du siècle. C'est pourquoi, si celui

NOTES DU LIVRE II, CHAPITRE LXXII.

qui connaît le Tao peut revenir au *non-savoir*, c'est la marque d'un mérite éminent : 斯爲上.

Dans le chapitre x, *Lao-tseu* exprime la même pensée lorsqu'il dit : « Si l'homme peut se délivrer des lumières de l'intelligence, il sera « exempt de toute infirmité (morale). »

(2) E : Celui qui ne connaît pas le Tao s'attache à de fausses connaissances, et les prend pour des connaissances solides. Dès que les fausses conaissances résident dans son esprit, elles deviennent, pour lui, une (sorte de) maladie.

(3) E : Les fausses connaissances sont la maladie de notre nature. Lorsqu'on sait que les fausses connaissances sont une maladie et qu'on s'en afflige (littéralement : « et qu'on les regarde comme une « maladie »), alors, on n'éprouve pas la maladie des fausses connaissances.

(4) E : Connaître le Tao et (croire) qu'on ne le connaît pas, c'est justement le fait (littéralement : « l'affaire ») du Saint. Le Saint est exempt de la maladie des fausses connaissances, parce qu'il s'en afflige. C'est pourquoi la maladie des fausses connaissances s'éloigne de lui.

CHAPITRE LXXII.

(1) Anciennement, dit *Tsiao-hong* (G), le mot *weï* 威 (vulgo « ma-« jesté ») et le mot *weï* 畏 « craindre » s'employaient l'un pour l'autre (cf. Dictionn. de *Khang-hi*) ; littéralement : « Lorsque les hommes ne « craignent pas ce qu'ils doivent craindre, alors arrive ce qui est « grandement à craindre », 人不畏其所當畏。則大可畏者至矣.

E : Les mots « choses à craindre » désignent « les maladies, les fléaux, les calamités. » Les mots « chose grandement à craindre » désignent la mort.

Dans le cours de la vie, le peuple ne sait pas *craindre* ce qui est à craindre ; il s'abandonne à ses penchants et se laisse aller au gré des passions, s'imaginant que c'est une chose sans conséquence (littéralement : « que cela ne nuit pas »). Bientôt ses vices s'accumulent tellement qu'il ne peut plus les cacher, ses crimes s'aggravent tellement qu'il ne peut plus s'en affranchir, et alors arrive *la chose grandement à craindre*, c'est-à-dire la mort.

(2) E : Votre demeure est tantôt basse, tantôt élevée ; on peut se plaire aussi bien dans l'une que dans l'autre. Gardez-vous de trouver votre maison trop étroite et trop petite, comme si elle ne pouvait vous contenir.

(3) E : Vos moyens d'existence seront tantôt abondants, tantôt exigus. Dans l'un et l'autre cas, ils peuvent suffire à vos besoins. Gardez-vous de vous en dégoûter comme s'ils étaient indignes de vous.

Ibid. Lao-tseu s'exprime ainsi pour réveiller le peuple, l'engager à se plaire dans la pauvreté, à supporter son destin et à se trouver heureux sur la terre. A plus forte raison les rois, les princes, les ministres, les magistrats qui ont de grands revenus et qui habitent des maisons magnifiques, doivent-ils (se contenter de leur sort et) se préserver de ces désirs insatiables qui s'augmentent comme les eaux d'un torrent.

(4) *Sou-tseu-yeou :* 既不厭生。而後知生之無可厭也。Littéralement : « Dès que je ne me dégoûte « point de la vie, je reconnais que la vie n'a rien qui puisse inspirer « du dégoût. »

E : Les hommes vulgaires sont mécontents de leur sort et veulent s'enrichir sans interruption. Alors ils cherchent le profit et reçoivent du dommage ; ils cherchent la paix et trouvent le danger. Précédemment leur situation n'était pas fâcheuse, mais aujourd'hui elle est devenue détestable. Celui qui ne se dégoûte point de son sort, qui sait se suffire et ne désire rien, reste, jusqu'à la fin de sa vie, à l'a-

NOTES DU LIVRE II, CHAPITRE LXXII. 273

bri du danger et du malheur. C'est pourquoi son sort n'a rien qui puisse lui inspirer du dégoût.

Liu-kie-fou: Si je ne trouve pas ma demeure trop étroite, c'est que je me suis dégagé de mon corps; si je ne me dégoûte pas de mon sort (littéralement : « de ma vie »), c'est que je me suis dégagé de la vie matérielle pour ne plus vivre que de la vie intérieure. C'est pourquoi le peuple imite mon exemple et ne se dégoûte point de son sort : 是 以 民 亦 不 厭 也. On voit que ce commentateur rapporte au peuple les mots *pou-ye* 不 厭 et les rend par « ne « pas se dégoûter de », tandis que *Sou-tseu-yeou* les explique par « n'a-« voir rien qui inspire du dégoût. »

Si l'on adoptait l'interprétation de *Liu-kie-fou*, il faudrait traduire : « Je ne me dégoûte pas de mon sort, c'est pourquoi (le peuple) ne se « dégoûte pas (du sien). »

(5) E: Dès l'origine, la nature de notre condition est fixée (par le ciel). Les hommes vulgaires ne comprennent pas leur destinée, c'est pourquoi ils se dégoûtent de leur sort. Il n'y a que le Saint qui connaisse lui-même sa condition et qui accepte avec docilité la destinée que lui envoie le ciel; il ne se vante point, il n'a nul désir des choses extérieures et se trouve dans l'abondance. Les hommes vulgaires ne se plaisent pas dans leur maison et la trouvent étroite. Mais le Saint « aime sa demeure » 自 愛 其 居 et se plaît en tous lieux. Il ne s'agrandit pas à ses propres yeux; il ne songe point à quitter sa retraite pour remplir des charges.

(6) *Liu-kie-fou*: Il ne met pas en lumière ce qu'il sait pour le montrer aux autres hommes.

(7) E a rapporté les mots *tseu-ngaï* 自 愛 (littéralement « se « amat ») à l'attachement que le sage a pour son humble demeure; d'autres interprètes, par exemple A et *Tong-sse-tsing*, que j'ai suivis, pensent que les mots *tseu-ngaï* 自 愛 signifient *tseu-ngaï-se-khi-*

chin 自愛嗇其身, littéralement « il est avare de son « corps » c'est-à-dire « il ménage ses esprits vitaux, et, pour ne point « les user, il renonce aux passions. »

(8) *Youen-tse* : S'il s'estimait lui-même, il mépriserait les créatures.

(9) A : Il renonce à faire briller la beauté de sa vertu et à s'élever pour obtenir, dans le monde, des honneurs ou de la gloire.

E : Il fait l'exemple des hommes qui se trouvent à l'étroit et se dégoûtent de leur sort, et il adopte l'art de se borner et de se suffire à soi-même.

CHAPITRE LXXIII.

(1) E : Le mot *cha* 殺, *vulgo* « tuer, » signifie ici « mourir » (il devient passif par position).

(2) E : Ces deux choses sont l'action d'oser et l'action de ne pas oser. Le mot *li* 利, « est utile, » répond au mot *houo* 活, « vivre; » le mot *haï* 害, « causer du dommage, » répond au mot *cha* 殺, « mourir. »

Le ciel aime les bons et déteste les méchants. Celui qui met son courage à oser (B : qui ose lutter pour obtenir le premier rang; A : qui ose agir) encourt la haine du ciel. C'est pourquoi cette conduite est funeste et ne procure aucun profit. Mais le peuple est aveugle; il ne connaît jamais les motifs du ciel. Il n'y a que le Saint qui puisse sonder les vues du ciel. C'est pourquoi, dans les affaires, il trouve tout difficile et n'ose rien entreprendre.

(3) E : Le ciel ne lutte point avec les hommes, et il n'y a personne dont il ne triomphe; il ne parle pas, et ils lui répondent aussi rapidement que l'écho répond à la voix; il ne les appelle pas, et ils viennent d'eux-mêmes pour rectifier leur cœur.

(4) E : Le ciel paraît lent; mais il excelle à former des desseins. Quoique le filet des défenses du siècle ait des mailles serrées (c'est-à-dire quelle que soit la sévérité des lois pénales), il y a beaucoup d'hommes (de coupables) qui réussissent à échapper au châtiment. Le filet du ciel est grand et vaste; il semble avoir des mailles écartées; mais il n'y a pas un méchant qui puisse l'éviter.

Sou-tseu-yeou : Il agit avec lenteur; on dirait qu'il ne médite rien, et cependant ses plans et ses desseins sont si élevés, que personne ne peut y atteindre. Quand les hommes du siècle regardent le ciel avec leurs yeux, ils n'en voient qu'un coin étroit; ils ne peuvent le découvrir dans son immensité. Quelquefois un homme fait le bien et tombe dans le malheur; quelquefois il fait le mal et obtient le bonheur. Le peuple ne doute point que le filet du ciel n'ait des mailles trop larges et que beaucoup de coupables n'échappent à leur châtiment. Mais, si l'on sait attendre la fin, on ne tarde pas à reconnaître que si le filet du ciel est vaste, si ses mailles paraissent écartées, cependant il ne laisse échapper aucun coupable.

CHAPITRE LXXIV.

(1) *Sou-tseu-yeou :* Lorsque le gouvernement est tyrannique, qu'il inflige des châtiments cruels et que le peuple ne sait plus que devenir, il ne craint point la mort. Quand on voudrait l'effrayer par la menace de la mort, ce serait chose inutile.

Mais, lorsque le peuple est heureux sous la tutelle du gouvernement, il aime à vivre et craint constamment la mort. Si quelqu'un excite alors la multitude au désordre, le ciel l'abandonne et je puis lui donner la mort. On dira que c'est le ciel qui l'a tué et non pas moi. Mais (B) c'est une chose grave que de décider de la vie des hommes! Comment pourrait-on les tuer à la légère?

Li-si-tchaï : Ce chapitre a pour but de montrer que les lois pénales du siècle sont inefficaces pour bien gouverner. Si le peuple craint réellement la mort et que quelqu'un fasse le mal, il me suffira de tuer ce seul homme pour effrayer ceux qui seraient tentés de l'imiter. Mais si les crimes du peuple augmentent en proportion des châtiments et des exécutions capitales, il est évident (E : que le peuple ne craint pas la mort et) qu'il ne faut pas compter sur les châtiments pour faire régner l'ordre et la paix. Les princes de la dynastie des Thsin eurent recours aux supplices les plus rigoureux, leurs lois étaient d'une sévérité excessive, et le nombre des révoltés et des brigands s'augmentait à l'infini. Les Han, au contraire, établirent des lois douces et indulgentes, et tout l'empire vint se soumettre à eux.

(2) Littér. « Semper existit præses τοῦ occidere, qui occidit. »
C'est le ciel, dit *Ou-yeou-thsing*, qui préside à la peine capitale. C'est le ciel seul qui peut tuer les hommes, de même que le charpentier est le seul qui puisse tailler le bois. Si quelqu'un veut remplacer le ciel pour tuer les hommes, c'est comme s'il remplaçait le charpentier pour tailler le bois. Celui qui prétend tailler le bois à la place du charpentier ne peut manquer de se blesser les mains. Cette comparaison a pour but de montrer que celui qui usurpe le droit de tuer les hommes, éprouve nécessairement une foule de malheurs. *Lao-tseu* s'exprime ainsi, dit *Lin-hi-i*, parce que les princes de son temps aimaient à tuer les hommes.

Li-si-tchaï: Laissez faire le ciel : il envoie le bonheur aux hommes vertueux et le malheur aux méchants. Quoiqu'il agisse en secret, aucun coupable ne peut lui échapper; mais (B) si vous voulez remplacer le ciel qui préside à la mort, la peine capitale que vous aurez infligée retombera sur vous, et votre cœur sera déchiré de remords.

Sie-hoeï: L'empereur *Thaï-tsou-hoang-ti* (fondateur de la dynastie des Ming, qui monta sur le trône en 1368) s'exprime ainsi dans sa préface sur le *Tao-te-king* : Depuis le commencement de mon règne, je n'avais pas encore appris à connaître la voie (la règle de conduite) des sages rois de l'antiquité. J'interrogeai là-dessus les hommes, et tous prétendirent me la montrer. Un jour que j'essayais de parcourir une multitude de livres, je rencontrai le *Tao-te-king* 道德經. J'en trouvai le style simple et les pensées profondes. Au bout de quelque temps je tombai sur ce passage du texte : « Lorsque le peuple ne craint pas la mort, comment l'effrayer « par la menace de la mort? »

A cette époque-là l'empire ne faisait que commencer à se pacifier; le peuple était obstiné (dans le mal) et les magistrats étaient corrompus. Quoique chaque matin dix hommes fussent exécutés sur la place publique, le soir il y en avait cent autres qui commettaient les mêmes crimes. Cela ne justifiait-il pas la pensée de *Lao-tseu?* Dès ce moment je cessai d'infliger la peine capitale; je me contentai d'emprisonner les coupables et de leur imposer des corvées. En moins d'un an mon cœur fut soulagé. Je reconnus alors que ce livre est la racine parfaite de toutes choses, le maître sublime des rois et le trésor inestimable des peuples!

CHAPITRE LXXV.

(1) *Liu-kie-fou :* Le travail d'un seul laboureur suffit pour nourrir plusieurs personnes. Comment se fait-il que le peuple éprouve la disette et la faim? N'est-ce pas parce que le prince (A) lève de trop lourds impôts?

(2) C: Lorsque le gouvernement est tyrannique, lorsque les lois sont d'une rigueur excessive et que le prince déploie toutes les ressources de la prudence pour mieux opprimer ses sujets, ceux-ci ont recours à la ruse et à la fraude pour éluder les rigueurs de l'administration, et alors ils sont difficiles à gouverner.

(3) J'ai suivi le commentateur A : *I-khi-khi-ou-sing-houo-tchi-tao-thaï-heou* 以其求生活之道太厚. E : Celui qui cherche avec trop d'ardeur les moyens de vivre est l'esclave de mille projets; il fatigue sa vie et détruit la paix de son âme. Il fait de folles dépenses, et, en songeant au lucre, il oublie le malheur et les échecs. Voilà pourquoi il méprise la mort.

Liu-kie-fou: Si le peuple est content de sa nourriture, de ses vêtements, de son habitation, il ne méprise point la mort. Quand il méprise la mort, c'est qu'il y est poussé par le besoin de conserver sa vie. C'est pourquoi le Saint n'établit point des règlements importuns et le peuple s'enrichit. Il n'a point de désirs, et le peuple, qui l'imite, revient à sa pureté primitive. Alors le prince ne consume pas une quantité d'impôts et personne ne souffre la faim.

(4) A : Les mots *wou-i-sing-weï-tche* 無以生爲者 signifient, « celui qui ne fait pas de la vie son occupation, qui ne « s'occupe pas de vivre, » 無以生爲務者.

E : Celui qui ne s'occupe pas de vivre est celui dont *Lao-tseu* a dit (chapitre VII) : « il se dégage de son corps (littéralement « il met « son corps en dehors de lui) et son corps se conserve. » Un tel homme est infiniment plus *sage* que (sic A ; E : *l'emporte sur*) celui qui estime la vie.

Liu-kie-fou: Le Saint ne se met pas en lumière parce qu'il s'est dépouillé de son corps; il ne se prise point lui-même parce qu'il a renoncé à la vie. On voit par là qu'il ne prend aucun souci de la vie.

A : Le Saint ne s'occupe point de la vie; les hauts emplois, les riches émoluments n'entrent point dans sa pensée; les richesses et le lucre n'effleurent point son âme; l'empereur ne pourrait l'assujettir, tous les rois ne pourraient le soumettre à leur puissance. On voit par là qu'il est plus sage que ceux qui estiment la vie.

CHAPITRE LXXVI.

(1) B : Quand l'homme vient au monde, le sang circule dans tout son corps, l'harmonie des esprits vitaux est dans sa plénitude. C'est pourquoi ses nerfs sont souples et sa chair est molle. Quand il meurt, son sang se tarit (littéralement « se dessèche »), ses veines

s'oblitèrent, et l'harmonie des esprits vitaux abandonne son corps. C'est pourquoi ses membres sont roides et forts.

Quand un arbre naît, sa vitalité est complète, sa séve est abondante. C'est pourquoi il est souple et tendre. Mais quand il dépérit, sa vitalité se dissipe et sa séve se tarit.

(2) Plusieurs commentaires m'autorisent à rendre le mot *tou* 徒 (*vulgo* « piéton, disciple »), par « compagne. » E l'explique par *louï* 類, « sorte, espèce. » Selon lui, on traduirait : « sont une sorte de « mort........ sont une sorte de vie. » (Cf. *supra*, chap. L., note 2, où *Yen-kiun-ping* l'explique par « cause, » sens qu'on pourrait aussi admettre dans ce passage.)

Li-si-tchaï : Tout ce chapitre a un sens figuré. *Lao-tseu* veut dire que celui qui se rapproche du Tao par sa souplesse et sa faiblesse est assuré de vivre, et que celui qui s'éloigne du Tao, en recherchant la force et la puissance, en luttant contre les obstacles au lieu de leur céder, périra infailliblement.

(3) A : Une armée forte tente le combat à la légère ; elle aime à tuer les hommes, à répandre des désastres qui lui attirent de nombreux ennemis. Alors tous ceux qui étaient faibles s'associent ensemble contre elle, et deviennent puissants par leur union. C'est pourquoi celui qui est fort ne remporte pas la victoire.

Liu-kie-fou explique les mots *p'ing-khiang* 兵強 par « celui « qui est puissant *par les armes*. » Les mots suivants, *mou-khiang* 木強, « l'arbre est fort, » sont exactement parallèles et montrent que le mot *p'ing* 兵, « armes, armée, » doit être traduit au nominatif (quando *exercitus* fortis est), et non au cas instrumental (quando quis *exercitu* fortis est).

(4) Le mot *kong* 共 (*vulgo* « simul ») a beaucoup embarrassé les commentateurs. G conseille de le prendre pour *ho-kong* 拱合 dans le sens de « entourer. » *Tsiao-hong* : On entoure l'arbre pour l'a-

battre, on l'abat. C'est aussi le sens de B, de C et de *Liu-kie-fou.*

(5) B : Les êtres vivants qui sont durs et forts perdent leur harmonie vitale et meurent. Il est juste qu'ils occupent le rang inférieur. Ceux qui sont souples et faibles possèdent toute la plénitude de l'harmonie et ils vivent. C'est pourquoi ils occupent le premier rang. On voit par là que la roideur et la force sont l'origine, la cause de notre mort; et que la souplesse et la faiblesse sont ce qu'il y a de plus important pour entretenir notre vie.

Le commentateur D donne un autre sens : par ce qui est *dur et fort,* il entend ici la partie inférieure du tronc de l'arbre; par ce qui est *souple et faible,* il entend les branches minces qui s'élèvent à son sommet.

CHAPITRE LXXVII.

(1) Ce passage difficile a reçu plusieurs interprétations. E pense que les quatre phrases « il abaisse ce qui est élevé, etc. » se rapportent au fabricant d'arcs, 言 弓 人 爲 弓, qui, en faisant un arc, en ajuste la monture de manière que ses différentes parties cadrent entre elles. On voit que cet interprète a pris les mots 張 弓 (*vulgo* « tendre un arc ») dans le sens de *wei-kong* 爲 弓, « fabriquer un arc. »

G rapporte à celui qui tend un arc, 張 弓, les deux verbes « abaisser, élever, » et à la voie du ciel, les verbes « ôter, suppléer. » Pour entendre son explication, il faut se figurer l'état d'un arc chinois tendu et détendu. Lorsque le ciel ôte quelque chose à ceux qui ont du superflu, c'est comme lorsqu'on abaisse le milieu de l'arc et qu'on le force à se diriger en bas. Lorsqu'il ajoute quelque chose à ceux qui n'ont pas assez, c'est comme lorsqu'on relève les extrémités de l'arc et qu'on les force à se diriger en haut.

Aliter Hi-ching : Le propre du principe *Yang* est de monter, le propre du principe *In* est de descendre. Lorsque le principe *Yang*

NOTES DU LIVRE II, CHAPITRE LXXVII. 281

est monté au sommet du ciel (c'est-à-dire lorsque le soleil est au plus haut de sa course), il descend. Lorsque le principe *In* (c'est-à-dire la lune) est descendu aux dernières limites de la terre, il monte. Leurs mouvements opposés sont l'image de l'arc que l'on tend. La voie du ciel ôte au soleil ce qu'il a de superflu pour suppléer ce qui manque à la lune.

C a cru que les quatre verbes « il abaisse, il élève, il diminue, « il supplée, » se rapportaient aux diverses phases de la lune.

(2) E : Le ciel se borne à égaliser toutes choses. C'est pourquoi il diminue le superflu des uns et supplée à l'insuffisance des autres. L'homme est en opposition avec le ciel et il n'observe pas l'égalité. Il n'y a que celui qui possède le Tao qui comprenne la voie du ciel. Il peut retrancher ce qu'il a de trop et l'offrir aux hommes de l'empire. Les sages de l'antiquité, qui surpassaient les autres hommes par leurs talents, songeaient à les employer pour le bien des créatures; ils ne s'en prévalaient pas pour se grandir (aux yeux du peuple). C'est pourquoi ils faisaient usage de leur sagesse et de leur prudence pour nourrir les hommes. Mais les hommes sages et prudents qui leur ont succédé, calculent ce qu'ils possèdent pour se procurer le repos et les jouissances de la vie. C'est pourquoi ils se mettent au service des hommes bornés et vicieux pour se nourrir eux-mêmes.

(3) E : Le Saint fait de grandes choses (A : fait du bien aux hommes) et ne s'en prévaut pas. On dirait qu'il est frappé d'incapacité.

(4) E : Quand ses mérites sont accomplis, il ne s'y attache pas. On dirait qu'il est dénué de tout mérite.

(5) *Sic* A : *Pou-yo-sse-jin-tchi-ki-tchi-hien* 不欲使人知已之賢, littéralement : « non vult facere *ut* homines cognos-« cant sui ipsius sapientiam. »

CHAPITRE LXXVIII.

(1) Tout ce chapitre doit se prendre au figuré. Il a pour but de montrer la supériorité des hommes qui pratiquent le Tao (qui imitent sa faiblesse, son humilité, sa souplesse apparentes) sur ceux qui le négligent et recherchent avec ardeur la puissance, la gloire et l'élévation.

E: Parmi toutes les choses du monde, il n'en est pas de plus molle ni de plus faible que l'eau; cependant, si elle attaque les corps les plus durs et les plus forts, ils céderont à sa puissance et ne pourront jamais la vaincre. Ainsi donc, parmi toutes les choses du monde qui peuvent attaquer (et abattre) les corps durs et forts, il n'en est pas une seule qui puisse remplacer l'eau.

Liu-kie-fou : Parmi toutes les choses du monde, il n'en est pas qui puisse, aussi bien que l'eau, prendre toutes les formes et toutes les directions. Tantôt elle se recourbe, tantôt elle s'élève; elle se prête aussi bien à remplir un vase carré qu'un vase circulaire. Si vous lui opposez un obstacle, elle s'arrête; si vous lui ouvrez un passage, elle se dirige où vous voulez. Cependant elle porte des vaisseaux, elle roule des rochers, elle creuse des vallées, elle perce des montagnes, et soutient le ciel et la terre.

B: L'eau est extrêmement molle, et cependant, en s'infiltrant goutte à goutte, elle peut creuser les durs rochers de ses rivages. Les montagnes et les collines sont extrêmement solides, et cependant elle peut les renverser par son impétuosité invincible.

(2) Nous avons vu, dans la note précédente, que les mots *wou-i-tchi* 無 以 易 之 signifient, suivant E, « aucune chose ne « peut remplacer l'eau, être substituée à l'eau, » 無 物 可 以 易 之.

Liu-kie-fou: Quoique l'eau puisse se courber, se plier et prendre toutes les formes, jamais elle ne perd ce qui constitue sa nature.

NOTES DU LIVRE II, CHAPITRE LXXVIII. 283

Pour abattre ce qui est dur et solide, rien *ne passe avant* elle 無
以先之.

Aliter B : Ce que j'avance a été et est encore un raisonnement *invariable*, 不易之論.

Cette différence d'interprétation vient de ce que le mot *i* 易 signifie « se changer, être changé (mutari) et échanger (permutare). »

(3) Voyez la note 1.

(4) E : Dans le monde, tous les hommes connaissent les avantages que procurent la souplesse (l'opposé de roideur) et la faiblesse ; mais à la fin il n'est personne qui sache être mou et faible. Ils regardent la fermeté et la force comme un titre de gloire, la souplesse et la faiblesse comme un sujet de honte.

(5) E : Le mot *heou* 垢 (*vulgo* « sordes ») veut dire ici la honte. La honte et les calamités sont des choses que la multitude ne sait point endurer. Il n'y a que l'homme mou et faible (suivant le Tao) qui puisse les endurer avec joie et sans se plaindre (littéralement « sans contestation »). A l'aide de sa mollesse (l'opposé de dureté, d'inflexibilité de caractère) et de sa faiblesse, il subjugue les hommes les plus fermes et les plus forts du monde. C'est pourquoi il peut conserver le droit d'offrir des sacrifices aux génies de la terre et des grains, et devenir le maître de l'empire.

Le même commentateur cite plusieurs traits historiques pour appuyer la pensée de *Lao-tseu*. *Keou-tsien*, roi de *Youeï*, entra au service du roi de *Ou*, et bientôt après il devint le chef des vassaux. Le prince *Liu-heou* ne vengea pas l'affront d'une lettre insolente, et le prince des *Hiong-nou* vint solliciter son alliance et sa parenté.

(6) B : Celui qui ne se dérobe pas lâchement au danger, qui s'accuse lui-même de la disette du royaume et des crimes d'un homme du peuple, celui-là peut devenir le chef de tout l'empire.

(7) E : Les hommes du siècle disent qu'il faut être d'un caractère bas pour supporter les affronts; mais le Saint s'exprime autrement (c'est-à-dire recommande, au contraire, de les endurer sans se plaindre). On voit que si ses paroles droites paraissent absurdes et contraires à la raison, ce n'est point qu'elles le soient en effet; cela vient uniquement de ce que quelques personnes les examinent du point de vue de la foule.

CHAPITRE LXXIX.

(1) *Liu-kie-fou* : Ceux qui ne sont pas vertueux, je les traite comme des gens vertueux, et, par là, ils deviennent vertueux. (Voy. ch. xlix, note 2.) Si vous cherchez à apaiser les grandes inimitiés des hommes, ils ne manqueront pas de garder un reste d'inimitié; comment pourraient-ils devenir vertueux? Il vaut mieux, dit *Li-tsi-tchaï*, rester indifférent à l'égard des créatures, et (C) oublier également le bien que nous avons répandu sur elles et le mal qu'elles nous ont fait. Imitons celui qui tient la partie gauche du contrat et ne demande rien aux autres.

Sou-tseu-yeou : Les inimitiés naissent de l'illusion, l'illusion émane de notre nature. Celui qui connaît sa nature (et qui la conserve dans sa pureté) n'a pas de vues illusoires; comment serait-il sujet à l'inimitié? Maintenant les hommes ne savent pas arracher la racine (des inimitiés) et ils cherchent à en apaiser la superficie (littéralement : « les branches »); aussi, quoiqu'elles soient calmées extérieurement, on ne les oublie jamais au fond du cœur.

(2) B : Cette comparaison est destinée à montrer que l'homme parfaitement sincère n'a point de contestations avec les autres. Il les laisse suivre leur nature et n'excite point leur inimitié; il donne à chacun ce qu'il désire et n'exige rien de personne.

(3) *Ou-yeou-thsing*, II, etc. Le mot *kie* 契 désigne « une tablette de » bois qui pouvait se diviser en deux parties. On écrivait dessus toutes

« sortes de conventions, soit pour acheter, soit pour donner ou em-
« prunter. » Celui des contractants qui devait donner la chose qui
était l'objet du contrat, gardait la partie gauche de cette tablette,
et celui qui devait la venir réclamer prenait la partie droite. (C'est
ce qu'exprime E en disant : 左契所以與。右契
所以取 « La partie gauche du contrat sert à donner, la partie
« droite sert à prendre, c'est-à-dire à réclamer. ») Quand ce dernier
se présentait en tenant dans sa main la partie droite du contrat, celui
qui avait la partie gauche les rapprochait l'une de l'autre, et, après
avoir reconnu la correspondance exacte des lignes d'écriture et la
coïncidence des dentelures des deux portions de la tablette (elles
devaient s'adapter l'une à l'autre comme les tailles des boulan-
gers, et les lettres qui y étaient gravées devaient se correspondre
comme celles d'un billet de banque qu'on rapproche de la souche),
il donnait l'objet réclamé sans faire aucune difficulté, et sans témoigner le plus léger doute sur les droits et la sincérité du demandeur.

Lorsqu'on dit que le Saint garde *la partie gauche du contrat*, on entend qu'il ne réclame rien à personne, et qu'il attend que les autres
viennent demander eux-mêmes ce qu'ils désirent de lui.

(4) Je crois, avec *Ou-yeou-thsing*, qu'il faut sous-entendre *tso* 左
« gauche » (*lævus*) après *sse* 司 (*vulgo* « présider à »); mot à mot « qui
« habet virtutem præsidet (lævæ parti) tabulæ *khi* 契 », c'est-à-dire :
« celui qui a de la vertu tient la partie gauche du contrat. »

E : *Lao-tseu* veut dire que le Saint se borne à donner aux hommes
et ne réclame point la récompense de ses bienfaits. Quand il leur fait
du bien, il l'oublie; alors les hommes oublient aussi l'inimitié qu'ils
peuvent avoir contre lui.

Les mots : « il tient la partie gauche du contrat », sont l'équivalent
de ceux-ci : « il est disposé à donner, il songe à donner. » (Voyez plus
haut, lig. 18.)

(5) Littéralement : « il préside à l'impôt *tch'e* 徹, » c'est-à-dire :
« il ressemble à celui qui lève l'impôt *tch'e* 徹. » Le mot *tch'e* 徹

désignait un genre d'impôt, appelé plus souvent *tch'e-fa* 徹法 (E), qui avait été établi sous la dynastie des *T'cheou*. (Voyez mon édition de *Meng-tseu*, livre I, page 177, note 61.)

E : L'empereur donnait au peuple des terres appelées *kong-tien* 公田 (que huit familles cultivaient en commun et dont elles partageaient également les produits), et il exigeait un impôt qui équivalait à la dixième partie de leur revenu. Il différait beaucoup de celui qui garde *la partie gauche du contrat* (et qui est disposé à donner.) Celui qui a de la vertu *tient la partie gauche du contrat* (sic *Ou-yeou-thsing*); c'est-à-dire qu'il se borne à donner aux hommes et ne leur réclame rien.

Celui qui est dénué de vertu préside à l'impôt *tch'e* 徹 , c'est-à-dire : ressemble à celui qui lève l'impôt *tch'e* 徹. Quoiqu'il donne aux hommes (l'empereur donnait au peuple des terres), il ne manque jamais de leur prendre beaucoup (l'empereur exigeait la dixième partie du revenu de ces terres).

Les détails qui précèdent montrent au lecteur pourquoi j'ai rendu les mots « il tient la partie gauche du contrat » par : *il songe à donner,* et les mots « il préside à l'impôt *tch'e* 徹 » par : *il songe à demander.* La version littérale des expressions *sse-khi* 司契 « présider au contrat » et *sse-tch'e* 司徹 « présider à l'impôt *tch'e* » eût été inintelligible. J'ai dû, dans ma traduction, en donner l'équivalent, comme les commentateurs l'ont fait dans leur paraphrase, en me réservant d'expliquer, ainsi qu'on l'a vu plus haut, la signification propre des mots *khi* 契 « contrat » et *tch'e* 徹 « sorte d'impôt » qui sont pris ici dans un sens figuré.

(6) E : L'homme vertueux se contente de donner aux hommes et ne leur réclame ou demande rien. Quoiqu'il ne prenne rien aux hommes, le ciel lui donne constamment, c'est-à-dire le comble constamment de ses dons.

CHAPITRE LXXX.

(1) *Sou-tseu-yeou*: *Lao-tseu* vivait à l'époque de la décadence des *Tcheou* 周. Les démonstrations extérieures (les dehors d'une politesse étudiée) dominaient, c'est-à-dire avaient remplacé la sincérité du cœur, et les mœurs se corrompaient de plus en plus. *Lao-tseu* aurait voulu sauver les hommes par le *non-agir*; c'est pourquoi, à la fin de son ouvrage, il dit quel aurait été l'objet de ses vœux. Il aurait désiré d'avoir à gouverner un petit royaume pour y faire l'application de sa doctrine, mais il ne put y réussir.

(2) *Sou-tseu-yeou*: Le mot *chi* 什 veut dire « dix hommes » 十人 (ainsi que l'indique sa composition). Le mot *pe* 伯 veut dire « cent hommes ». H : Même sens.

Mais, comme aucun dictionnaire ne donne ce sens au mot *pe* 伯 (*vulgo* « frère aîné du père »), j'ai préféré la leçon *pe* 佰 de l'édit. C, qui porte avec elle sa définition. En effet, le mot *pe* 佰 signifie « une troupe de cent hommes », parce qu'il se compose des signes 人 « homme » et 百 « cent ».

B : Le mot *khi* 器 veut dire « armes de guerre » *ping-khi* 兵器.

Ibid. Il s'agit ici d'un petit royaume de cent *lis* (dix lieues).

(3) B : Le peuple ne serait pas accablé d'impôts ni de corvées, (E) il aimerait son existence, il serait attaché à la vie et redouterait la mort.

(4) A : Mon administration n'étant point importune aux hommes du peuple, ils exerceraient tranquillement leur profession, ils n'émigreraient pas au loin et n'abandonneraient pas leur pays natal pour aller chercher leur bonheur ailleurs.

(5) A : Il resterait dans un état de pureté et de quiétude absolue; il ne mettrait pas son bonheur à voyager au loin.

(6) H : Le mot *tch'in* 陳 signifie proprement « ranger, disposer en ordre. »

B : Je n'aurais aucun sujet d'attaquer les autres ni de leur faire la guerre; je (A) ne m'attirerais pas la haine et le ressentiment des royaumes voisins, et je n'aurais pas besoin de me défendre contre leurs attaques.

(7) Dans la haute antiquité, lorsque l'écriture n'était pas encore inventée, les hommes se servaient de cordelettes nouées pour communiquer leurs pensées. (Voy. le *Thong-kien-kang-mou*, partie I, livre I, fol. 2.) A cette époque les mœurs étaient pures et simples, et, suivant les idées de *Lao-tseu*, elles n'avaient pas encore été altérées par les progrès des lumières.

Dans la pensée de l'auteur, les mots « je ramènerais le peuple à l'u- « sage des cordelettes nouées » signifient : « je ramènerais le peuple à sa « simplicité primitive. »

(8) H : Le peuple serait content de son sort; il ne désirerait rien en dehors de lui. Il ne s'occuperait ni de sa bouche, ni de son corps; il aimerait ses rudes vêtements, et ses mets grossiers lui sembleraient délicieux.

(9) E : Dans ce cas, les deux pays seraient extrêmement rapprochés.

(10) Il arriverait au terme de la vieillesse sans avoir songé à visiter le peuple voisin, parce qu'il (A) serait exempt de désirs, et (E) ne chercherait rien au delà de ce qu'il possède.

H : *Lao-tseu* s'est exprimé ainsi, dans ce chapitre, parce qu'il détestait les princes de son temps, qu'il voyait *se livrer à l'action* (le contraire du *non-agir*) et faire usage de la prudence et de la force, qui aimaient à se faire la guerre pour assouvir leur cupidité, qui s'appropriaient les richesses de leurs sujets pour satisfaire leurs passions, et ne prenaient nul souci du peuple. C'est pourquoi leur royaume était en proie au désordre, le peuple s'appauvrissait rapidement, et devenait de jour en jour plus difficile à gouverner.

CHAPITRE LXXXI.

(1) E : les paroles vraies n'ont pas besoin d'ornements empruntés.

(2) E : Celui qui agit bien (A : qui pratique le Tao), ne s'étudie pas à parler avec habileté.

(3) E : Celui qui possède l'essentiel (littéral. « le résumé ») de ce qu'il faut savoir n'a pas besoin d'acquérir beaucoup de connaissances.

(4) E : Le Saint emploie son Tao dans l'intérêt des hommes, il donne aux hommes toutes ses richesses (littéralement: « son profit », le mot *richesses* se prend ici au figuré). Quoiqu'il les répande (son Tao et ses richesses) sur tous les hommes de l'empire et les lègue aux générations futures, son Tao s'augmente de plus en plus et reste inépuisable; ses richesses s'accroissent de plus en plus et n'éprouvent nulle diminution.

A pense qu'il s'agit ici de richesses proprement dites. « Quand il a répandu l'influence de sa vertu dans l'intérêt des hommes, sa vertu « n'en devient que plus abondante. Quand il a répandu ses richesses « en aumônes, ses richesses n'en deviennent que plus florissantes. »

(5) E : Le ciel nourrit tous les êtres ; il leur est utile et ne leur fait point de tort (ou de mal).

(6) E : Le Saint aide l'empire par le Tao ; quand ses mérites sont accomplis, il ne s'y attache point (et se retire à l'écart).

A : Il ne dispute point le mérite ou la gloire. Cf. chap. II, IX.

FIN.

VARIANTES
DU TEXTE CHINOIS.

Le texte chinois qui accompagne la traduction française est presque entièrement conforme à celui de l'édition E, publiée en 1530 par le docteur *Sie-hoeï*, sous le titre de *Lao-tseu-tsi-kiaï*. (Bibliothèque royale, fonds de Fourmont, n° 288.)

Nous indiquons plus bas les sources d'une trentaine de variantes que nous avons cru devoir substituer à diverses leçons du texte de *Sie-hoeï*.

Les chiffres supérieurs servent à indiquer la place que les caractères cités occupent dans le texte; les lettres A, B, C, D, E, F, G, H, désignent les différentes éditions dont le traducteur s'est servi; G v. *variantes de l'édit. G.*

CHAPITRE III.

Pag. 4, [23] 民 G v. — 民 manque dans E.

CHAPITRE IV.

Pag. 6, [31] 常 G v. — E : 或

CHAPITRE V.

Pag. 8, [28] 籥 A, D, F, G. — E, B, C, H donnent 籥 sous une forme abrégée qui ne se trouve pas dans le Dictionnaire de *Khang-hi*.

CHAPITRE VII.

Pag. 10, [1, 2, 3, 4] 天地長久。 G v. Cf. *infra* [10, 11] et [20, 21]. — E : 天長地久

Ibid. [10, 11, 20, 21] 長久 G v. — E : 長且久

VARIANTES.

CHAPITRE X.

Pag. 12, [7], [8] 無離 *sic* A, C, F. — E : 無離乎. E offre encore 乎 après 兒 [16], 疵 [23], 爲 [30], 雌 [37], 知 [41]. Ces cinq 乎 manquent dans A, C, F.

CHAPITRE XIII.

Pag. 16, [14], [15] 若驚 *sic* D, G, H. — Ces deux mots manquent dans E.

CHAPITRE XV.

Pag. 20, [38], [42] 兮 *sic* A, B, D. — 兮 manque dans E.

Ibid. [48-49], [52-53], [56-57] 兮若 G v. (texte gravé sur pierre). Dans ces trois passages, E et les autres éditeurs lisent 兮其若

Ibid. [88] 敝 *sic* B, F, G, H. — E donne le même mot sous une forme abrégée.

CHAPITRE XX.

Pag. 28, [108], [109], [110], [111] 忽兮若海 *sic* A, B, C, G. — E : 忽若晦

Ibid. [112] 漂 *sic* A, B. — E : 寂

CHAPITRE XXI.

Pag. 30, [24] 像 *sic* A. — E et les autres éditeurs lisent 象

CHAPITRE XXXIV.

Pag. 50, [34] à [37] 可名於小。 [46] à [49] 可名於大。 *sic* E et la plupart des autres éditions. Je préférerais 可名爲小。 — 可名爲大。 leçon qui se trouve dans les variantes de G.

CHAPITRE XXXIX.

Pag. 58, [26 à 31] 萬物得一以生。 sic A, B, D, F, G. — Ces six mots manquent dans E.

Ibid. [40] 正。 sic A, F, H. — E lit 貞。

Ibid. [74 à 81] 萬物無以生。將恐滅。 sic A, B, C, D, F, G, H. Ces huit mots manquent dans E.

Ibid. [82 à 85] 侯王貴高。 Dans E et la plupart des autres éditions, les mots 貴高 terminent la phrase. On peut voir, pag. 147, note 4, les raisons qui m'ont engagé à adopter une construction différente.

Ibid. [88 à 90] 以爲正。 sic F, H. — E et plusieurs éditions, 以爲貞. Cf. [40].

Ibid. [121] 耶。 sic A, B, C, D, F, H. — E : 邪

CHAPITRE XLI.

Pag. 62, [47] 纇。 sic A, B, C, F, G, H. — E, D : 纇

CHAPITRE XLVI.

Pag. 68, [39 à 43] inclus. 知足之常足。 sic Sse-ma-wen-kong (G v.). — E et plusieurs éditeurs lisent : 知足之足常足。

CHAPITRE LIV.

Pag. 78, [19, 20] 於身。[27, 28] 於家。[35, 36] 於鄉。[43, 44] 於邦。[51, 52, 53] 於天下。 J'ai pris 於 dans les variantes de G. Ce mot manque dans E et dans mes autres éditions.

VARIANTES.   293

CHAPITRE LV.

Pag. 82, [62] à [64] 曰不祥 sic C. — E et mes autres éditions portent 曰祥。

CHAPITRE LVII.

Pag. 84, [43], [44] 民多 sic F et G v. — E et mes autres éditions portent 人多

CHAPITRE LVIII.

Pag. 86, [7], [8] 醇醇 sic A, B, C, F, G, H. — E, D portent 淳淳。

Ibid. [20], [26] 之 sic Han-feï et l'ancienne édition publiée, sous les Thang, par Fou-i (G v.). — Le mot 之 manque dans E et dans mes autres éditions.

Ibid. [36] 耶。sic C, F, H. — E, G lisent 邪. Ce mot manque dans A, B, D.

Ibid. [44] 妖 sic C, D, F, H. — E, G : 祅。

Ibid. [45] 民 sic A, F. — E et les autres éditions portent 人

CHAPITRE LX.

Pag. 88, [23], [29] 鬼. — Toutes les édit. portent 神. Voy. la note 2.

CHAPITRE LXII.

Pag. 92, [67], lisez 曰 ji. Sic A, C et G v. — E et les autres éditeurs lisent 曰 youe

Ibid. [80] 耶 sic A, B, C, D, F, G, H. — E lit 邪。

CHAPITRE LXIV.

Pag. 94, [18], [19] 防之 — E lit 爲之. Voyez la note 3.

CHAPITRE LXVII.

Pag. 100, [5], [6] 我大 *sic* A, C. — E et les autres éditeurs lisent 我道大。

CHAPITRE LXXVII.

Pag. 113, [78], [79] 見賢 *sic* A, B, C, D, F. — E lit 見賢邪。

CHAPITRE LXXX.

Pag. 116, [8] 佰 *sic* C. — E, A, etc. lisent 伯. Voyez la note 2.

FAUTES À CORRIGER.

Pag. 32, lig. 4, lisez 日[14]
36, 5, 日[14]
46, 6, 侯 au lieu de 候[13]
52, 7, 侯   候[10]
66, 5, 囚   失[13]
72, 5, 五十   十五
76, 3, 民   人
76, 3, ôtez le zéro après 始

Pag. 39, lig. 20, lisez : « quoiqu'ils paraissent doués de prudence », ils sont......

BENJAMIN DUPRAT,

LIBRAIRE DE LA BIBLIOTHÈQUE ROYALE DE PARIS

ET DE LA SOCIÉTÉ ASIATIQUE DE LONDRES,

RUE DU CLOÎTRE-SAINT-BENOÎT, N° 7, À PARIS.

OUVRAGES DE M. STANISLAS JULIEN
QUI SE TROUVENT À LA MÊME LIBRAIRIE.

ΚΟΛΥΘΟΥ ΕΛΕΝΗΣ ΑΡΠΑΓΗ. L'Enlèvement d'Hélène, poëme de Coluthus, revu sur les meilleures éditions critiques, traduit en français; accompagné d'une version latine entièrement neuve, de notes philologiques et critiques sur le texte, de trois index, de scholies inédites, de la collation complète et d'un fac-simile entier des deux manuscrits de la Bibliothèque royale; et suivi de quatre versions en italien, en anglais, en espagnol et en allemand. *Paris*, 1823; in-8°, fig.

MENG TSEU vel Mencium, inter Sinenses philosophos ingenio, doctrina, nominis que claritate Confucio proximum, edidit, latina interpretatione ad interpretationem tartaricam utramque recensita instruxit, et perpetuo commentario e sinicis deprompto illustravit Stanislaus Julien. *Lutetiæ Parisiorum*, 1824; 2 vol. in-8°.

HOEI-LAN-KI ou l'Histoire du Cercle de craie, drame en prose et en vers, traduit du chinois et accompagné de notes. *Londres*, 1832; in-8° fig.

TCHAO-CHI-KOU-EUL ou l'Orphelin de la Chine, drame en prose et en vers, accompagné des pièces historiques qui en ont fourni le sujet, suivi de nouvelles et de poésies traduites du chinois. *Paris*, 1834; in-8°.

PÉ-CHÉ-TS'ING-KI. Blanche et Bleue, ou les Deux Couleuvres Fées, roman traduit du chinois. *Paris*, 1834; in-8°.

K'AN-ING-P'IEN. Le livre des Récompenses et des Peines, en chinois et en français; accompagné de quatre cents légendes, anecdotes et histoires, qui font connaître les doctrines, les croyances et les mœurs de la secte des Tao-ssé. *Paris*, 1835; in-8°.

RÉSUMÉ des principaux traités chinois sur la culture des mûriers et l'éducation des vers à soie, traduit par Stanislas Julien, et publié par ordre du Ministre des travaux publics, de l'agriculture et du commerce. *Paris*, 1837; in-8°.

DISCUSSIONS grammaticales sur certaines règles de position qui, en chinois, jouent le même rôle que les inflexions dans les autres langues, *Paris*, 1841; in-8°.

www.ingramcontent.com/pod-product-compliance
Lightning Source LLC
Chambersburg PA
CBHW060322170426
43202CB00014B/2630